DAS WÜRZBURGER JAHRTAUSEND

Die Zeit des Mittelalters
in Geschichte und Geschichten

Von Christoph Pitz

DAS WÜRZBURGER JAHRTAUSEND

Die Zeit des Mittelalters
in Geschichte und Geschichten

Von Christoph Pitz

echter

Bibliografische Information der Deutschen Nationalbibliothek

Die Deutsche Nationalbibliothek verzeichnet diese Publikation in der Deutschen Nationalbibliografie; detaillierte bibliografische Daten sind im Internet über ‹http://dnb.d-nb.de› abrufbar.

1. Auflage 2018
© 2018 Echter Verlag GmbH, Würzburg
www.echter.de

Umschlag: wunderlichundweigand.de
Innengestaltung: Crossmediabureau – http://xmediabureau.de
Druck und Bindung: CPI - Clausen & Bosse, Leck

ISBN 978-3-429-04476-3

INHALT

VORREDE	7
IM ANFANG WAR …	17
BURKARD UND BISTUM – WÜRZBURG UND REICH	27
SALVATORDOM UND KARL DER GROSSE	39
ARNO UND DER DOMBRAND	45
AQUILIN AUS DER VORSTADT SAND	53
NEUES JAHRTAUSEND, NEUE PARADIGMEN	63
MARKT – MÜNZE – GERICHTSBARKEIT	71
BRUNO, DER SALIER	77
DOM, NEUMÜNSTER, KLOSTER	85
KÖNIG ODER PAPST – WEM GEBÜHRT DIE INVESTITUR DER BISCHÖFE?	93
STADT UND VORSTÄDTE: PLEICH UND SAND VOR DEN MAUERN!	103
EINE BRÜCKE ALS WELTWUNDER	113
DER JUNGE FRIEDRICH	129
DIE STAUFER	139
KAISERHOCHZEIT	149

GÜLDENE FREIHEIT	159
DES LÖWENHERZ SCHICKSAL	169
DER FALL KONRAD VON QUERFURT	179
„AL DIE WERLT, ICH HÂN MÎN LÊHEN", DAS STAUNEN DER WELT	189
LOBDEBURG DER JÜNGERE – ODER: WARUM KANN SICH DER LANDESHERR IN DER EIGENEN STADT NICHT MEHR BLICKEN LASSEN?	203
AUSEINANDERSETZUNG UND KAMPF	215
RINTFLEISCH-POGROM	225
TELLTOR, SONNENTURM, GRAFENECKART UND BÜRGERSPITAL	235
EISZEIT	247
RASEREI, POGROM UND LÜGE	253
EINE BÜRGERKIRCHE	269
FINALE BEI BERGTHEIM	279
UNIVERSITÄT NR. 6 IM GROSSEN LÖWENHOF!	293
DEPRESSION UND HUSSITENKRIEGE	301
VOM ALEXANDRINISCHEN PATRIARCHEN BIS ZUM BÖSEN HASEN	313
DER ALTE MANN UND EIN HEILIGER JÜNGLING	321
ZEITENWENDE	331
NACHREDE	339
WEITERFÜHRENDE LITERATUR	347
DAS WÜRZBURGISCHE MITTELALTER IN DER ROMANLITERATUR	349
BILDRECHTE	351

VORREDE

Steht man in unseren Tagen auf der Alten Mainbrücke zu Würzburg und hält dabei vielleicht auch noch einen fränkischen Brückenschoppen in der Hand, so findet man sich in einem jener Momente wieder, die man festhalten und im Bildergedächtnis konservieren möchte. Gleich, ob tagsüber oder abends, ob links- oder rechtsmainisch, ob flussauf- oder flussabwärts, Blick und Panorama öffnen sich einzigartig. Ein Gefühl und ein Moment zum Niederknien.

Im Westen über unserer Brücke ist der steil aufragende 100 Meter hohe Marienberg zu sehen mit dem darauf thronenden und rundum und in seinen Bergflanken befestigten Renaissanceschloss. Dazu eine malerische Weinlage im Hang, Häuserreihe und romanische Klosterkirche zu Füßen am Fluss. Links daneben gleich ein weiterer, steil anhebender Berg, der Nikolausberg. Zunächst hausbestanden, dann dicht bewaldet. In seiner Mitte und gleichermaßen zu Stadt und Festung gewandt, die Wallfahrtskirche *Mariä Heimsuchung*, genannt „Käppele", mit der Linie des terrassierten Kreuzweges darunter. Rechts zu Füßen des Festungsberges das Herz des sogenannten *Meeviertels* mit den Silhouetten der in die Anhöhe gesetzten, gotischen Deutschhauskirche sowie der ursprünglich romanischen Kirche des ehemaligen Schottenklosters. Einzig hier leidet das linksmainische Panorama ein wenig, da sich nachkriegsbedingte Aufbauten der 1950er und 1960er Jahre einschleichen. Ein Wermutstropfen, welcher sich leider nicht nur an dieser Stelle zeigt. Dennoch: Das Würzburger Panorama in Richtung der untergehenden Sonne gehört zu den historisch Bedeutendsten und einmalig Schönsten, welche das urbane Kontinentaleuropa zu bieten hat. Man kann es den jährlich Hunderttausenden an Besuchern nicht verdenken, selbst erleben zu wollen, was wir Würzburger Tag für Tag genießen.

Im Osten geht der Blick durch das Zentrum der Historischen Altstadt die Domstraße hinauf bis zur heute von Gebäuden eingerahmten und hoch über allem aufragenden Doppelturmfassade des romanischen Kiliandomes. Eine sehr klare Wahrnehmung von zentral um die Hauptkirche herum angelegter Altstadt. Von der Brücke aus sind zwar wichtige Plätze und Orte der Altstadt nicht direkt einzusehen, aber im Blick trotzdem sehr präsent, da man zuvor gar nicht anders konnte, als ihnen zu begegnen: Oberer und Unterer Markt mit dem Falkenhaus in Rokoko sowie der Marienkapelle als gotischer Hallenkirche und Schmuckstück ihrer Architekturgattung, dem Juliusspital als riesigem und damals größtem Hospital der deutschen Renaissance, den vielen prächtigen Höfen, welche sich im Halbkreis östlich um die gewaltige Domkirche herum versammeln, die Gassenherzen rechts und links der zentralen Domstraße, welche einmal dem pulsierenden und so rebellischen Bürgertum gehörten, natürlich die Kirchen von Neumünster, Stift Haug, den Augustinern, den Franziskanern und andere mehr, die alle miteinander und jede für sich allein so viele Geschichten durch die Zeit zu erzählen haben. Brunnen mit spannender Vergangenheit, ebenso Hausfiguren, Tore, Höfe, Stadtmauern und alte Anwesen, all das lässt sich von der Alten Mainbrücke nicht einsehen, aber man spürt doch überdeutlich, dass diese Dinge und mit ihnen eine sehr besondere Stadtgeschichte diesem Ort inne wohnen, gleichsam genetisch im Gedächtnis nicht nur der Menschen, sondern auch den Dingen verankert wurden. Immerhin, auch von der Brücke aus lässt sich der romanische Geschlechterturm *Grafeneckart* noch in den Blick nehmen, und dieser – absolut einzigartig in der Überlieferung nördlich der Alpen – erzählt jedem von uns, dass wir inmitten einer aufregenden und faszinierenden, paneuropäischen Stadtgeschichte stehen, die in ihren Dimensionen und ihrer Bedeutung mithin manchmal beinahe vergessen zu sein scheint.

Nach Süden schaut das Auge den Strom flussaufwärts. Rechts der Nikolausberg mit dem Käppele, links die Ausdehnung der Stadt mit dem Hirtenturm an ihrer historischen Grenze und dort der Ludwigsbrücke, im

Volksmund Löwenbrücke genannt. Man blickt zwischen den Figuren der Brückenheiligen auf eine nach links gebogene Flusslandschaft mit der rechter Hand nur wenige Meter vom Ufer abgegrenzten Maininsel.

Das Figurenprogramm auf der Südseite der Alten Mainbrücke von West nach Ost: Bischof Bruno, Bischof Burkard, Frankenapostel Kolonat, Frankonia bzw. die Jungfrau Maria, Frankenapostel Kilian, Frankenapostel Totnan.

In nördlicher Blickrichtung markiert die links abbiegende Flussrichtung (nach Westen hin) den Ausgang aus dieser topografisch so besonderen Lage der Stadt Würzburg. Gerade vor uns sehen wir den weinbestandenen Steinberg, dessen Lage schon seit alters her in ganz Europa berühmt ist, links des Flusses die heute bebauten Zeller Auen, rechts die Ausdehnung der historischen Stadt mit dem Schneidturm als Grenze sowie die Gebiete von Vorstädten, welche sich verschiedentlich bis an die Hänge von Stein- und Schalksberg wagten.

So erleben wir das fantastische Panorama unserer so besonderen Stadt im Herzen Europas heute. Gehen wir aber zurück in die Vergangenheit zu den Anfängen dieses Ortes, so finden wir ein ganz anderes Bild vor. Zum Beispiel 400.000 Jahre vor unserer Zeit. Tal und Bergeinschnitte waren bei Weitem nicht so ausgeprägt, der Fluss nahm seinen Weg in etwa 30 Meter höher als heute. Und doch war das spätere Würzburg bereits zu dieser Zeit für unsere Vorfahren als Menschen ein ausnehmend attraktiver Ort, denn sie haben uns zum Beispiel mit Hämmern aus Elchgeweih und anderen fossilen Artefakten Nachrichten hinterlassen, welche schon zu jener Vorzeit auf eine Tiertränke hindeuteten. Bei diesen Vorfahren handelte es sich um den Homo Erectus Heidelbergensis, dessen Evolutionslinie nach dem Stand heutiger Erkenntnisse in den sogenannten Neandertaler mündete, welcher mit Homo Sapiens – unser direkter Vorfahr – schließlich bis letztlich ca. 10.000 v. Chr. in unseren Breiten konkurrierte. Heute steht fest, dass gerade wir Europäer alle ein bis sogar zwei Prozent an ursprünglichem Erbgut der Neandertaler in uns tragen und somit die ersten Würzburger bereits in der Urgeschichte der Menschheit in Europa zu finden sein dürften.

Der Ort blieb attraktiv. Hier haben sich Wanderwege gekreuzt, hier waren Klima und andere Umweltbedingungen günstig, hier konnte der große

Strom häufig mitsamt den Tieren überquert werden, da sich die Flusssedimente zu Füßen der massiven Kalksteinformation an der Biegung immer wieder ablagerten. Es gab Wild zur Bejagung, reichlich Fisch und Früchte, Kräuter, Pilze oder Beeren zum Sammeln, vor allem aber bot die Topografie aus Taleinschnitt, bewaldeten Hängen, steilen Felsen und wahrscheinlich auch Höhlen ausreichend Rückzugsmöglichkeiten vor Feinden. Bis zur ausgehenden Jungsteinzeit und Bronzezeit hinein lebten im Maintal eine Reihe verschiedener neolithischer Kulturen, darunter die Bandkeramiker, die Rössener, die Schnurkeramiker und die Glockenbecherleute. Spuren dieser *frühen Würzburger* finden sich etwa am Schalksberg sowie auch im Gebiet der Inneren und Äußeren Pleich. Über die Lebensweise dieser Menschen lassen sich nur begrenzt Aussagen treffen. Tierknochen, Werkzeuge und Gebrauchsgegenstände, ein paar Artefakte, Bestattungssituationen, viel ist es nicht, das sie Würzburg bis in unsere Tage hinein erzählen. Dafür haben sie wahrscheinlich viel zu erdverbunden und als Teil der Natur gelebt. Vor allem aber haben sie noch nicht oder nur teilweise feststehend gesiedelt. Das änderte sich schließlich mit dem Festsetzen der sogenannten Hallstatt-Kultur, welche maßgeblich durch eingewanderte keltische Stämme geprägt wurde. Gleichzeitig vollzog sich der schrittweise Übergang von der Bronzezeit zur Eisenzeit.

Um 1000 v. Chr. herum entstanden erste Siedlungen an der nördlichen Flanke des heutigen Marienberges über dem festen Gestein der sogenannten Zeller Anhöhe sowie rechtsmainisch im Gebiet der inneren Pleich. Ob gleichzeitig oder nacheinander, darüber darf getrost spekuliert werden. Einfache, aber solide Hütten aus bearbeitetem Holz sowohl als Wohn- wie auch als Wirtschaftsgebäude und durchaus bereits mit Holzspindeln gedeckten Satteldächern. Um das Areal herum schützende Palisaden und Gerüsttürme mit Plattform zur Beobachtung der Umgebung. Außerdem ein Heiligtum hoch über dem Tal ziemlich genau dort, wo sich heute die Marienkirche, der Bergfried und der ‚Tiefe Brunnen' im Hof der Hauptburg der Festung Marienberg finden. Solche Heiligtümer lagen typischerweise außerhalb der Siedlung an einem besonderen und für kultische Handlungen geeigneten sowie in gewisser Weise geheimen und mystischen Ort. Bei Gefahr dienten sie gleichsam als Rückzugsort und waren auch entsprechend wehrhaft angelegt. Deshalb ist in der Würzburger Stadtgeschichte oft von einer frühen „Fliehburg" der Kelten die Rede; genau genommen ist das aber nicht richtig, wenngleich auch nicht ganz falsch.

Diese Menschen lebten von den Segnungen des Flusses, machten aber auch das Land nun in erwähnenswertem Umfang urbar. Sie bildeten soziale Hierarchien und Traditionen aus, waren sehr geschickte Handwerker und trieben vor allem sogar so etwas wie einen frühen Fernhandel. Das belegen aus dem mediterranen Raum und sogar dem fernen Griechenland stammende Fundstücke.

Der Mix aus Ursprungsvölkern und den eingewanderten Kelten prägte die Würzburger Gegend für lange Jahrhunderte und entwickelte sich zu einer selbstbewussten Kultur mit hierarchisch klaren Sozialstrukturen und handwerklich fortschreitenden Fähigkeiten. Um 200 v. Chr. waren die Bauformen sehr viel massiver geworden, in den Fundamenten wurde bereits Stein und leistungsfähige Bindemittel verwendet. Werkzeuge, Jagd- und Kriegsgerät hatten sich in ähnlicher Weise entwickelt, wie es in den keltischen Hochburgen Galliens und der iberischen Halbinsel der Fall war, denn das keltische und gewissermaßen paneuropäisch organisierte Netzwerk war noch immer intakt und stand im kulturellen Austausch zueinander. Schließlich aber wirbelte eine neue Macht auch die Gebiete der Kelten beziehungsweise der keltischen Mischvölker durcheinander, nachdem sie sich in etlichen Durchsetzungskriegen behauptet hatte und zunehmend erstarkt war: Rom.

Um die Zeitenwende herum hatte Rom bereits seit den Jahrzehnten vor Julius Caesar und dessen Expeditionen ins Germanische weite Gebiete unter seine Kontrolle gebracht, welche schon gefährlich nah an das heutige Würzburg heranrückten. Allerdings beschränkten sie sich dabei von Süden nach Norden vor allem auf die Rheinlinie sowie süddeutsche Gebiete entlang der Donau und einiges darüber hinaus. Sie errichteten starke Machtbastionen wie etwa Mainz, Köln, Xanten und viele andere. Militärische Expeditionen darüber hinaus gestalteten sich vor allem im ersten Jahrhundert v. Chr. schwierig. Zum einen, weil große Heeres- und Verwaltungsteile in dieser Phase weitläufiger Expansionen stark gebunden waren, und zum anderen, weil die Germanen als Stammesvölker dann doch ganz anders waren als zum Beispiel die ebenfalls wehrhaften Stämme Galliens.

Der Begriff *„Gallia"* geht auf Julius Caesar und sein Werk *„De bello Gallico"* zurück.

Sie ließen sich auch in der Niederlage nicht beherrschen. Beides zusammen – und natürlich der aus römischer Sicht unbegreifbare Verrat des Arminius in der Varusschlacht – führte schließlich dazu, dass ursprüng-

> Arminius kam zwar als Fürstenmündel und Friedenspfand (Geisel) nach Rom, wuchs dort jedoch in unmittelbarer Nähe des Augustus und gefördert durch dessen Adoptivsohn und späterer Kaiser Tiberius auf, wahrscheinlich zusammen mit Germanicus, dem Sohn des Drusus und Großneffen des Kaisers. Zusammen machten die beiden schon in jungen Jahren eine geradezu märchenhafte und im damaligen Rom natürlich militärisch geprägte Karriere, welche für den einen dereinst als Kaiser die Spitze des Staates vorsah, und für den anderen an dessen Seite die höchsten Würden und Ämter. Es kam bekanntlich jedoch anders! Rom hat in der Folge nie begreifen können, dass ein über viele Jahre hoch gebildeter, geförderter, intelligenter und im System überaus erfolgreicher Mensch aus dem inneren Zirkel der Macht – ursprünglich ein Barbar zwar, aber doch längstens schon mit dem seltenen Bürgerrecht Roms ausgestattet und eigentlich einer der ihren – diese Form des Verrats begehen konnte, indem er nach alledem halbwilde Barbarenstämme hinter ihrem Rücken zusammenrottete sowie 3 vollständige Legionen plus umfangreiche Hilfstruppen in eine Falle und die vollständige Vernichtung führte. Ein Schockerlebnis, heute würden wir von einem nachhaltigen Trauma sprechen. Diese Stämme waren innerhalb der *Pax Romana* nicht zu beherrschen.

liche Ideen einer Reichsausdehnung bis zu den natürlichen, von Meeren umspülten Kontinentalgrenzen aufgegeben wurden. Stattdessen baute man Mauern.

> Man fühlt sich an Momente der jüngeren und jüngsten Geschichte erinnert. Mauern zwischen geteilten Staaten (z. B. Deutschland u. Korea), Mauern zur Abschottung (z. B. das historische China beziehungsweise modern Israel und USA), Mauern anderer Art aber auch, um Flüchtlings- oder Wanderbewegungen mit zum Teil inhumanen Konsequenzen aufzuhalten (z. B. EU). – Die Erfahrung der Geschichte aber lehrt, dass dies nicht funktioniert, sondern Problematiken zunächst weiter verschärft und schließlich – sei es über kurz oder lang – dazu führt, dass alternative Lösungen nicht bearbeitet wurden oder bewältigt werden konnten.

In der Region des heutigen Main- und Tauberfranken hatte sich zu dieser Zeit ein Stamm herausgebildet, den man *Turon* nannte. Es handelte sich um ein erfolgreiches Mischvolk aus Germanen und Kelten, wie es eher selten vorkam. Unterm Strich gehen noch die heutigen Würzburger zu einem größeren Teil auf diese *Turonen* zurück. Als Rom nun ab ca. 41 n. Chr. damit begann Grenzwallanlagen (Limes) entlang der Rhein- und Donaulinie zu errichten, hatte man sich bereits dauerhaft dazu entschieden, die sich eigentlich anbietende Mainlinie quer zu den Kerngebieten der Germanen nicht mehr zu versuchen. Vorausgegangen waren nach der Varusschlacht Jahrzehnte der abwechselnd militärischen Expeditionen und diplomatischen Vorstöße. Nach dem Tod des noch selbst in die Ereignisse um Arminius involvierten Kaisers Tiberius setzte auf römischer Seite ein Umdenken ein, und offenbar zählten auch die *Turonen am Main* zu jenen Barbaren, mit denen einfach kein römischer Staat zu machen war. Der Limes verschob sich zwar später noch gegenüber dem Rhein ein Stück nach Osten und gegenüber der Donau nach Norden, gelangte aber niemals bis zum Maindreieck, bei Miltenberg im Westen und Gunzenhausen im Süden war jeweils Schluss.

In der Zeit ab dem 4. Jahrhundert n. Chr. nahm schließlich mit dem zunehmend auseinanderfallenden römischen Reich die sogenannte Völkerwanderung ihren Lauf. Abschließend noch ungeklärt ist bis heute, ob das rätselhafte Auftreten des Hunnensturms über Europa dafür der Katalysator war, ebenso wie das spurlose Verschwinden dieses Volksstammes in den manchmal mystischen Wirren der Geschichte. Attila beherrschte zwar den Donauraum, konnte oder wollte aber nicht bis zum Main vorstoßen. Stattdessen führte der Weg den Rhein entlang und nach Westen bis tief in die Gebiete Nordfrankreichs.

Mitnichten aber blieb das Gebiet des Maindreiecks vor den Bewegungen der Völkerwanderung verschont. Die Markomannen waren ebenso hier wie die Hermunduren, die Burgunder und natürlich die ursprünglich benachbarten Chatten. Zuletzt waren es die aus dem Südwesten stammenden und ungewöhnlich eher nach Norden ziehenden Alemannen, bevor diese schließlich endgültig 496 n. Chr. von den ursprünglich aus Gebieten des heutigen Belgiens stammenden fränkischen Merowingern verdrängt wurden, wobei im Zuge der umfangreichen Landnahmen auch ein Ort besetzt wurde, den die spätrömische und als *Geograph von Ravenna* bezeichnete Quelle „Uburzis" nennt. Es könnte sich dabei mit einiger Wahrscheinlichkeit um die Siedlung am Fluss mit dem kleinen Kastell hoch auf dem dominierenden Berg handeln, welche wir heute als Würzburg kennen.

Namen für den Ort haben sich im Laufe der Zeit einige herausgebildet. Die in frühen Momenten immer wieder verwendeten Teil-Bezeichnungen *Vidris, Virdis* oder *Virte* ebenso wie *Virze* könnten im Ursprung auf keltische Namen zurückgehen wie auch auf althochdeutsche Worte für *Mann* oder *Junger Mann*. Seit dem frühen Mittelalter gelangte die Anlage auf dem Berg jedenfalls namensgebend in den Kontext. Man sprach von *Virteburch, Wirziburg* und so weiter. Letztlich wird die tatsächliche Herkunft des Stadtnamens ein wenig im Dunkel bleiben, denn die hochmittelalterliche und lateinisch verwendete Bezeichnung „*Herbipolensis*", also ‚*Stadt der Gewürze*' drückt nur aus, dass auch damals die Herkunft des Namens nicht verstanden wurde. Unser heutiges „Würzburg" ist genau genommen eine Art Fake, dem wir aber dennoch die Ursprünge von *Vidris* bis *Virte* entnehmen können.

Die Franken jedenfalls setzen sich ab 500 n. Chr. als beherrschende Macht in der Region fest, dieser östlich abgelegene Teil des im nördlichen Kontinentaleuropa neu entstehenden Großreiches trägt schließlich den Namen Austrien. Der Ort, der heute Würzburg ist, wird ab ca. 650 n. Chr. zum Hauptort eines Herzogtums innerhalb des fränkischen Reiches, dessen Ordnungs- und Verwaltungsstrukturen noch sehr unbestimmt sind, da nicht zuletzt Schrifttum und Traditionen völlig neu im Entstehen begriffen sind. Die Herrschaft des Frankenreiches besitzt im Kern bereits seit 150 Jahren eine zumindest christlich schon ausgerichtete Struktur. In der fernen Ostprovinz Austrien und dem späteren Würzburg ist diese Glaubensrichtung jedoch weitgehend unbekannt. Hier orientiert man sich noch immer an den alten nordischen Götterwelten, gepaart mit einer passend gefälligen Beimischung römischer Gottheiten. Man ist sozusagen promiskuitiv, bis eines Tages ca. im Jahr 686 n. Chr. drei Männer von einer fernen Insel im Nordmeer den Ort besuchen und sich alles ändert.

Hier nun endet also die Vorrede und beginnt die Stadtgeschichte von Würzburg.

IM ANFANG WAR ...

Kilian und seine Begleiter

„*K*ilian, mit seinen Begleitern Kolonat und Totnan, kam im Jahre des Herrn 686 in das Reich und an den Hof des Herzogs Gosbert zu Würzburg, wo er das Evangelium verkündete und die Kinder des Herrn taufte. Auch Gosbert, welcher nach dem Tod seines Bruders dessen Weib Gailana zur Frau genommen hatte, ließ sich taufen und hörte das Wort des Herrn gern. Die Fürstin jedoch geriet darüber in großen Zorn, weil Kilian dem Landesherrn dazu riet, seinem Weibe fortan nicht mehr beizuwohnen und ihn gar aufforderte, es zu verstoßen, da die Schwagerehe als zutiefst unsittlich anzusehen sei, wie es bereits Johannes d. Täufer gelehrt habe.*

Als nun Gosbert in einer dringenden Kriegsangelegenheit fern seines Hofes weilte, fielen Kilian und seine Gefährten der Rachsucht des verstoßenen Weibes Gailana anheim, indem diese sie auf das Heimtückischste durch gedungene Häscher im Jahre des Herrn 689 meucheln ließ. Noch im Angesicht des sicheren Todes beteten die Diener des Herrn mit der Bibel in der Hand und nahmen das Martyrium gottergeben entgegen. Ihre sterblichen Überreste verscharrte man im Pferdestall der Herzogsburg, den die Pferde des Fürsten jedoch fortan scheuten.

Die Mörder aber bereuten und gestanden dem heimgekehrten Gosbert ihre Tat. Sie und auch die verstoßene Fürstin Gailana fielen dem Wahnsinn anheim und starben von eigener Hand."

So ungefähr lässt sich die Kilianslegende schön nacherzählen, aber das ist natürlich mit einiger Gewissheit nur die hübsche Legende der im 8. und 9. Jahrhundert n. Chr. vorherrschenden politischen Sichtweise. Anders als die Römer und auch die Stämme alten Glaubens, denen die Schwagerehe zur

Hinterbliebenenversorgung eine Selbstverständlichkeit war, sahen der christliche Glaube und mit ihnen die Karolinger als neue Machthaber im fränkischen Reich darin jedoch eine zutiefst abzulehnende Praxis, die es entschieden zu bekämpfen galt. Zwar lagen dieser Haltung durchaus auch Glaubensüberzeugungen zugrunde, in der Hauptsache aber diente sie jedoch der zweckmäßigen Abgrenzung von den althergebrachten Traditionen und zur Durchsetzung neuer Strukturen und Ordnungen. Die mit Würzburg in seinen Anfangstagen untrennbar verbundene Kilianslegende spielt dabei eine wichtige, vielleicht sogar zentrale Rolle. Mit ihr und anderen Elementen der Zeit beginnt so etwas wie die Partnerschaft der weltlichen und geistlichen Herrschaftsausübung in Europa zur gegenseitigen – und manch-

> Die Kirchenorganisation des 8. Jahrhunderts ist für die Herrschaftsausübung ein Beispiel, ebenso die Inthronisierung des Karolingers Pippin d. Jüngere im Kontext zur nachfolgenden pippinischen Schenkung, welche als Grundstein des späteren Kirchenstaates angesehen werden kann.

mal auch sehr ambivalent agierenden – Legitimation. Eine sich politisch und exekutiv sehr durchdringende Gemeinschaft in vielen Spielarten und Variationen, welche regional unterschiedlich erst mit der Säkularisation Anfang des 19. Jahrhunderts enden sollte, jedoch selbst in unseren Tagen noch in vielen Gesellschaftsfragen deutlich nachwirkt. Aber der Reihe nach.

Als die irischen Mönche Kilian, Kolonat und Totnan zur Mission nach Würzburg kamen – sagen wir, es war tatsächlich im Jahr 686 n. Chr. – hatte sich die wahrscheinlich überwiegend aus Fischern und Viehbauern bestehende Siedlung wohl auch rechtsmainisch schon ein Stück weit um das Gebiet der heutigen Domstraße herum ausgedehnt, denn die dort vom Fluss heraufführende Kalksteinplatte ließ ein Trockenlegen des ansonsten über das Jahr hinweg weitgehend sumpfigen Schwemmlandes zu. Dennoch dürfte zu dieser Zeit ein erheblicher Teil der Hütten und Hallen auf starken

> Bei der „Halle" handelt es sich um Ein-Raum-Gebäude mit typischen Mischfunktionen zwischen wirtschaftlicher und häuslicher Nutzung.

Holzbohlen gestanden haben, welche bis zu der erwähnten Kalksteinplatte hinabreichten. Auch wird die Bebauung weitgehend erst bei der zumeist üblichen Hochwasserlinie begonnen haben und nicht bereits direkt am Flussufer, wie wir es heute kennen. Möglicherweise führten Stege zu Überschwemmungszeiten trockenen Fußes durch den unteren Teil der Siedlung und zum Fluss hinab. Anders war die Situation in der alten linksmainischen Siedlung. Dort ließen die erhöhten und dennoch sehr flussnahen Felsuntergründe eine stabilere und dauerhaftere Bebauung zu; es war gewiss der Siedlungsbereich der ältesten Familien, welche traditionell überwiegend der Flussfischerei nachgingen.

Bei den hier lebenden Menschen handelte es sich um die Nachfahren der Turonen, welche bereits ein keltisch-germanisches Mischvolk waren, sowie der verschiedensten Stämme, die in den Zeiten der Völkerwanderung für eine Weile an diesem von der Natur so begünstigten Ort Station machten. Ein Vielvölkermix also, an dem ausgerechnet die eigentlichen Franken nur einen denkbar geringen Anteil ausmachten, welche seit ihrer Landnahme der Region schon um 500 n. Chr. herum formal die Herrschaft ausübten, in dem Gebiet das zur großen östlichen Provinz Austrien gehörte. So verwundert es auch nicht, dass es sich bei kultischen Traditionen und Glaube ebenso um einen Mix aus diversen Strömungen überwiegend nordischer Mythologien handelte. Aber nicht nur das, von dem in der *Kilianslegende* eine Hauptrolle spielenden Gosbert – zu ihm kommen wir gleich – heißt es beziehungsweise wird vermutet, dass er der *Diana* gehuldigt haben könnte. Einer damals besonders in Helvetien verbreiteten Variante der römischen Göttin der Jagd. Und obwohl das Leben

> Dass Gosbert der Diana gehuldigt haben soll, berichtet die sogenannte „Passio Kiliani", bei der es sich um zwei Schriften aus dem 9. Jahrhundert handelt. Auch die weiteren Informationen zu Gosbert, zu Kilian, zu Hetan II. und dieses frühe Herzogtum Würzburg gehen in wesentlichen Teilen auf diese Quelle zurück.

gewiss sehr hart und die Herausforderungen gegenüber der Natur als auch den Begehrlichkeiten immer wieder einmal einfallender Feinde groß wa-

> Lose herumstreifende Gruppen waren im 7. Jahrhundert allerorts noch eine Gefahr, da das Königtum längst nicht die exekutiven Strukturen und Ordnungen besaß, wie sie die Karolinger später durchsetzten. Auch waren in der Region die Awaren, die Sachsen und in Teilen die Thüringer eine immer einmal wiederkehrende Gefahr.

ren, dürften sich die Menschen Würzburgs in der Bandbreite ihrer Kulte und Traditionen damals schon eine lange Zeit tolerant zueinander eingerichtet haben. Die ursprüngliche Siedlung hatte wohl seit einigen Jahrzehnten begonnen zu wachsen und war zudem um 650 n. Chr. herum auch der Hauptort eines Herzogtums innerhalb der merowingischen Verwaltung Austriens geworden.

Gosbert ist der Enkel eines gewissen Radulfs, den der Merowinger-König Dagobert I. um 630 n. Chr. zur Grenzbehauptung als einen Herzog von Thüringen eingesetzt hatte, und dessen Geschichte möglicherweise noch Einfluss auf die politische Gemengelage zur Zeit des Auftretens von Kilian in Würzburg hatte. Denn dieser Radulf führte nach dem Tod Dagoberts Krieg gegen Pippin den Älteren, der seine Machtbasis als Hausmeier aus-

> Pippin d. Ältere war der Stammvater des Geschlechts der Pippiniden, aus dem zusammen mit den Arnulfingern – seine Tochter verheiratete er mit dem Sohn des Arnulf v. Metz – später die Karolinger hervorgingen. Er wurde 625 n. Chr. Hausmeier des Teilreiches Austrien, nachdem er in den Jahren zuvor bereits geschickt von Machtkämpfen innerhalb der Merowinger profitiert hatte.

zuweiten suchte. Dabei konnte er sich trotz wahrscheinlicher Unterlegenheit letztlich behaupten und sich als vom Königtum weitgehend unabhängiger Fürst etablieren, wobei ihm auf diese Weise sogar der zeitweise Ausgleich mit den beherrschten Thüringern sowie benachbarten Slawen gelang. In der Geschichte als Vorgang weitgehend vergessen, für einen kleinen Fürsten am äußeren Rand eines Großreiches für die damaligen Zeitverhältnisse aber ganz schön clever.

Das Herzogtum Würzburg des Gosbert könnte nach dem Tod Radulfs im Rahmen einer Erbteilung entstanden sein. So genau weiß man das nicht, aber solche Teilungen waren üblich und Tradition. Bei den großen Reichsteilungen wie ebenso bis hinunter zum Landadel, die Erbfolge der Erstgeborenen setzte sich erst sehr viel später durch. Ebenso gut könnte es aber auch ein Zugeständnis oder eine Belohnung Sigiberts III. gewesen sein, König in Austrien und Sohn Dagoberts, welcher auf diese Weise vielleicht seinen pippinidischen Hausmeier Grimoald, Sohn des älteren Pippin, ärgern und zugleich die königstreue Familie des Radulf belohnen wollte.

Wie es auch gewesen sein mag, ab 680 n. Chr. setzte sich der sehr machtbewusste Pippin d. Mittlere als Hausmeier und Machthaber erst in Aus-

> Nach dem gewaltsamen Sturz seines Onkels Grimoald 657 sowie dem Tod dessen Sohnes Childebertus Adoptivus 662, welcher offiziell aber als merowingischer König regierte, war das Geschlecht der Arnulfinger und Pippiniden praktisch erloschen. Nur Pippin d. Mittlere und seine Mutter Begga waren zum Zeitpunkt seines Aufstieges noch am Leben. Er ist der Vater von Karl Martell und der Urgroßvater Karls d. Großen.

trien und in den Folgejahren schließlich im ganzen Frankenreich durch. Er war einer der ersten Herrscher, welcher konsequent auf die vollständige Christianisierung des Reiches setzte. Ein Beispiel dafür ist die Mission des Willibrord in dem von Pippin eroberten Friesland, aber eben auch das Auftreten des möglicherweise aus dem irischen Mullagh stammenden Kilian und seiner Begleiter im austrasischen Grenzland rund um Würzburg. Man darf aufgrund der Vorgeschichte durchaus annehmen, dass Pippin seine Zweifel gegenüber dieser unruhigen Provinz hegte und in der Durchsetzung des Christentums ein wichtiges Element zur Einheit des Reiches sah. Kilian wird nicht zufällig in der Region erschienen sein, sondern besaß gewiss einen Auftrag oder zumindest eine Billigung, hinter welcher auch damals schon die Interessen der Politik gestanden haben dürften. Dass diese Mission schließlich aber scheiterte, steht außer Frage. Nur wissen wir nicht genau, warum sie das tat. Die uns heute bekannten Quellen aus dem 9. Jahrhundert erzählen eine Geschichte, die angereichert ist von all den

> Man muss in der Geschichtsbetrachtung u. a. zwischen *Primär-* und *Sekundärquelle* unterscheiden. Einfach beschrieben, ist ‚Primär' eine Quelle, die in direktem Zusammenhang zum Geschehen (z. B. Urkunde, Augenzeugenbericht etc.) steht, und ‚Sekundär' eine Quelle, welche sich wiederum ohne direkten Zusammenhang auf anderes und auf Vorläufer beruft. Bei letzterem spielt der zeitliche Abstand eine große Rolle in der Beurteilung.

Ereignissen bzw. den politischen Bedürfnissen und Korrekturen, die zwischen der tatsächlichen Historie und der Zeit ihrer Wiedergabe liegen. Wir wissen nicht einmal, ob Kilian und seine Begleiter tatsächlich drei Jahre lang zwischen 686 und 689 n. Chr. in der Region gewirkt haben. Aber immerhin wissen wir zumindest Folgendes: Das Verschwinden der Missionare war Pippin keine Strafexpedition wert, und das Christentum hatte wenigstens am Rande in der Region zunächst etwas Fuß gefasst.

Denn der Sohn von Gosbert, Hetan II., ließ 706 wohl an dem Ort des alten nordischen Heiligtums auf dem heutigen Marienberg eine Rundkirche mit Fundamenten und Mauern aus Stein errichten, welche bereits damals der Mutter Gottes geweiht wurde und so bis heute zu dem Namen des Ortes beiträgt, den man in der Folge auch viele Jahrhunderte lang *Frauenberg* nannte. Die Fundamente des heutigen Rundbaus der Kirche – das kleine Kirchenschiff und anderes sind spätere Veränderungen – gehen möglicherweise bis auf etwas über Kniehöhe in Teilen noch immer auf diese Hetan-Kirche zurück, bei der es sich um den ältesten bekannten Sakralbau östlich des Rheins im deutschsprachigen Raum handelt. Sozusagen ein erster Würzburger Superlativ, von denen uns durch die mittelalterlichen Jahrhunderte noch einige begegnen werden.

Hetan II. aber nimmt seinen besonderen Platz in der Stadtgeschichte vor allem deshalb ein, weil er in Würzburg im Jahre 704 n. Chr. eine Schenkungsurkunde an den schon erwähnten Friesenmissionar Willibrord aus-

> Ob Willibrord vielleicht unter anderem auch gezielt die Mission von Kilian fortgesetzt hat, und ob er diesen, obwohl selbst ein Sachse von der britischen Hauptinsel, gar persönlich noch gekannt haben könnte, weiß man leider nicht.

stellte, bei der es um Orte im heutigen Thüringen geht. Es handelt sich um das älteste bekannte Dokument der Stadt und gilt deshalb als ihr Gründungsdatum. 2004 feierte Würzburg sein 1300-jähriges Bestehen. Genau genommen war dieser Akt aber nur eine Zwischenstation auf dem bis dahin schon sehr langen Weg, allerdings einer, der gut gewählt schien, denn im Folgenden überschlugen sich die Ereignisse schon wenige Jahrzehnte später hin zu einer geistlichen, weltlichen und schließlich auch überaus erfolgreichen bürgerlichen Stadtentwicklung, die für Jahrhunderte im Rahmen stets wechselnder Geschicke direkt im Zentrum oder wenigstens in unmittelbarer Nähe des jeweiligen Epochengeschehens stehen sollte.

Einstweilen aber hatte das Geschlecht des Gosbert seine Rolle in der Geschichte gespielt. Hetan II. wurde möglicherweise aus Würzburg in einer Art Volksaufstand in Richtung Thüringen vertrieben, nachdem sein Sohn in einer Schlacht der Anhänger des Merowingerkönigs Chilperich II. gegen Karl Martell gefallen war. Er starb wohl um 719 n. Chr. Das Herzogtum wurde ohne Nachfolgeregelung aufgelöst und lose der Herrschaft des Hausmeiers unterstellt. Immina aber, eine Tochter Hetans, behauptete als Äbtissin das junge Kloster rund um die Marienkirche auf dem Frauenberg auch über diese Umbrüche hinweg für Jahrzehnte.

BURKARD UND BISTUM – WÜRZBURG UND REICH

Bonifatius weiht Burkard zum Bischof

Der Kirchenorganisator Bonifatius missionierte in der ersten Hälfte des 8. Jahrhunderts nicht nur, er suchte vielmehr auch feste, unumkehrbare Strukturen zu schaffen, indem er seine Mission eng

Bonifatius, eigentlich Wynfreth, um 673–754/55, war ein den Benediktinern angehörender Missionsbischof von der britischen Hauptinsel. Er gründete etliche Klöster sowie Bistümer im östlichen Frankenreich und schuf nachhaltig wegweisende Kirchenstrukturen, bevor er 80-jährig wieder zu der schon mehrfach gescheiterten Missionierung der Friesen aufbrach und sein möglicherweise gewolltes Martyrium fand.

mit den Zielen von Papsttum auf der einen und Königtum beziehungsweise Herrschaft der Hausmeier auf der anderen Seite verknüpfte. Vielleicht wusste er schon früh von dem Schicksal Kilians und seiner Gefährten, in jedem Fall aber kannte er den Missionsbischof Willibrord, dessen schwierige Mission bei den Friesen er zum Teil gemeinsam mit diesem bis 721 n. Chr. ausübte. Ausgestattet mit offiziellem päpstlichen Auftrag und einem Schutzbrief Karl Martells zog er für viele Jahre durch die Provinzen Austriens, gründete Bistümer, Klöster sowie Gemeinden und trug entscheidend zur Christianisierung weiter Landstriche im östlichen Frankenreich bei. Große Bekanntheit unter den sehr überwiegend noch den alten nordischen Traditionen verpflichteten Stämmen erlangte Bonifatius durch die demonstrative, öffentliche Fällung einer sogenannten Donareiche

Ein heiliger, dem Gott des Donners *Donar* bzw. *Thor* geweihter Baum.

732 n. Chr. im Raum des heutigen Fritzlar, welche er als Götzenbild brandmarkte. Damit, dass der Zorn der alten Götter ausblieb, beeindruckte er die Menschen.

Während dieser Expeditionen war der 10 Jahre jüngere und ebenfalls von der britischen Hauptinsel stammende Burkard mit hoher Wahrscheinlichkeit stets an seiner Seite. Zusammen dürften sie in dieser Zeit ein bis mehrere Male auch Würzburg mit seiner günstigen Lage am Main besucht haben. Und als nun Bonifatius ab 738 n. Chr. die Chance erhielt die Bistümer und Diözesen des Stammesherzogtums Baiern neu zu organisieren, ließ er

> Der Begriff „Diözese" entstammt noch den alten Römern und bezeichnete dort vor allem die Finanzverwaltung. Von den kirchlichen Verwaltungsstrukturen wurde er bereits im 4. Jahrhundert n. Chr. übernommen und war daher zur Zeit des Bonifatius schon ein fester Bestandteil der Kirchenorganisation.

sich diese Gelegenheit nicht entgehen. Ab 742 n. Chr. – Karl Martell war inzwischen an einem Fieber verstorben – konnte er diese erfolgreiche Organisationsarbeit im Sinne Karlmanns auch auf weitere Gebiete Austriens

> Karlmann war der Bruder Pippins des Jüngeren und teilte sich nach dem Tode Karl Martells mit diesem zunächst die Macht im Reich, indem er in Austrien, Thüringen und Alemannien herrschte, während Pippin Neustrien, Burgund und die Provence übernahm. Ab 747 n. Chr. zog er sich in ein Kloster zurück und überließ Pippin die gesamte Machtausübung. Ob freiwillig oder nicht darf man getrost Spekulationen überlassen. – Nicht zu verwechseln mit einem etwas späteren Karlmann, bei dem es sich um den Bruder Karls d. Gr. handelt.

ausdehnen und sogar Bistümer neu gründen, darunter Eichstätt und Erfurt. Im selben Jahr übergab er die Leitung seiner geostrategisch wichtigen Neugründung in Würzburg an seinen alten Wegbegleiter Burkard und setzte diesen als ersten Bischof ein.

Bonifatius hatte gut gewählt! Burkard war ein Mann der Tat und griff durch. Zur Zeit der Gründung des Bistums stand die im Verhältnis zur Region wahrscheinlich deutlich größte Siedlung ohne explizite Führung da, nachdem Hetan II. als Fürst vor mehr als 20 Jahren vertrieben worden war. Die Menschen der Siedlung folgten in weiten Teilen noch immer alten traditionellen Glaubensrichtungen, wobei das Christentum zumindest doch akzeptiert auch schon Fuß gefasst haben dürfte, wie es das Beispiel des Frauenklosters der Äbtissin Immina zeigt. Auch darf man vermuten, dass Burkard wenigstens eine kleine christliche Gemeinde unterstützend vorfand, als er damit begann die Strukturen des neuen Bistums aufzubauen.

Burkard nahm seinen Sitz zunächst auf dem Marienberg. Dafür tauschte er mit Immina das bisherige Kloster dort gegen eine Besitzung in Karlburg

Karlburg, heute ein Stadtteil von Karlstadt a. Main, bestand um 740 n.Chr. aus einem Königshof, einem Marienkloster nebst Kirche, welches die Äbtissin Immina dann übernahm, und wahrscheinlich aus einer kleinen, darum herum liegenden Siedlung zur Versorgung. All das übertrug Karlmann, der Hausmeier Austriens, dem Bistum Würzburg zu seiner Gründung.

ein, die er zusammen mit weiteren Gütern von dem Hausmeier Karlmann zur Ausstattung und für den Aufbau des neuen Bistums übertragen bekommen hatte. Darüber, ob er sich in diesem Zusammenhang auch von dem Wirken Kilians und seiner Begleiter berichten ließ, ist nichts bekannt. Allerdings erscheint es doch sehr naheliegend, da Immina nicht nur eine unmittelbare Zeitzeugin, sondern als Mitglied der früheren Herzogsfamilie gar Teil der Geschichte selbst war. In Sachen Martyrium des Kilian wurde Burkard jedoch erst 10 Jahre später nach dem Tod der Immina tätig. Möglicherweise nicht ohne Grund, denn mit der Erhebung der Gebeine wurde bereits gezielt eine Neuinterpretation zur Förderung von Legende und Kult instrumentalisiert.

In den ersten Jahren nach der Bistumsgründung werden Burkard und seine Mannschaft, denn eine ganze kleine Schar von Mönchen unterstützte ihn in der Aufgabe, vor allem mit der Christianisierung, feststehenden Gemeindestrukturen, mit Ordnung sowie Hierarchien und natürlich mit gesicherten Versorgungsgrundlagen auf dem Gebiet der Diözese beschäftigt gewesen sein. Der Bischof besuchte mehrfach die Synoden dieser Zeit und schuf in nur wenigen Jahren bereits stabile und jetzt überwiegend christliche Verhältnisse. Von Übergriffen, von Glaubensauseinandersetzungen oder gar gewaltsamen Bekehrungen wird aus dieser Frühphase des Bistums nichts berichtet, aber man darf wohl annehmen, dass es auf der einen wie anderen Seite nicht unbedingt zimperlich zugegangen ist. Spätestens seit ca. 737/738 n.Chr. setzte Bonifatius sein Programm der Kirchenorganisation mit voller Unterstützung der herrschenden Mächte durch, und auch Burkard standen für das Bistum Würzburg durch die reichen Schenkungen und die Unterstützung Karlmanns für die Zeit bei-

> Seit Pippin dem Mittleren stand die Christianisierung nach und nach auch auf dem politischen Programm, um homogene Herrschaftsstrukturen zu schaffen. Karl Martell griff zur Durchsetzung mitunter zu brachialer Gewalt, wohingegen sein Sohn Pippin der Jüngere gewissermaßen den politischen Winkelzug sowie die Macht der öffentlichen Show und politisch motivierten Legendenbildung erfand.

nahe ungewöhnlich große Mittel zur Verfügung, um das Christentum durchzusetzen. Was zweifelsohne auch gelang.

Aber damit nicht genug. Völlig unvermittelt taucht Bischof Burkard von Würzburg 749/750 n. Chr. plötzlich inmitten eines Ereignisses der Weltgeschichte in zentraler Rolle auf: Papst Zacharias erklärt in einem Schreiben an Pippin den Jüngeren, dass „ ... *der auch König genannt werden solle, der die Macht inne habe* ...". Ein historischer Paukenschlag! Der Hausmeier darf oder soll sogar den nach überlieferter Lesart Gott gewollten König absetzen und in eigener Person als König herrschen. Was war also geschehen?

Bonifatius besaß sehr gute Beziehungen zu Karlmann und nach dessen Rückzug von der Macht – oder war es vielleicht doch ein erzwungener Verzicht; verwundern müsste das nicht – wohl auch ebensolche zu Pippin dem Jüngeren. Diese ermöglichten ihm und seiner Schar von Missionsmönchen Aufbau und Durchsetzung kirchlicher Strukturen, er wiederum gab damit den herrschenden Pippiniden geordnete Machtverhältnisse in den bisher überwiegend unruhigen Randprovinzen Austriens. Eine echte Win-Win-Situation zumindest für die Interessen von Kirche und Machthabern im Frankenreich. Und auch so etwas wie der Beginn der sich ergänzenden Gewaltenteilung aus weltlicher und geistlicher Machtausübung, welche das gerade angebrochene Zeitalter entscheidend prägen sollte.

Nachdem sein Großvater Pippin der Mittlere und sein Vater Karl Martell formal noch als Hausmeier der merowingischen Könige die Macht im fränkischen Großreich ausgeübt, diese Könige jedoch bereits weitgehend aus der Öffentlichkeit entfernt beziehungsweise unter Hausarrest gestellt oder gar in ein Kloster geschickt hatten, wollte Pippin nun einen Schritt weiter gehen. Die Königswürde sollte offiziell auf das Geschlecht der Pippiniden übergehen. Die dafür notwendige Gefolgschaft der Fürsten und Grafen war aber nur zu erreichen, wenn dieser letzte Schritt ein gottgewollter war. Nur der Papst allein konnte als *Stellvertreter Christi auf Erden* für diese Anerkennung sorgen. So geschah es also, dass Fulrad, ein Gelehrter aus Saint-Denis, späterer Abt der Abtei und Vertrauter Pippins, sowie eben Bischof Burkard von Würzburg gemeinsam die Reise nach Rom antraten, um bei Papst Zacharias in der Sache vorstellig zu werden.

Die eigentliche Urheberschaft des Plans ist unbekannt. Gut möglich, dass er auf den politisch denkenden Bonifatius zurückgeht, um den Herrscher noch enger an seine Kirchenziele zu binden oder in seine Schuld zu bringen. Vielleicht sogar auf den tatkräftigen Burkard selbst, der zu diesem Zeitpunkt bereits seit Jahrzehnten die Mission des Bonifatius begleitet hatte. In jedem Fall versprach man sich davon Vorteile zu gewinnen. Möglich ist auch, dass Pippin an die Kirchenmänner herangetreten ist, allerdings war es damals eher so, dass Bonifatius die Herrscher von seinen Zielen überzeugte und nicht umgekehrt. Pippin hielt zwar Gewalt des Herrschens in seinen Händen, die im Kontext der Zeit zu verstehende Macht der Weisheit und Weitsicht lag hier jedoch bei Bonifatius und Burkard. Der deutlich jüngere Fulrad nahm möglicherweise als des Pippins Mann an der Reise teil, nicht als das Gehirn der Operation. Er stammte aus dem nahen Beraterumfeld des Herrschers, dessen Stammland das westliche Neustrien war.

Was genau sich nun in Rom bei Papst Zacharias dann zugetragen haben mag, lässt sich anhand der spärlich tradierten Überlieferung nur erahnen. Es

> Überlieferungen sind z. B. „*Annales regni Francorum*" (auch „Reichsannalen" genannt) oder „*Annalista Saxo*".

heißt dort, dass die Gesandten den Papst *wegen der Könige in Francia, die keine Macht als Könige hätten*, fragten, *ob das gut sei oder schlecht*, worauf Zacharias geantwortet haben soll, dass es *besser sei, den als König zu bezeichnen, welcher die Macht inne habe*. Mit einem entsprechenden Papstschreiben sollen Fulrad und Burkard zurückgekehrt sein. Möglich, dass es genau so gewesen ist, möglich aber auch, dass es sich ein wenig anders abgespielt hat, als die später aufgezeichnete karolingische Geschichtsschreibung es darstellt.

Fest steht, dass Pippin sich nach der Rückkehr seiner Gesandtschaft als König der Franken betrachtete. Fest steht aber auch, dass er sich erst Ende 751, also mehrere Jahre nach der Reise Burkards zum König ausrufen und noch später erst salben ließ, und zwar durch Stephan II., dem Nachfolger von Zacharias im Amt des Papstes. Zufall oder etwa doch nicht? Warum hat Pippin Childerich III., den letzten Merowingerkönig nicht gleich nach der Rückkehr seiner Gesandten aus Rom abgesetzt, sondern wartete damit, bis es mit dem Papst zu Ende ging? Indes fand die Botschaft des Papstes gleichwohl ihre Verbreitung im Frankenreich und Pippin regierte bereits wie ein König. War es ein früher politischer Betrug und der Würzburger Bischof Burkard einer seiner Drahtzieher? Hatte Papst Zacharias in Wirklichkeit vielleicht ganz anders reagiert als von Pippin und seinen Emissären gewünscht? Zuzutrauen wäre es dem Profil dieses Mannes, denn er legte

> Von Papst Zacharias ist überliefert, dass er z. B. den Verzehr von Hasenfleisch zu verbieten suchte, da diese Tiere einen übergroßen Sexualtrieb besäßen.

auf Sitte und Moral großen Wert. Möglicherweise weniger Skrupel hatte sein Nachfolger im Amt des Papstes. Stephan II. begrüßte die Inthronisierung Pippins und war nur wenige Jahre darauf Nutznießer der Pippinischen Schenkung, welche als Keimzelle des späteren Kirchenstaates gilt.

> In den Jahren 755 und 756 zog Pippin der Jüngere mehrfach gegen die Langobarden in Oberitalien und besiegte sie. Diese mussten letztlich die Oberherrschaft des Frankenkönigs anerkennen und dazu auch territoriale Gebiete abtreten, u. a. Ravenna. In einer bereits früher ausgestellten Urkunde überließ Pippin diese Gebiete jedoch dem Papsttum. Motiv und Hintergrund dieses als „Pippinische Schenkung" bekannten Vorgangs gehören zu den großen Geheimnissen der frühmittelalterlichen Geschichte Europas.
>
> Burkards Reise nach Rom war sein letzter Besuch in der ewigen Stadt und beim Papst, nachdem er in den Jahrzehnten zuvor bereits einige Pilgerreisen nach Rom unternommen hatte und auch mit dem Papst Zacharias zuvor bereits bekannt gewesen war.

Ein weiterer Nutznießer von Burkards Reise nach Rom war eindeutig jedoch auch das junge Bistum Würzburg und die in seinem Zentrum anschwellende Siedlung, denn fortan förderten die aus den Pippiniden hervorgehenden Karolinger diesen Ort, ebenso wie später auch die Dynastien der Salier und der Staufer.

Noch vor der Romreise hatte Burkard am linken Mainufer 748 n. Chr. ein erstes Benediktinerkloster gegründet und es nach dem Apostel Andreas benannt. Eine durchaus wichtige Maßnahme, denn der Hauptort eines Bistums benötigte geistlichen Nachwuchs und Bildung, außerdem Schriftlichkeit für Verwaltung, Kommunikation und zur eindrucksvollen Verbreitung des Glaubens. Als Standort wählte er einen Platz nahe des Mainufers außerhalb der Siedlung am Ausgang des Taleinschnitts zwischen dem damaligen Frauenberg und dem heutigen Nikolausberg, welcher diesen Namen jedoch erst später wohl durch die Kapuziner erhielt und früher in fränkischer Mundart auch *Gleßberg* genannt wurde. Also ungefähr 30 bis 50 Meter südlich zum heutigen Standort, der nach einem das Kloster völlig zerstörenden Großbrand für den Wiederaufbau kurz nach der Jahrtausendwende gewählt wurde.

Die Gründung Burkards wurde ein großer Erfolg, die zumindest später dort ansässigen Benediktiner für Jahrhunderte zu einem der einflussreichsten Orden in Stadt und Bistum mit schließlich mehreren Zweigstellen allein in Würzburg, darunter St. Stephan ab dem 11. Jahrhundert. Bereits im 9. Jahrhundert kam das Skriptorium des Klosters aufgrund der Kunstfertigkeiten seiner Kopisten zu überregionalem Ansehen und stand die Abtei in regem Kontakt und Austausch mit den bedeutendsten Kirchenstandorten in Europa. 986 n. Chr. benannte Bischof Hugo aus Anlass der Heiligsprechung des ersten Würzburger Bischofs das Andreaskloster in St. Burkard um und ließ auch dessen Gebeine dorthin überführen. Zuvor hatte Burkard seine letzte Ruhestätte neben den Frankenaposteln im damaligen Salvatordom gefunden. Noch heute befinden sich seine sterblichen Überreste in St. Burkard, allerdings in einem Reliquienschrein auf einem Seitenaltar. Den ursprünglichen Steinsarkophag findet man unter der Westempore des romanischen Langhauses der Kirche.

Zuletzt gab es für den gegen sein Lebensende hin wahrscheinlich schon weit über 60-jährigen Burkard nur noch eines zu tun: Das erfolgreiche Zentrum christlichen Glaubens benötigte ein Ereignis und einen Gegenstand, eine Reliquie der Verehrung und Anbetung. Und darüber hinaus außerdem noch überzeugende Argumente der Unterscheidung und Abgrenzung gegenüber dem alten nordischen Glauben, welcher in diesen Gründungs- und Missionszeiten noch längstens nicht vollständig aus der Region verdrängt worden war. Hierfür diente nun die alte Geschichte der drei Missionare Kilian, Totnan und Kolonat, die vor damals 60 Jahren nach Würzburg gekommen waren und hier ihr Martyrium gefunden hatten. Im Jahr 752 n. Chr. inszenierte Burkard die Auffindung der sterblichen Überreste der Märtyrer und damit die *Erhebung der Gebeine* öffentlich unter großer Anteilnahme der Bevölkerung. Den Ort der Auffindung bestimmte er zur Errichtung der Domkirche des Bistums. Bis dahin hatte zunächst die

> Der später Salvator, also dem Erlöser der Welt geweihte Dom stand dort, wo sich heute die Neumünsterkirche mit der Kiliansgruft (Oratorium) im Westen befindet. Die Reliquien der Heiligen befinden sich also noch immer in unmittelbarer Nähe ihrer Erhebung.

Marienkirche hoch oben auf dem Berg als Bischofskirche gedient sowie später auch noch Burkards Gründung St. Andreas. Es ist zwar nur eine Vermutung, dass Bonifatius und Burkard diese Geschichte um Kilian bei der Auswahl des Standortes und der Gründung des Bistums bereits kannten und sich auch deshalb für Würzburg entschieden, aber eben auch ein sehr starkes Argument, denn die Reliquienverehrung, das Wundersame und Wundertätige, das Göttliche und Heilige brauchte es damals im besonderen Maße, um sich in der Mission bei den Menschen überhaupt gegen die starke Bindung zu ihren althergebrachten Glaubensvorstellungen durchzusetzen. Die Einsetzung der Kilianslegende erfüllte zusammen mit ihren kultischen Perspektiven alle diese Bedingungen des neuen Glaubens und war der ideale Katalysator zur Überzeugung auch widerspenstiger Menschenkinder. Warum also wartete Burkard nach der Gründung des Bistums noch 10 lange Jahre bis kurz vor seinem Tod, um mit diesem gewaltigen Pfund zu wuchern?

Nun, das hatte vielleicht damit zu tun, dass mit der Äbtissin Immina eine sogar unmittelbar beteiligte Zeitzeugin bis um 750 n. Chr. herum noch am Leben gewesen war. Von ihr hatten Bonifatius und Burkard wahrscheinlich einiges darüber erfahren, was sich 60 Jahre zuvor tatsächlich ereignet hatte, als Kilian und seine Gefährten ihr Martyrium fanden. Vielleicht, wahrscheinlich sogar, sollte jetzt zur Erhebung der Gebeine eine an die angestrebten Kirchenzwecke angepasste Legende präsentiert werden, sodass man zunächst möglicherweise das Ende der hochbetagten Immina abwartete, damit diese nicht mehr widersprechen konnte. Eine Spekulation nur, gewiss, aber eben eine, welche die historischen Umstände erklären würde.

Eine dieser Anpassungen bestand mit einiger Sicherheit in der Verdammung der Schwagerehe durch Kilian und dessen Forderung an Gosbert die Herzogin Gailana zu verstoßen, da diese zuvor bereits das Weib seines Bruders gewesen sei. Von Bonifatius ist bekannt, dass er sich hier in Abgrenzung zu Sitte und Brauch des alten Glaubens sehr stark engagierte. So wird es kaum ein Zufall gewesen sein, dass das Unglück der Schwagerehe als zentrales Motiv nun in das Zentrum der Märtyrer-Legende rückte.

Gut möglich auch, dass der 752 n. Chr. ebenfalls schon hochbetagte Bonifatius bei der feierlichen Erhebung der Gebeine persönlich anwesend gewesen ist, denn es heißt auch, dass die Auffindung der Gebeine oder der Anstoß hierzu auf ihn zurückgehe. Ob es sich bei den Reliquien tatsächlich um Kilian und seine Gefährten handelt, ist natürlich nicht abschließend geklärt. Aufgrund der wundersam und öffentlich inszenierten Auffindung neigt man ein wenig zu der Vermutung, dass es sich ebenso gut um ein vergessenes Grab am Rande der damaligen Siedlung oder – eine gruselige Vorstellung – gar um gerichtete Strauchdiebe gehandelt haben könnte. Andererseits kommt hier aber wiederum die Äbtissin Immina ins Spiel. Sie war zum Zeitpunkt des Martyriums von Kilian und seinen Gefährten in etwa 18–20 Jahre alt gewesen und so wussten ihrem Bericht nach möglicherweise auch Bonifatius und Burkard recht genau, wo sie nach den sterblichen Überresten zu suchen hatten. Es ist also ebenso gut denkbar, dass es sich bei den Würzburger Reliquien tatsächlich um diejenigen der Frankenapostel handelt. Zumindest in der Verehrung durch die Gläubigen besteht daran seit bald 1300 Jahren kein Zweifel.

Über das Lebensende des ersten Bischofs von Würzburg gibt es in den zwei Fassungen der *Vita Sancti Burchardi* zwei unterschiedliche Schilderungen. Die Ältere aus der Mitte des 9. Jahrhunderts gibt mehr oder weniger schlicht an, dass er am 2. Februar 753 n. Chr. in Würzburg gestorben sei, also früh im Jahr nach der *Erhebung der Gebeine*. Die jüngere Fassung aus dem 12. Jahrhundert berichtet dagegen, dass Burkard im Jahr 753 n. Chr. alle seine Ämter niederlegte und sich mit einigen wenigen Anhängern bußfertig in eine Höhle nahe Homburg am Main zurückzog, wo er schließlich ein Jahr später verstarb. Diese letztere Version fand in der Wiedergabe zwar allgemeine Verbreitung, gehört aber wahrscheinlich in das Reich der Sage, weil sie erstens zeitlich sehr weit vom tatsächlichen Ereignis entfernt ist und zweitens die perfekte Abrundung des Heiligenlebens in der Rückkehr zu einem einfachen Büßer und Eremiten beschreibt, welcher im Ende Gott sehr nahe ist, doch auch sehr überhöht und gewollt daherkommt. Möglicherweise wollte sie Burkard ebenfalls ein Ende zuweisen, wie es Bonifatius, sein Zeitgenosse und jahrzehntelanger Gefährte, für sich tatsächlich inszeniert hatte, indem er 80-jährig alle Ämter und Befugnisse aufgab und noch einmal zu der Mission der Friesen seiner jüngeren Jahre zurückkehrte, wo er prompt sein Martyrium fand.

Seien die Einzelheiten aus der Gründungsgeschichte des Bistums und damit auch des Beginns der aufsteigenden Siedlungsgeschichte der Stadt Würzburg nun wahr oder aus dem Zweck heraus in der Überlieferung manipuliert, Burkard konnte und wird zum Ende seines Lebens hin stolz auf das Erreichte gewesen sein. Es gelang ihm funktionierende kirchliche Verwaltungsstrukturen für ein kompliziertes und in den vorgefundenen Verhältnissen raues Diözesangebiet zu etablieren. Es gelang ihm das Christentum als Hauptreligion bis in entlegene Weiler hinein durchzusetzen und in der weiteren Verbreitung unumkehrbar zu machen. Die Bindung seines Bistums an das neue Königtum der Pippiniden war aufgrund seiner Rolle dabei denkbar eng, seine Gründung des Andreasklosters ein Erfolg in Verwaltung, Führung und Organisation des Bistums, zuletzt die Auffindung und Erhebung der Gebeine der Frankenapostel zu Diözesanheiligen ein Aufsehen, wie es besser nicht hätte laufen können. Die Menschen wurden zu gläubigen Christen und suchten die Nähe der Heiligen. Der alte Siedlungskern links des Mains und die bisher eher lose gebildete Siedlung rechts des Mains wuchsen fürs Erste rasch an und begannen Strukturen zu suchen. All das mag Burkard in der beginnend sich andeutenden Entwicklung noch wahrgenommen haben. Eine seiner späten Handlungen bestand in der Bestimmung zu Standort und Baubeginn einer großen Bischofskirche am Ort der Auffindung der Frankenapostel.

SALVATORDOM UND KARL DER GROSSE

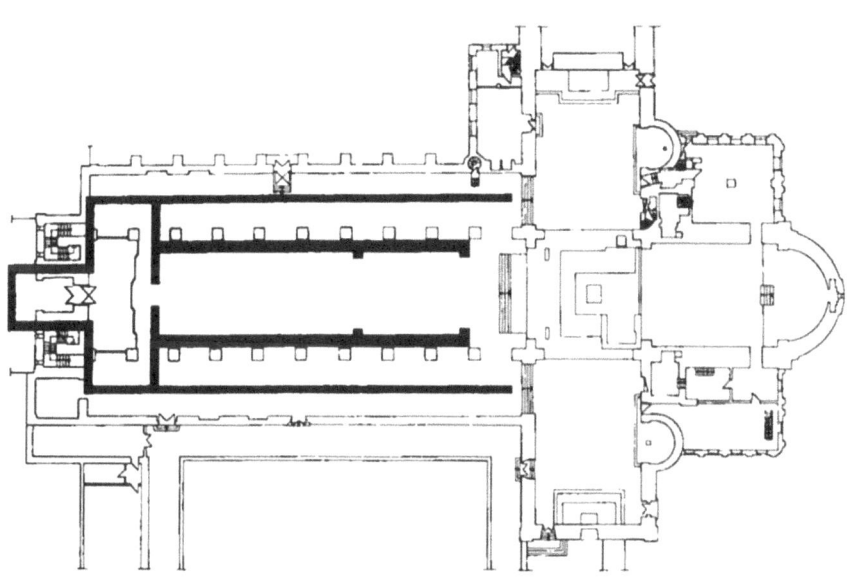

Salvatordom

Mit der erfolgreichen Etablierung des Bistums tat sich etwas in Würzburg. Die Siedlungen links und rechts des Mains begannen sich zu verändern. Das Andreaskloster zog Mönche und gelehrte Besucher an. Hier wurden Novizen aufgenommen und Geistliche ausgebildet, um Pfarreien auf dem Gebiet der für die damaligen Verhältnisse sehr weitläufigen Diözese oder Verwaltungsaufgaben des Bistums zu übernehmen. Den Kirchenbau über der Fundstelle der drei Bistumsheiligen am Ort des heutigen Neumünsters darf man sich als das gewaltigste Bauprojekt vorstellen, das die Menschen Würzburgs bis dahin je erlebt hatten oder auch nur davon gehört hätten. Ein Abenteuer, eine Aufbruchstimmung muss das gewesen sein. Es tat sich etwas, und beinahe jeder, ob Fischer, Bauer oder Handwerker profitierte davon. So setzte sich der neue Glaube in diesen ersten Jahrzehnten des jungen Bistums endgültig durch.

Der Domklerus und die Mönche mit ihren Strukturen schufen nun erstmals so etwas wie eine Hierarchie in der Gesellschaft, die gewissermaßen nach Stand und Funktion wirkte. Nicht mehr vergleichbar mit der Zeit des alten Merowingerherzogs, den Druiden als heilige Männer, den Clanchefs und Kräuterweibern. Schon bald wurde Würzburg noch während der Zeit des zweiten Bischofs Megingaud in Urkunden eine *civitas* genannt, eine Stadt.

Civitas = urban geprägte Siedlung = Stadt. Im Gegensatz zu *locus* (Flecken, Weiler) oder *castellum* (Lager).

Megingaud, ca. 710–783 n. Chr., stammte aus dem ursprünglich merowingischen Adelsgeschlecht der Mattonen. Sowohl Bonifatius als auch Burkard förderten seine Kirchenlaufbahn als Mentoren und mit verschiedenen Ämtern, darunter das des Abtes von Rorlach. Nach 15 Jahren zog er sich vom Amt des Würzburger Bischofs in die Neugründung eines Benediktinerklosters in Neustadt am Main zurück. Bis zu seinem Tod 783 n. Chr. blieb er mit Karl dem Großen in engem Kontakt, der ihn mehrfach dort aufsuchte und dessen Bestrebungen zur Sachsenmissionierung er wahrscheinlich auch begleitete.

Die Weihe der Krypta als Fertigstellung des ersten Bauabschnitts der großen Domkirche sorgte 755 n. Chr. für große Aufmerksamkeit und etablierte die Kianslegende möglicherweise gerade so, als hätte es nie etwas anderes zur Anbetung in der Region gegeben.

Auch unter Berowelf, dem dritten Würzburger Bischof, nimmt der Aufschwung seinen rasanten Verlauf. Neue Pfarreien und weitere Ordnungsstrukturen kommen hinzu, etliche Gemeinden finden in dieser Zeit ihre urkundliche Ersterwähnung, da zunehmend einheitliche Grundsätze nach kirchenrechtlichen Prinzipien und vor allem auch die Verwaltungsmaßnahmen im Reich Karls des Großen Fuß fassten.

Aus dieser Zeit ist im ewigen Gedächtnis der Stadt – gewissermaßen stellvertretend für diese erste Phase des Aufstiegs – der 8. Juli 788 n. Chr. festgehalten. An diesem Tag wurde der Salvatordom geweiht und wurden die Gebeine der Frankenapostel feierlich in die neue Kirche überführt. Ein Festtag bis auf den heutigen Tag. Damals reiste zu diesem Anlass König Karl höchstpersönlich nach Würzburg. Mit großem Gefolge kam er per Schiff über den Fluss in die Stadt und wurde gewiss mit allen denkbaren

> Es ist bestimmt nicht übertrieben anzunehmen, dass Karl d. Gr. gerade diese Reise zu Wasser und Schiff sehr genossen haben dürfte, denn der Mann durchquerte als Reisekönig das fränkische Europa ansonsten hoch zu Ross und nahm dabei große Strapazen in Kauf.

Aufwänden willkommen geheißen, denn vieles hatte sich verändert, seit der Ort Würzburg zusammen mit der Gründung des Bistums nun eine Königsstadt, eine *civitas,* geworden war. Die Menschen fühlten in dieser Generation vielleicht erstmalig nun so etwas wie einen zarten Wohlstand und die Sicherheit in einem sich bildenden Staatswesen. Feierlich und auch ehrfürchtig muss es zugegangen sein, als der König und der Bischof den Gebeinen der Diözesanheiligen folgten. Der Steinsarkophag, in den die Gebeine möglicherweise damals gebettet wurden, befindet sich noch heute an dem ungefähren Ort dieses für Würzburg so gedenkwürdigen Geschehens von 788 n. Chr. im Oratorium der Kiliansgruft unter der Neumünsterkirche. Die Vorstellung, dass der große Karl kniend davor betete, umweht ihn mit einem Hauch von Geschichte, die weit über Stadt und Region hinausreicht.

Karl nutzte diesen Aufenthalt auch, um die Anlagen auf dem Marienberg, welche schon längst nicht mehr als Bistumssitz genutzt wurden, sys-

Bischof Burkard hatte einst in den ersten Jahren des Bistums auf dem Marienberg für die Aufbaujahre Quartier bezogen.

tematisch als Karolingerburg auszubauen. Von einem bis zu 6 Meter hohen Holz-Lehm-Erdwall ist die Rede. Hinzu kamen wohl auch die Sanierung bestehender Substanzen und der Ausbau mit weiteren Funktionsbauten.

Möglicherweise resultiert sogar auch ein weiteres Projekt Karls aus dieser Reise und diesem Besuch in Würzburg, das mit den Erfahrungen und erkennbaren Vorteilen der Nutzung von Wasserwegen zu tun hat: Die *Fossa Carolina* (Karlsgraben) bei Treuchtlingen über die europäische Wasserscheide hinweg. Dabei handelt es sich um die ambitionierte Idee einer Kanalverbindung zwischen Rhein, Main und Donau, welche in den Folgejahren in Angriff genommen wurde. Der etwa 3 Kilometer lange Wassergraben der *Fossa Carolina* verband die Schwäbische Rezat mit der Altmühl, sodass man über die verschiedenen Wasserläufe mit leichten Kähnen tatsächlich vom Main bis zur Donau gelangen konnte. Jedoch setzte sich das fortschrittliche Kanalprojekt im Handels- und Personenverkehr nicht durch. Wegzölle zur Refinanzierung wirkten abschreckend, die Aufwände der Binnenschifffahrt lohnten sich nicht. Bald schon wurde der sogenannte „Karlsgraben" wieder aufgegeben.

ARNO UND DER DOMBRAND

Der Dombrand im 9. Jahrhundert

Der Grundstein und das Fundament einer erfolgreichen *civitas* waren im ausgehenden 8. Jahrhundert n. Chr. also gelegt. Die Christianisierung war innerhalb weniger Dekaden bereits abgeschlossen, auch und vor allem aufgrund des Erfolges der Kiliansverehrung. Das Bistum führte, ordnete und regelte das Leben in vielen Bereichen der jungen, sich aufstrebend entwickelnden Stadt. Gleichwohl gehörte die Autorität dem König. Die Gelehrten der Diözese waren seiner Gesetzgebung und Anweisung auf das Engste verpflichtet. Beste Voraussetzungen für einen Platz, an dem sich Handel und Fernhandel, Handwerk, Weinbau, Fischerei und in Gütern organisierte Landwirtschaft entwickeln konnten. Der Fluss diente als Lebens- und Verbindungsader, neue Fernwege und vor allem neue, feststehende Siedlungsplätze entstanden im ausgehenden 8. und 9. Jahrhundert n. Chr. in der Region. Dazu Klöster, Pfarreien, Kirchen. Des Königs Kanzleien steuerten Besitz, Übertragungen, Schenkungen als wichtiges Ausstattungsmerkmal und natürlich Rechte wie etwa Zölle und Maße, aber auch Jagden, Fischfang, Holzschlag und andere Notwendigkeiten.

Die urbane Arbeitsteilung bildete ihr Profil nun geschärft heraus und damit auch die Struktur der Ständegesellschaft. Freie und unfreie Stadtbevölkerung, deutlich abgestufter Adel, genau beschriebene Hierarchien innerhalb des Klerus. Der Domklerus von Würzburg nahm nach und nach eine Art von Mischbeziehung zwischen Adel und eigentlichem Klerus an, welche die Geschicke der Stadt zu einem bedeutenden Teil noch prägen sollte. Eine Gruppe, vergleichbar in etwa mit dem patrizischen Stadtadel in anderen Königs- beziehungsweise später Freien Reichsstädten. Nicht wenige mainfränkische Familien führen ihre Ursprünge auf diese Zeit zurück, darunter die *von Wolfskeel* und die *von Grumbach*.

> Beide Adelsfamilien, *von Wolfskeel* und *von Grumbach*, stellten im Hochmittelalter mehrere Würzburger Bischöfe. Der Name Grumbach (Rimpar) ist zudem mit Skandalen, Fehden und Mordtaten des 16. Jahrhunderts eng verbunden.

Karl dem Großen schien an der weiteren Entwicklung von Stadt und Bistum am östlichen Rand seines Reiches viel gelegen zu sein, denn er kam wieder und verbrachte 793 n. Chr. das Weihnachtsfest beziehungsweise den Jahreswechsel in Würzburg. Eine sehr besondere Auszeichnung, wie es die Reichsannalen jeweils hervorhoben.

Nach dem Tod des großen Karl fiel die Nachfolge 814 n. Chr. auf dessen einzig legitim überlebenden Sohn *Ludwig den Frommen*. Dieser war zwar sehr um die Fortführung der Verwaltungs- und Ordnungsreformen seines Vaters bemüht, aber sein Stammland im Reich war Aquitanien, sodass er Würzburg zwar auch unterstützte, aber weder die Stadt noch ihre Protagonisten im engeren politischen Blick behielt. Im Gegenteil, schon rasch zeichnete sich ab, dass das Riesenreich nach fränkischem Brauch in der Nachfolge Ludwigs zwischen seinen sehr machtbewussten Söhnen würde geteilt werden müssen. Der älteste Sohn *Lothar* würde demnach ein Mittel-

> Auf Lothar I. geht noch heute der Name der Region Lothringen zurück.

reich erhalten sowie im Westen wie im Osten die Ambitionen von *Pippin* (später dann *Karl der Kahle*) und *Ludwig dem Deutschen* in Schach halten.

> Pippin starb bereits 838 n. Chr. zwei Jahre vor seinem Vater.
> Karl der Kahle war ein später Sohn Ludwigs des Frommen (* 823 n. Chr.) aus der zweiten Ehe mit Judith aus der Dynastie der Welfen.

Allerdings begehrten die Söhne schon zu Lebzeiten des Vaters in unterschiedlichen Konstellationen mehrfach auf, entmachteten diesen zeitweilig und zogen wieder zurück beziehungsweise wechselten die Seiten. *Ludwig der Fromme* starb 840 n. Chr. nach 26 Regierungsjahren und hinterließ trotz großer Reformerfolge in der Kontinuität Karls des Großen sowie der wiederholten Auseinandersetzung und Bemühung um Regelung dennoch ungeklärte Verhältnisse in der Nachfolge. Erst Jahre später fanden seine Söhne 843 n. Chr. im sogenannten Vertrag von Verdun zu einem Teilungsplan, dem gar blutige Auseinandersetzungen vorausgegangen waren. Letzten Endes wurde das zunächst sehr stark von der Nordsee bis zum Mittelmeer etablierte Mittelreich Lothars zum Verlierer dieser Konstellation

> Lotharingien, das Reich Lothars, ging später in einem Teil zunächst im „Herzogtum Lothringen" auf und im 18. Jahrhundert schließlich in der französischen „Provinz Lothringen". Heute ist es die „Region Lorraine" innerhalb der Gebiets- und Verwaltungsstrukturen Frankreichs.

schon bis zum Ende des 9. Jahrhunderts hin. Zum einen, weil Lothar in der eigenen Nachfolge konsequent die paritätische Aufteilung des Reiches unter seinen Söhnen bestimmte, und zum anderen, weil seine selbstbewusst im Osten und Westen herrschenden Brüder ihn um zwei Jahrzehnte überlebten. Diese Reiche kennen wir heute als Deutschland und Frankreich.

Würzburg gedieh prächtig zu dieser Zeit während der ersten Hälfte des 9. Jahrhundert n. Chr., denn es stand nicht im Fokus kriegerischer Auseinandersetzungen und war als Schwerpunkt-, Verwaltungs-, Handels- und Bildungsort doch außerordentlich wichtig sowohl für *Ludwig den Frommen* als auch für seinen Nachfolger *Ludwig den Deutschen*.

Die Bischöfe Berowelf (769–794 n. Chr.), Wolfgar (809–831 n. Chr.), Gozbald (842–855 n. Chr.) sowie Arn (855–892 n. Chr.) prägten diese Zeit der Stadt- und Diözesanentwicklung jeweils langjährig erfolgreich und in ihren Schwerpunkten auf unterschiedlichste Art und Weise, wobei zum Beispiel Gozbald vor seinem Bischofsamt unter anderem die Kanzlei *Ludwigs des Deutschen* führte und damit wahrscheinlich als Erster einer langen Reihe von Würzburger Bischöfen direkt an der politischen Spitze des Staates stand. – Zumindest wenn man davon absehen mag, dass Bischof Burkard das Karolingerreich mit seiner Mission beim Papst in Rom gewissermaßen überhaupt erst ins Leben rief und ermöglichte.

Am 5. Juni 855 n. Chr. schlug der Blitz im größten und höchsten Gebäude Würzburgs ein, dem Salvatordom, und setzte es in Brand. Gut einen Monat darauf stürzten während eines weiteren Unwetters am 8. Juli, dem Kilianstag, die verbliebenen Steinmauern in sich zusammen. Eine Katastrophe und unheilvolles Zeichen zugleich, von denen sich ein aufstrebender Siedlungs- und Verwaltungsplatz in der damaligen Zeit auch schon einmal nicht erholen konnte. Das kam durchaus vor, und Würzburg lebte vor allem von der Anziehungskraft seiner Heiligen und der Domkirche. Immerhin, die Reliquien konnten gerettet werden. In dieser Situation starb Ende September auch noch Bischof Gozbald, dessen Nähe zum ostfränkischen König *Ludwig dem Deutschen* der Stadt und nicht zuletzt auch dem Skriptorium sowie der Schule des Andreasklosters viel Ansehen eingebracht hatte. Vielleicht war für ihn der Kummer über die Zerstörung seiner Kirche zu viel.

Der durch den König nun eingesetzte Nachfolger im Amt des Bischofs erwies sich jedoch als ein zupackender Mann der Tat. Arn baute die Domkirche des Bistums erneut auf und war unermüdlich im Sinne seiner Diözese unterwegs. Er nahm an Reichstagen und Synoden der Kirche teil, er kämpfte zudem an den Grenzen des Ostfrankenreiches zusammen mit des Königs Markgrafen und Heerführern immer wieder gegen aus seiner Sicht heidnische Einfälle, wie zum Beispiel die Normannen sie gegen die inzwischen christianisierten Sachsen unternahmen.

Die neue Domkirche des Bistums – größer, mächtiger, stabiler – weihte Arn jetzt mit feinem Gespür für die Gemütslage der Gläubigen dem Frankenheiligen Kilian, nachdem vielleicht der Brand und das Datum des Einsturzes der alten Kirche die entsprechenden Zeichen dafür gesetzt hatten. Und trotz eines sehr umtriebigen, aktiven und auch gefährlichen Lebens übte Arn das Bischofsamt von Würzburg für damals sehr lange 37 Jahre aus. Nach der Gründungsphase unter Burkard und Berowelf steht sein Wirken für die Absicherung von Aufschwung und Kontinuität des Bistums und der Stadt, sodass nicht nur die Kirche sein Andenken bewahrt, sondern ebenso auch Würzburg und seine Bürger. Arns Tod schließlich ist ebenso exemplarisch, ja geradezu stilecht, wie sein Leben es gewesen war. Nach einem freilich recht erfolglosen Feldzug gegen die Böhmen, welchen er gemeinsam mit dem Markgrafen Poppo aus dem Haus der Babenberger unternommen hatte, erlitt er gewissermaßen in der Nachfolge der Heiligen Kilian und Bonifatius das Martyrium, indem er auf dem Rückweg von heidnischen Slawen getötet wurde. Wahrscheinlich irgendwo am Westrand des Erzgebirges in der Nähe des heutigen Chemnitz, der genaue Ort ist unbekannt.

Arns Nachfolger im Würzburger Bischofsamt, Konrad I., führte das politisch und militärisch aufregende Leben seines Vorgängers fort. Allerdings

> Konrad war von 892–908 n. Chr. Bischof von Würzburg. Sein Bruder Konrad der Ältere wurde nach Arns gescheitertem Feldzug der Nachfolger des Babenbergers Poppo als Markgraf von Thüringen. Der zweite Bruder, Gebhard, errang das Herzogtum Lothringen.

mit durchaus anderen Positionen, denn sein Geschlecht der Konradiner konkurrierte mit dem der Babenberger um die Macht in Franken und am

> Die *Konradiner* waren ein Adelsgeschlecht mit damaligem Stammsitz in Hessen. Nach dem Aussterben der Karolinger fiel ihnen die ostfränkische Königswürde zu, möglicherweise aufgrund ihrer engen Verwandtschaftsverhältnisse.

Main. Konrad war über die mütterliche Familienlinie auf das Engste mit den letzten Karolinger-Herrschern *Arnolf von Kärnten* und *Ludwig dem Kind* verwandt, sodass nach dem Aussterben der karolingischen Linie sein Neffe Konrad gar die ostfränkische Königswürde gewann. Er agierte als

> Konrad I. (nicht zu verwechseln mit seinem gleichnamigen Onkel als Bischof von Würzburg) war von 906–918 n. Chr. Herzog von Franken und von 911– 918 n. Chr. König des Ostfrankenreiches. Er ist wahrscheinlich der erste, dessen Legitimation auf eine Königswahl zurückgeht. Problemverhältnisse gegenüber dem Adel und die anhaltenden Einfälle der Ungarn führten dazu, dass die Königslinie sich nicht fortsetzte.

Berater und Vasall in unmittelbarer Nähe zu mehreren Königen und machte Würzburg zwar nur vorübergehend, aber doch erstmalig zu einem politischen Zentrum der Machtausübung im ostfränkischen Reich, eine Rolle, welche die Stadt im späteren Heiligen Römischen Reich Deutscher Nationen noch häufiger einnehmen sollte.

Die zusammen mehr als 50 Jahre der Regentschaft von Arn und Konrad legten wichtige Grundlagen dafür, dass die spätere geopolitische Bedeutung von Würzburg überhaupt erst ermöglich wurde. Zudem wurden in dieser Zeit der relative Wohlstand und das Ansehen durch alle sich zunehmend entwickelnden Ständeschichten hinweg nachhaltig gefestigt. Die anhaltenden Gefahren von außen jedoch, wie etwa die Landeinfälle der Ungarn sie darstellten, konnten trotz kriegerischer Bemühungen nicht gebannt werden. Übergriffe dieser Art erreichten zwar nicht unbedingt Würzburg selbst, stellten aber eine bleibende Bedrohung in der ersten Hälfte des 10. Jahrhunderts dar.

AQUILIN AUS DER VORSTADT SAND

Ausschnitt Aquilin Altar in St. Peter und Paul

Die sich entwickelnde und wachsende Stadt suchte sich nun Raum zur Ausbreitung. Linksmainisch setzten Marienberg und Nikolausberg natürliche Grenzen. Der felsige Untergrund der Anhöhe im Norden des Marienberges war in Flussnähe bereits seit Menschengedenken besiedelt, dahinter machte die morastige Sumpflandschaft eine weitere Ausdehnung unmöglich und bot außerdem auch keinen Schutz vor Übergriffen vom Fluss her. Der Handelsweg nach Frankfurt und Mainz führte entlang der Bergflanken und wurde hier zunächst von eben diesen Sümpfen zum Wasser hin geschützt.

Rechtsmainisch war die vom Fluss her flach ansteigende Kalksteinplatte mittlerweile vollständig bebaut, dazu hatten sich an ihrem Ostende um den Dom herum einige Höfe und Güter angesiedelt, aus denen sich in späteren Zeiten der sogenannte Heilige Bezirk mit den Domherrenhöfen noch entwickeln sollte. Raum zur Ausdehnung gab es also nur im Süden und im Norden entlang des Flusses. Zu beiden Seiten der urbanen Platte wird es sich zu dieser Zeit vor allem um Schwemmland gehandelt haben, wobei im Norden noch die Pleichach als für manche Gewerbe wichtige Wasser- und Ener-

Wasserintensive Gewerbe waren z. B. das der Fleischer, der Gerber und andere. Dazu solche, die ein Mühlwerk benötigten.

giequelle hinzukam. Das Trockenlegen des Geländes geschah mit Hilfe wahrscheinlich offener Entwässerungsrinnen, war mühsam und brauchte seine Zeit. Auch der Erfolg gestaltete sich je nach partiellem Untergrund unterschiedlich, sodass die weitere Ausdehnung der Stadt und die damit verbundene Gassenführung immer auch von diesen Fortschritten abhing.

Gesiedelt haben hier vor allem Handwerker und Händler, welche sich vermehrt in der erfolgreichen Bischofsstadt niederließen. Ob es in dieser Zeit auch war, dass sich eine erste jüdische Gemeinde bildete, ist nicht nachzuweisen, aber doch recht wahrscheinlich. Einigermaßen sicher ist, dass sich im 11. Jahrhundert ein kleiner jüdischer Friedhof ungefähr dort befand, wo heute der Untere Markt in der oberen rechten Ecke auf die Gasse Schmalzmarkt trifft, welche früher einmal Rosengasse hieß, wobei es sich um einen Hinweis auf ihren ehemals jüdischen Charakter handelt. Ebenfalls im 10. Jahrhundert n. Chr. hat sich das heute *Innere Pleich* genannte Viertel als eigene Vorstadt etwas abseits des geschlossenen Stadtgebietes herausgebildet. Das hing mit den dort tätigen Fleischhauern, Gerbern und Färbern zusammen, deren Handwerk sehr geruchsintensiv

> Sehr viel später war die fürstbischöfliche Schönfärberei linksmainisch im Burkarder Viertel angesiedelt, was mitunter zu Geschichten über den bunt eingefärbten Fluss führte.

war. Dazu vielleicht schon vereinzelte Anlagen von Mühlbauern entlang der Pleichach beziehungsweise sogar schon solche, die durch einen angelegten Mühlbach an diese angeschlossen waren. Die geschlossene urbane Ausdehnung erreichte damals schließlich im Norden in etwa die Linie der späteren Juliuspromenade und im Süden diejenige der späteren Neubaustraße. Auch dort gab es zu dieser Zeit bereits vereinzelte Höfe außerhalb

> Der Name der Neubaustraße hängt noch heute damit zusammen, dass im Hochmittelalter nach dem Abriss der ersten Stadtmauer dort ‚neu gebaut' wurde.

der eigentlichen Stadt in einem Gebiet, das man nach dem sedimentreichen Schwemmland „*Sand*" nannte.

> Der Name *Sand* hat sich vielfältig erhalten und findet sich in den Bezeichnungen für das ‚Sanderviertel', die ‚Sanderau', die ‚Sanderstraße' sowie dem ‚Sanderring' wieder; allesamt im Süden der Stadt. Auch das nicht mehr existierende ‚Sandertor' trug diesen Namen.

Und genau hier, in einem solchen Hof in der *Sand* wurde mit dem Heiligen Aquilin der bisher einzige direkt aus Würzburg stammende Heilige der römisch-katholischen Kirche um ca. 970 n. Chr. möglicherweise unter dem Namen Wezelin oder Wenzelin geboren. In der Mitte der heutigen Hörleinsgasse soll das gewesen sein; heute spricht man an diesem Ort von dem *Peterviertel,* zu jener Zeit jedoch war es eben die Gegend der Sand. Aquilin ent-

> Die Bezeichnung *Peterviertel* geht auf das nach der Jahrtausendwende gegründete Benediktinerkloster Peter und Paul (später im 11. Jahrhundert schon St. Stepan) zurück und setzte sich fort durch die spätere Pfarrkirche des Viertels „St. Peter und Paul".

stammte offenbar einer vornehmen Familie, besuchte gewiss die hiesige Domschule und wurde offenbar für weitere Studien in das auch schon damals theologisch überaus bedeutsame Köln entsandt. Dort stieg er bis zum Dompropst auf und wurde 999 n. Chr. gar zum Erzbischof gewählt. Die Wahl nahm er jedoch nicht an und ging stattdessen wohl für erneute Studien nach Paris, wo er nicht geringe Wunder gewirkt haben soll. Anschließend

> Ein wahres Wunder, das Aquilin gewirkt haben soll, ist es zum Beispiel, wenn ein einzelner Mann im Glauben eine ganze Stadt von der Pestilenz befreit.

ging er als Kanoniker an das Stift San Lorenzo nach Mailand und nahm den Namen Aquilin an. Dort legte er sich mit Anhängern des Arianismus an,

> Der „Arianismus" war eine christliche Glaubensabspaltung bereits seit dem 4. Jahrhundert n. Chr., welche die Lehre der Dreifaltigkeit ablehnte. Im Kern ging es darum, dass Gott allein Gott und der Vater aller Dinge sei.

welche ihn bei einem Kirchenbesuch um 1017 herum ermordeten, indem ein hinterrücks geschleudertes Schwert seinen Hals durchtrennt haben soll.

Und um es kurz zu machen: Aquilin spielt für die Geschichte und Entwicklung von Würzburg eigentlich überhaupt keine Rolle! Seine Lebensleistung findet sich an anderen Orten. Nach seinem Fortgang soll er nur noch einmal die Stadt seiner Herkunft besucht haben, als seine Eltern gestorben waren. Die Legende will es so, dass er zu dieser Gelegenheit sein Erbe unter den Armen verteilte und wieder entschwand.

Würzburg jedoch entdeckte sein Andenken nach dem 30-jährigen Krieg zur Zeit der absolutistisch regierenden Fürstbischöfe wieder und hält es nach wie vor auf vielfältige Weise in Ehren. 2017 fand die 1000-jährige Wiederkehr des Martyriums von Aquilin viel Aufmerksamkeit und Beachtung.

Abgesehen davon, dass die Stadt sich in ihrer Entwicklung und in ihrem weiteren Ausbau weiter konsolidierte, war das 10. Jahrhundert n. Chr. für Würzburg eines, indem man erstmalig nach 200 Jahren wieder davon sprechen konnte, dass es nicht mehr ständig steil aufwärts ging, sondern sich auch so etwas wie Stillstand ausbreitete. Die Bischöfe standen nicht mehr in unmittelbarer Nähe zur Spitze des ostfränkischen Reiches, die Könige förderten und würdigten die Stadt nicht mehr in herausgehobenem Maße.

Wie war es dazu gekommen?

Nun, vor der Herrschaft Konrads I., welcher noch in engster Beziehung zu seinem gleichnamigen Onkel als Würzburger Bischof stand, sorgte eine ganze Reihe kurz aufeinanderfolgender karolingischer Könige dafür, dass die zentrale Gewalt immer schwächer wurde und gleichzeitig das sogenannte Stammesherzogtum politisch erstarkte. Mit dem Aussterben der

> Bei dem sogenannten „Stammesherzogtum" handelt es sich nicht wirklich um Volksstämme im eigentlichen Sinne, sondern um die führenden Adelsdynastien der verschiedenen Regionen wie z. B. Bayern, Franken, Sachsen, Schwaben usw.

Karolinger erbten zunächst die Konradiner deren Königswürde, denn sie waren eng verwandt mit den vormaligen Herrschern. Jetzt allerdings mit Zustimmung und Wahl durch die Reichsgewaltigen, also den Stammesherzögen. Das war eine Zäsur hinsichtlich des Königtums, die zumindest einen bedeutenden Aspekt für immer veränderte. Im Hochadel des ostfränkischen und später deutschen Reiches konnte theoretisch nun jeder bis an die Spitze des Staates und zur Königswürde gelangen. Konrad lieferte selbst das beste Beispiel dafür; seine wenigen Jahre als König waren geprägt von Scharmützeln und Auseinandersetzungen mit den Reichsgewaltigen, da er nach einer Restauration der Königsmacht trachtete, wie sie beispielsweise Ludwig der Deutsche wenige Jahrzehnte zuvor noch besaß. Das gelang ebenso wenig wie die Abwehr der Ungarneinfälle in das Frankenreich. So kam es, dass auf Konrad, selbst kinderlos, nicht sein Bruder Eberhard, sondern der Luidolfinger Heinrich I. auf dem Thron nachfolgte, ein waschechter Sachse. Man stelle sich nur vor, in welchen Auseinandersetzungen

> Die sächsischen *Luidolfinger* waren eine der mächtigen Adelsfamilien im Rahmen des spätkarolingischen Stammesherzogtums. Aus ihnen ging das Geschlecht der Ottonen hervor, welches die Geschicke des Frankenreiches während des 10. Jahrhunderts n. Chr. prägte.

der Christianisierung sich Karl der Große mit diesem Volk und einem gewissen Widukind gerade einmal ein gutes Jahrhundert zuvor noch über

> Widukind war in den Sachsenkriegen der wichtigste Gegenspieler Karls des Großen, der sich mehrfach gegen dessen Oberherrschaft auflehnte. Nach wechselseitig verlustreichen Auseinandersetzungen unterlagen die Sachsen schließlich, wobei Widukind am Verhandlungstisch und durch den Übertritt zum Christentum noch einiges an Zugeständnissen und Milde erreichen konnte.

lange Jahre herumgeschlagen hatte. Und jetzt im Jahre 918 n. Chr. König des ostfränkischen Reiches! Eine erstaunliche Entwicklung, aber nachvollziehbar im Niedergang der karolingischen Herrscherlinie; Heinrich war zu dieser Zeit der Mächtigste und wahrscheinlich auch Begabteste unter den Stammesherzögen.

Die Sachsenchronik *Res gestae Saxonicae* des Widukind von Corvey berichtet im späten 10. Jahrhundert davon, dass es Konrad I. selbst gewesen

> Widukind von Corvey, um 925–3. Februar 973 n. Chr., war ein Benediktinermönch und Chronist der sächsischen Stammesgeschichte. Nicht zu verwechseln mit dem sächsischen Herzog Widukind 150 Jahre zuvor, obgleich über eine Verwandtschaft spekuliert worden ist.

sei, der in Heinrich I. seinen Nachfolger gesehen habe und auf dem Totenbett seinem Bruder befahl, der Königswürde zu entsagen und stattdessen den Luidolfinger als König vorzuschlagen. Ob passend zurecht formulierte Legende oder zupass geratene Wahrheit sei hier einmal dahingestellt, Konrad jedenfalls war in seinen beiden letzten Jahren aufgrund einer nicht ausheilenden Kriegsverletzung zunehmend hinfällig, was dazu führte, dass er nur noch entlang der Flüsse über das Wasser reiste und hierbei auch bevorzugt den Aufenthalt in Würzburg suchte.

Für die Würzburger waren diese Entwicklungen insofern von Bedeutung und folgenreich, da der Luidolfinger und die ihm nachfolgenden Ottonen über Jahrzehnte hinweg ihr bevorzugtes Augenmerk nicht mehr so sehr auf die Stadt am Main richteten.

Die Bischöfe verloren in dieser Zeit an Einfluss auf die Geschicke des Reiches, ebenso verloren Domschule, Skriptorium, Kopisten und Miniaturisten ein Stück weit an Bedeutung, die Gelehrtenkorrespondenz nahm ab. Würzburg rückte als Ganzes etwas aus dem historischen Geschehen heraus, was jedoch nichts an der geostrategischen Lage sowie auch topografisch günstigen Verhältnissen und den über 200 Jahre hinweg geschaffenen infrastrukturellen Voraussetzungen für Handel und Handwerk änderte, welche sich unverdrossen zu so etwas wie die Vorfahren einer später selbstbewusst installierten Bürgerschaft entwickelten.

Und so ganz untätig blieben die sächsischen Herrscher auch in Würzburg nicht, selbst wenn dies eher der Aufgabe zur Ungarnabwehr geschuldet war. Heinrich I. ließ um die linksmainische Siedlung starke Bewehrungen aus Erdwällen und massive Stangenpallisaden errichten, welche gemeinsam mit der Burg zu verteidigen waren. Rechtsmainisch lag der Fall wahrscheinlich anders, da das umgebende Gelände – abgesehen von den Anhöhen im Osten – möglicherweise noch längst nicht den Untergrund für kriegerische Auseinandersetzungen hergab. Wer weiß? Vielleicht wollte man dieses Siedlungsgebiet aber auch einfach noch nicht verteidigen, sondern sich strategisch lieber linksmainisch zurückziehen. Von nennenswerten Einfällen in die rechtsmainische Stadt ist jedenfalls nichts bekannt.

Typisch für diese Zeit ist vielleicht auch, dass während dieses Jahrhunderts der Ottonen mit den Babenbergern die vormaligen Gegner der Konradiner um die Vorherrschaft in Franken das Würzburger Bischofsamt für lange 40 Jahre besetzen konnten.

Nach dieser Phase der Überfälle von außen, welche vor allem kleine Weiler, Landgüter und natürlich ungeschützte Klöster getroffen hatten, widmete sich Bischof Hugo in den 80er Jahren des 10. Jahrhunderts n. Chr. mit viel Engagement der Wiederbelebung dieser Lebensadern der Diözese. Ein sichtbares und in Erinnerung gebliebenes Zeichen setzte er mit der Umbenennung des Andreasklosters in St. Burkard und der öffentlich inszenierten Umbettung der Gebeine des Heiligen und Bistumsgründers in die Kirche desselben.

Auch wenn Würzburg zum Ende des ablaufenden ersten Jahrtausends n. Chr. hin zunächst nicht mehr im Mittelpunkt des Reichsgeschehens stand, so war es in seinen Voraussetzungen nach wie vor ausgezeichnet gerüstet für die Aufgaben und Rollenzuwächse, die sozialen Exemplarfälle, die Standesauseinandersetzungen, die Fehden, die kulturellen und gesellschaftlichen Höhepunkte, die Königsausbildung, das europäische Reichsgeschehen, für all die historischen Geschichtsmomente in Politik, Glauben, hochmittelalterlicher Gesellschaft, Kultur und über allem auch Kunst, denen sich diese Stadt mit dem Beginn des 2. Jahrtausend unvermittelt und in voller Wucht zu stellen wusste. Würzburg war jetzt bereit und vorbereitet, ein bestimmtes Stück zur Menschheitsgeschichte in Europa und seinen bescheidenen Beitrag auch zur soziokulturellen Historie unserer Spezies selbst zu leisten.

NEUES JAHRTAUSEND, NEUE PARADIGMEN

Erbauung des Andreasklosters durch Burkard

Der langjährige Bischof Heinrich stand zur Jahrtausendwende erstmals wieder in einer gewissen Nähe zu den Ottonen, da er ein Bruder von Heribert von Worms war, dem Kanzler Kaiser Ottos III.

> Heinrich I. war von 996 n. Chr.–1018 Bischof von Würzburg. Er verfolgte bedeutende politische Ambitionen, scheiterte aber letztlich in diesem Bemühen. Gleichwohl hinterließ er Würzburg wichtige und nachwirkende Impulse sowie Gründungen (z. B. Stift Haug).

und Erzbischof von Köln. So erhielt das Hochstift nach langer Zeit wieder königliche Zuwendungen und Schenkungen, welche territorial vor allem aus Grafschaften und Klöstern bestanden. Dies versetzte ihn in die Lage bedeu-

> Neue Grafschaften kamen z. B. im Rangau (heute Landkreise Fürth beziehungsweise Ansbach) und im Waldsassengau (Spessart) hinzu.

tende Bauvorhaben und Gründungen in Angriff zu nehmen, wie zum Beispiel das Stift Haug, althochdeutsch „*in haugis*", also der *Herren zum Berg*.

Am Fuß des Schalksberges ungefähr auf dem heutigen Bahngelände gelegen, handelte es sich dabei ab 997 n. Chr. um einen Alterssitz für verdiente Kanoniker. Um Kirche und Stift herum bildete sich rasch eine kleine Siedlungsgruppe, welche zunächst mit den wirtschaftlichen Bedürfnissen zur Versorgung des Stifts befasst war und später zur sogenannten Hauger Vorstadt heranwuchs.

Ein anderes Projekt war die Errichtung einer steinernen Stadtmauer um die rechtsmainische Stadt herum. Für die Zeit damals ein ambitioniertes Jahrhundertprojekt, wie es das seit der Antike baulich nicht mehr gegeben hatte. Aber verständlich, wenn man sich die anhaltend unruhige Reichssituation gegenüber seinen Nachbarn sowie die Begehrlichkeiten einmal vorstellt, die eine offensichtlich wohlhabende Stadt selbst bei so manchem Adeligen oder wenig begüterten Menschen in jenen Tagen zu wecken vermochte. Der vor 1057 schließlich fertig gestellte Mauerring führte im Süden entlang der späteren Neubaustraße, bildete im Osten mit der heutigen Balthasar-Neumann-Promenade sowie der Theaterstraße zwei sich in stumpfem Winkel zur Stadt öffnende Schenkel und schloss im Norden dort ab, wo wir heute die Juliuspromenade finden. Von oben herab betrachtet, also zum Beispiel vom Marienberg auf der gegenüberliegenden Flussseite, sah diese Mauerziehung aus wie eine bischöfliche Mitra, sodass schon die Zeitgenossen ihre Stadtmauer als „Bischofsmütze" oder „Bischofshut" bezeich-

Noch heute wird der Altstadtkern von den Würzburgern „Bischofshut" oder „Erweiterter Bischofshut" genannt, wenn Peter-, Sander- und Reurerviertel mit einbezogen werden. Letzteres geht auf Erweiterungen der Mauer um 1200 zurück.

neten. Darüber, ob Bischof Heinrich diesen optischen Effekt bereits plante oder beabsichtigte, lässt sich nur spekulieren. Möglich wäre es aber schon, denn erstens ist diese Mauerziehung mehr als ungewöhnlich, da eher kreisförmige Bewehrungen rund um das Zentrum mit der Kirche darin bekannt

Ein wehrhafter Siedlungskern war z. B. die sogenannte *„Circulade"*, wie sie im entstehenden Frankreich umgesetzt wurde.

waren, und zweitens die gewählten Linien nicht unbedingt den Siedlungsgrenzen der damaligen Stadt entsprachen. Hier blieb nicht genutzter Raum innerhalb der Mauer noch frei, dort wurden Höfe und sogar ganze Siedlungsbereiche wie etwa die Pleich nicht mit einbezogen. Eine Erklärung wäre in der Tat, dass sich längst die Frage stellte, wem genau diese Stadt gehörte und wer das Sagen darin haben sollte oder wollte. Der Bischof, der König oder gar diese Bürger, deren Status aufgrund von Handwerk, Profession und Umständen der Ansässigkeit irgendwie ungeklärt schien. Rechte, Wirken, Verantwortlichkeiten? Wer gab denn nun wirklich den Ton an und wer hatte wie und wem zu gehorchen? Die Struktur dieser ersten Stadtmauer darf man da schon als ein Symbol verstehen, das nicht nur nach außen, sondern auch nach innen wirken sollte. Der *Bischofshut* umschloss die Bischofsstadt.

Abgesehen von solchen Gedankenspielen war diese Mauer aber auch eine der ersten, die im Mittelalter einen solch großen Siedlungsraum befestigte, wie es eine ganze Stadt nun einmal war. Und der Erfolg sprach für sich, Würzburg wurde in dieser Zeit nicht nur nicht im großen Stil überfallen, sondern hatte es allenfalls mit gezielt punktuellen Übergriffen im Rahmen der recht beliebten und üblichen Mittelalterfehden zu tun. Hinter diesen Mauern fand sogar ein König Schutz gegenüber Fehde und Auseinandersetzung, aber dazu erst später die Geschichte in diesem Bericht.

Erfreute sich Bischof Heinrich anfangs noch der Gunst des dann jedoch jung verstorbenen Kaisers Otto III., so geriet er mit dessen Nachfolger Heinrich II. in einen gefährlichen Konflikt, den er keineswegs selbst gesucht hatte. Hintergrund waren Nachfolgeauseinandersetzungen um die Königskrone, welche jener aus einer bayerischen Nebenlinie des kinderlos verstorbenen Kaisers stammende Heinrich auf recht brachiale Weise führte. Er zwang Heribert, den Erzbischof von Köln und also den Bruder des Würzburger Bischofs, die Reichsinsignien zu übergeben, indem er diesen und

---

Bei den damaligen Reichsinsignien handelte es sich wohl um das *Krönungsevangeliar*, die sogenannte *Stephansbursa*, das *Schwert Karls des Großen*, die *Reichskrone* und um die *Heilige Lanze* mit der angeblichen Speerspitze des Longinus.

---

auch den Würzburger Bischof Heinrich I. festsetzen ließ. *Die Heilige Lanze* jedoch fehlte, denn Heribert hatte sie bereits zuvor einem der anderen Bewerber zugesandt. Heinrich II. setzte sich zwar dennoch als König durch, indem er sich entgegen der Tradition in Mainz zunächst nur von einem Teil der zur Wahl berechtigten Großen des Reiches wählen und durch den Mainzer Erzbischof Willigis sogleich krönen und salben ließ. Anschließend überzeugte er die übrigen Herzöge des Reiches während eines Königumrittes mit einem Mix aus Drohungen und Versprechen seiner Herrschaft zu folgen. Auch wurde ihm die Heilige Lanze schließlich doch noch übergeben und legitimierte sein Königtum. Die Umstände aber vergaß er nicht, und das war ein zwischenzeitlich herber Rückschlag für das Bistum Würzburg, jedoch wahrscheinlich nicht so sehr für die Stadt selbst und ihre Bürger.

Bischof Heinrich unterstützte zwar den neuen König aktiv bei der Niederschlagung eines Aufstandes des Markgrafen von Schweinfurt im Jahre 1003, welcher als *Schweinfurter Fehde* in die Geschichte eingegangen ist, konnte aber dessen Vertrauen wohl in keiner Weise mehr erringen.

> Bei der *Schweinfurter Fehde* handelte es sich um einen bewaffneten Aufstand, bei dem es darum ging, dass Heinrich II. sein Versprechen nicht einhielt, dem Grafen Hezilo nach der Königswahl von 1002 im Gegenzug für dessen Unterstützung die bayerische Herzogswürde zu verschaffen.

Für das Jahr 1006 ist belegt, dass der Bischof einer Reichsversammlung in Frankfurt am Main aus Furcht vor dem König fernblieb und außerdem wohl auch deshalb, weil er im Falle seines Erscheinens zur Mitwirkung an möglicherweise gegen seine eigenen Interessen gerichteten Entscheidungen verpflichtet gewesen wäre. Ob erst als Reaktion hierauf oder einem bereits bestehendem Plan zur Beschneidung der Macht möglicher Widersacher folgend, ist nicht überliefert, aber im darauffolgenden Jahr 1007 gründete der König das Bistum Bamberg und stattete es reichlich mit Besitzungen und Gütern aus. Die Diözese Würzburg verlor dabei deutlich an Territorium und zunächst auch Einfluss. Zwar wurden zum Ausgleich Meiningen und ein paar kleinere Orte als Lehen gegeben, aber das war nicht dasselbe. Das Verhältnis zum neuen Bistum Bamberg begann daher

> Heinrich II. hatte den Ort Bamberg schon zu Beginn seines Königumritts aufgesucht, während er Würzburg ausließ und erst zum Ende hin als Durchgangsstation nach Frankfurt zur Kenntnis nahm.

äußerst angespannt und sollte es in zum Teil legendärer Konkurrenz über Jahrhunderte hinweg auch bleiben.

Indes begannen das Stadtvolk seinerseits ebenfalls um diese Zeit herum sich mehr und mehr mit den Ständen und ihrer Rolle darin auseinanderzusetzen. Mag sein, dass die Reichs- und Bischofsprobleme dabei eine

Rolle gespielt haben, das lässt sich nur vermuten. Es stellte sich die Frage, welche Rechte besaßen sie als Einwohner, welche Tributpflichten? Inwieweit waren das Leben und die *civitas* abhängig von ihrer Arbeit? Welche Chancen ergaben sich daraus?

In der Folge bildete sich um das Jahr 1010 herum mit der Organisation der Fischer eine erste Zunft heraus, bei der es sich um eine der ersten Berufszusammenschlüsse nach der Antike überhaupt handelt. Ihr Beispiel machte in Würzburg vielfältig Schule, sodass im 14. Jahrhundert bereits 37 Zünfte registriert waren. Häufig wurden sie zu aktiven Gegenspielern der regierenden Bischöfe, sodass diese je nach Sieg und Niederlage einzelne Zünfte immer wieder auch verbieten ließen, bis diese schließlich nach einer Weile neu erstanden. Die Fischerzunft von 1010 besteht indes bis heute ungebrochen fort und ist damit eine der ältesten noch bestehenden Zünfte ihrer Art weltweit. Das Zunfthaus in der linksmainisch am

> Die Aufgaben der Würzburger Fischerszunft bestehen heute nicht mehr in der Organisation und Hierarchie des Berufsstandes, sondern in dem Bewahren des historischen Erbes. – Überhaupt ist weltweit nur eine einzige noch frühere Zunft aus Frankfurt am Main bekannt; ebenfalls eine Fischervereinigung in der Mitte des 10. Jahrhunderts n. Chr.

Fluss gelegenen Saalgasse 6 ist zwar nicht historisch überliefert, soll sich aber ungefähr dort befinden, wo auch die Ursprünge ihren Ausgangsunkt nahmen. Dieser Gedanke ist zumindest gut nachvollziehbar, denn das uralte linksmainische Viertel der Flussfischer besaß damals wohl genau dort schon sein soziales Zentrum.

Im Jahr 1014 gründete Bischof Heinrich I. das rechtsmainische Kanonikerstift St. Stephan am östlichen Rand der südlich vor den Mauern der

> Zunächst war das Kanonikerstift neben St. Stephan auch St. Peter und St. Paul geweiht. Bischof Adalbero wandelte es kaum 50 Jahre später in eine weitere Benediktinerabtei und sogar ein sogenanntes Doppelkloster für Frauen und Männer um, als er für die Kanoniker des Domkapitels das Stift Neumünster gründete. St. Stephan entwickelte sich zum größten und mächtigsten Kloster in Würzburg.

Stadt gelegenen Vorstadt Sand und ließ dort mit dem Bau einer neuen Basilika beginnen. Die Krypta unter dem damals üblichen Westchor konnte vier Jahre später 1018 bereits geweiht werden und hat sich trotz einiger Gesichtsveränderungen mit ihren sechs schweren, das einfache Kreuzgewölbe tragenden Würfelkapitellsäulen und der Altarapsis bis heute beinahe unverändert erhalten. Es handelt sich damit um den ältesten erhaltenen Sakralraum östlich des Rheins, da zum Beispiel der Rundbau der Marienkirche auf dem Würzburger Festungsberg seine ursprüngliche Gestaltung nicht durch die Zeit bewahren konnte. Und wenn man diesen schlichten Raum betritt, so spürt man den geschichtsträchtigen Ort überdeutlich, wird geradezu von ihm berührt. Es verwundert nicht, dass Tag für Tag Menschen die Krypta von St. Stephan aufsuchen, um hier Ruhe, Andacht, Gebet, innere Einkehr, geistige Meditation oder einfach nur etwas Seelenheil zu finden.

Über das Aussehen der 1032 geweihten Basilika darüber ist dagegen so gut wie nichts bekannt. Drei Schiffe mit Sattel- beziehungsweis Pultdächern über den niedrigeren Seitenschiffen wird sie gehabt haben, Chorhäuser im Westen wie Osten, vier Türme und Seitenportal, dazu Rundbogenjoche im Innern und wohl eine Holzdecke, da man sich hierzulande noch längstens nicht an schwere Tonnengewölbe wagen konnte, wie es im 11. Jahrhundert beispielsweise in Südfrankreich schon geschah. War die Kirche noch ottonisch oder schon romanisch geprägt? – Man weiß es nicht.

MARKT – MÜNZE – GERICHTSBARKEIT

Die drei Gesichter des städtischen Erfolges zu Beginn des neuen Jahrtausend

Heinrich I., der ebenso ehrgeizige wie umtriebige Bischof im so wechselnden politischen Glück, starb 1018, jedoch nicht ohne noch mit dem König, welcher 1016 noch einmal den Palmsonntag mit dem Bischof feierte, zu einem Ausgleich gefunden zu haben. Heinrich II., letzter luidolfingischer und mit den Ottonen noch verwandter Herrscher, starb sechs Jahre später. Auf dem Würzburger Bischofsstuhl folgte relativ unspektakulär Meginhard I. nach, auf dem deutschen Königsthron Konrad II.

Und dieser Konrad ist in gewisser Weise ein Phänomen. Er entstammte dem Geschlecht der *Widonen,* das im Grunde nur sehr nachrangig den

Ein Vorfahr von Konrad II. bewährte sich als Vasall Ottos des Großen und heiratete dessen Tochter. In der Folge bewegte sich die Sippe mit wechselnden Geschicken aus Machtgewinn und Machtverlust innerhalb des Reichsgeschehens.

Luidolfingern oder Ottonen nahestand bzw. überhaupt nur partiell etwas mit der Leitung der Herzogtümer zu tun hatte. Von den sogenannten Großen des ostfränkischen Reiches konnte man bei dieser Sippe nicht reden. Dennoch wurde Konrad während der mehrmonatigen Vakanz des Königtums aufgrund einer Reihe ebenfalls bereits verstorbener möglicher Nachfolger von Heinrich sowie gewisser männlicher Verwandtschaftsverhältnisse zu Luidolfingern und Ottonen bei der nachfolgenden Königswahl Kandidat und von dem Mainzer Erzbischof Aribo erfolgreich durchgesetzt. Ein Novum kann man sagen. Mehr noch, das nachfolgende König- und Kaisertum veränderte das Gesicht des vormals ostfränkischen Reiches zu der Gestalt des hochmittelalterlichen Herrschaftszentrums, das wir in unserer Geschichtswahrnehmung heute konserviert haben. – Außerdem änderte die Regentschaft Konrads II. auch für Würzburg vieles, wenn nicht gar alles. Und auch dies war – gleich dem unerwarteten Königtum selbst – nur einer Verkettung der zufälligen Umstände geschuldet.

Als der Erzbischof von Mainz, nämlich Aribo, die Königswahl leitete und den nicht vorgesehenen Konrad zu seinem Kandidaten machte, befand er sich gleichzeitig in einer sehr hart geführten Auseinandersetzung mit dem Papst. Dabei ging es um die Frage der kirchenrechtlichen Autorität bezüglich einer bestimmten adeligen Ehe, welche er noch in der Beurteilung

> Der sogenannte *„Hammersteiner Ehestreit"* ist legendär in die Geschichte des Kirchenrechts eingegangen.

seines Amtsvorgängers als Inzest betrachtete, weil die Ehepartner zwar nur entfernt, aber nach geltendem Kirchenrecht eben doch zu nah miteinander verwandt waren. Der Papst sah dies nach direkter Beschwerdeführung zunächst entspannter, dann eskalierte der Streit jenseits der Ehe auf Kirchenebene.

Vielleicht und möglicherweise kam es in diesem Moment und in dem Engagement Aribos auch deshalb zu der ungewöhnlichen Königswahl, weil der Bischof Zeichen der selbständigen Autorität zu setzen versuchte. Mitten darin: Meginhard I. von Würzburg! Weniger an der Wahl Konrads zum König interessiert als mehr an der Vermittlung im Streit mit dem Papst, welche die Erinnerung an diesen Würzburger Bischof prägt. Und dennoch darf man ein wenig vermuten, dass sein Wirken im Kontext der so ungewöhnlichen wie auch erfolgreichen Karriere von Konrad II. einen

> Konrad II. gewinnt sowohl in Oberitalien Gebiete hinzu als auch das Königreich Burgund als Mitglied des jetzt Deutschen Reiches.

wichtigen Einfluss gehabt haben muss. Denn Konrad bezieht Würzburg nicht nur würdigend in seinen Königsumritt ein, sondern er überträgt dem Bistum wenige Jahre später auch die denkbar wertvollsten Vorrechte, welche aus den Rechten der Prägung einer eigenen Münze, dem Durchführen eines Marktes, der Erhebung von Zöllen und der unmittelbaren Gerichtsbarkeit bestanden. Dankbarer konnte sich ein Herrscher gegenüber einer überwiegend geistlich geprägten Königsstadt beziehungsweise dessen Bischof kaum zeigen. Es war dies ein vorzeichnend entscheidender Schritt auf dem Weg der weltlichen Herrschaft durch den geistlichen Bischof Würzburgs innerhalb des Reichsverbundes.

Aus der Regentschaft Konrads II. erwuchsen die Geschlechter der Salier und Staufer. Stets an ihrer Seite in engster Verwandtschaft beziehungsweise Gefolg-, Berater- oder Kanzlerschaft: die Bischöfe und das Domkapitel von Würzburg.

In geschichtsträchtiger Art und Weise aber auch die Bürgerschaft dieser so besonders erwachsenen Stadt Würzburg, welche in der gleichzeitigen Periode Bewusstsein, Rolle und die gemeinschaftlich möglichen Ziele entwickelte.

BRUNO, DER SALIER

Bischof Bruno auf der Alten Mainbrücke

So schnell kann es gehen. Vom relativen Schattendasein am Rande des Reichsgeschehens und sogar gefährlichen Dissensen zum Königtum, wie es in wechselnden Geschicken zu Zeiten von Bischof Heinrich I. der Fall gewesen war, mitten hinein in das Zentrum von Macht und reichsweiter Politikgestaltung. Mit Bruno nahm ab 1034 ein direkter Cousin des Kaisers Konrad II. und engster Vertrauter dessen Sohnes und Nachfolgers Heinrich III. auf dem Würzburger Bischofsstuhl Platz.

Und Bruno war noch ein junger Mann, als er das Amt antrat, keine 30 Jahre alt, tatkräftig und durch seine wahrscheinlich gewinnende Natur wohl bei Kapitel, Adel und Volk gleichermaßen beliebt. Heute würde man vielleicht von einem Charismatiker oder einem Hochbegabten sprechen, je nachdem welcher Aspekt gerade zu betrachten wäre. Mit ihm an der Spitze des Bistums rückte Würzburg wieder in das Zentrum des politischen Reiches. Der Markt wurde innerhalb weniger Jahre zu einem großen, auch wirtschaftlichen Erfolg, der Kilianskult gelangte überregional zu einem Höhepunkt, Pilger und neue Zuwanderer erreichten in bedeutendem Maße die Stadt, darunter viele Juden, Händler, Handwerker – möglicherweise vorwiegend des Bau- und Transportgewerbes – sowie ab dieser Zeit auch vermehrt Mönche aus der irischen Heimat der Frankenapostel, welche man Iroschotten nannte.

Die Stadt wuchs und prosperierte. Ob der Kaiser Konrad II. Würzburg als einen solchen Schwerpunktort des salischen Herrschergeschlechts schon im Sinn hatte, als er noch unter Brunos Vorgänger dem Bistum herausragende königliche Sonderrechte wie Münze, Markt oder Gerichtsbarkeit verlieh, kann man nur vermuten. Möglich wäre es immerhin, dass ein Plan schon hinter diesen Handlungen gesteckt hatte, vielleicht sogar als gezielte Wegbereitung für den jungen Bruno. Heute würde man so etwas als ein groß angelegtes Konjunkturprogramm bezeichnen.

Stellen wir uns dieses Würzburg in der Mitte der 30er Jahre zu Beginn des 2. Jahrtausends einmal bildlich vor: Die zentrale Marktstraße quillt von

> Der zentrale Weg der rechtsmainischen Stadt, heute *Domstraße*, wurde *Marktstraße* genannt, da hier bis zum Ende des 15. Jahrhunderts auch der Hauptmarkt bzw. in die Gassen und Plätze hinein die diversen Einzelmärkte ihren Sitz hatten. Der Name „*Domstraße*" kam wohl erst mit der Zäsur des 30-jährigen Krieges in Gebrauch.

den Anlegestellen am Flussufer bis hin zu den großen Höfen der Kapitelherren und dem zur Straße etwas versetzten Dom mit dem Platz davor über von Menschen und Marktständen. Östlich nachfolgend etliche Baustellen zu neuen Höfen und Sitzen von Herrengeschlechtern, welche in diesen Jahren repräsentativ Gesicht zu zeigen begannen. Um das Stadtgebiet herum die Riesenbaustelle der rechtsmainischen Stadtmauer mit Türmen und Toren. Im Süden vor diesen Mauern das gewaltige Bauprojekt des neuen Stifts der Kanoniker mit der Stephanskirche. Dazu kamen jetzt natürlich auch noch die notwendigen Neubauten an Wirtschaftsgebäuden, Werkstätten, Kontoren und Wohnquartieren der im erneut erwachten Würzburg das Glück oder geistlich Gott Suchenden sowie der Ausbau der schon lange Ansässigen. Was für ein Gewimmel und Gewusel muss das gewesen sein, was für ein Kommen und Gehen zu Lande und zu Wasser, was für ein Durcheinander und Schmelztiegel an Menschen, Waren, Sprachen, Handel, Gaunereien, Spiritualität, Marktgeschrei, Baulärm und schierer Lebendigkeit. Kurzum, es war gewiss wie eine urbane Stresshölle und das Paradies der Menschen zugleich. Eine Art Goldrausch des Lebens am Beginn des neuen Jahrtausends. Die Geschichtswissenschaft markiert für diese Zeit ein wenig fließend das Einsetzen des Hochmittelalters. Es ist gewiss nicht zu hoch gegriffen, für Würzburg zu behaupten, dass dieser viele Jahrhunderte später erst entstandene Begriff im doppelten Wortsinne zutraf. Aus der zwischenzeitlich schlafenden Perle am Main wurde mit dem Dynastiewechsel zu den Saliern und auch initiativ durch das Wirken

Bischofs Heinrich I. innerhalb weniger Jahre eine wahre Musterstadt des Römischen Reiches mit höchster Anziehungskraft und Ausstrahlung, gewissermaßen eine *Boomtown-City* im Neusprech unserer Tage.

> Das vormalige Ostfränkische Reich kann man nun verkürzt als Deutsches Reich (HRRDN – Heiliges Römisches Reich Deutscher Nationen) bezeichnen, da die Nachfolgereiche Karls des Großen entweder nicht mehr eigenständig existierten, wie das Reich Lothars I., oder aber territorial und im Kern ihrer Ordnung sich soweit gewandelt hatten, dass man von neuen Reichen spricht.

Damit aber noch längst nicht genug. Linksmainisch entstand am Fuß des Marienberges ab ungefähr 1033 ebenfalls der Klosterneubau des vormaligen Andreasklosters mit Kirchenbau, das nun nach seinem Stifter bereits St. Burkard hieß. Ein Großbrand, wie er aufgrund von Naturereignissen, Nachlässigkeiten oder – damals wie heute – gar Brandstiftung immer wieder allein schon durch die sehr stark brennbaren Baumaterialien geschah, hatte das fast 300 Jahre alte Klosterareal mit Kirche, Klosterschule und Skriptorium am Ausgang des heutigen Leistengrundes so sehr in Mitleidenschaft gezogen, dass man sich für einen vollständigen Neubau ein Stück weiter im Norden direkt an der Siedlungsgrenze des linksmainischen Fischerviertels und damit sehr gedrängt zwischen Fluss und der steilen, östlichen Bergflanke entschied. Ein Grund dafür mag gewesen sein, dass das Kloster in Bedeutung und Aufgaben für das Bistum zu wichtig war, um den bisherigen Standort als Bauplatz langwierig erst wieder nutzbar zu machen; Neubau, Weihe und Wiederaufnahme der Aufgaben des Klosters sollten rasch beginnen. Ein weiterer Grund mag im ambitionierten Neubau der Basilika komplett in Stein gelegen haben. Nicht unwahrscheinlich, dass der Untergrund in unmittelbarer Nachbarschaft des durch den Leistengrund fließenden Kühbachs sich nicht eignete für die Fundamente der neuen Kirche. Was nun letztlich ausschlaggebend gewesen sein mag, St. Burkard entstand zu Brunos Zeiten komplett neu am jetzigen Standort und wurde dabei wiederum zu einem regelrechten Schatz der Geschichte. Leider muss man an dieser Stelle aber auch festhalten, dass gerade mit der Zerstörung des alten Klosters viel an unschätzbar wertvollem Wissen, an Urkunden und Dokumenten, an Kunst und Überlieferung zu Würzburg bis dahin verloren gingen.

Der Neubau von St. Burkard steht indes für ein ganz besonderes Momentum in der Europäischen Kultur- und Kunstgeschichte (!), denn das Langhaus der Basilika und zumindest zwei ihrer vier ursprünglichen Türme haben die Zeit relativ unverfälscht überstanden und stehen heute mit diversen künstlerischen wie architektonischen Neuerungen stilbildend für den Beginn der Romanik. Vor allem auch im Unterschied zu St. Michael in Hildesheim, das als ein Spätwerk und Höhepunkt der Ottonik gilt. Ob aber

> St. Michael in Hildesheim ist ein Beispiel dafür, dass die sächsischen Luidolfinger (Ottonen) ihr Engagement dem Stammesgebiet gemäß mehr auf das heutige Niedersachsen und Sachsen-Anhalt bzw. Brandenburg richteten mit dem Harz in ihrer Mitte.

der heute Burkarderkirche genannte Bau wirklich die erste romanische Kirche der Welt war, sei einmal frei zur gedanklichen Disposition gestellt, denn fast 20 Jahre zuvor war ebenfalls in Würzburg mit der Stephanskirche eine Basilika begonnen worden, deren architektonische Prinzipien verblüffend vergleichbar gewesen sein müssen. Darauf lassen die erhaltene Westkrypta, Fundamente der Westtürme und Grundrissannahmen schließen.

Wie dem auch tatsächlich gewesen sein mag. Die Geburt der deutschen Romanik und Würzburg gehören in einem Atemzug zueinander genannt. Verwundern muss das nicht, denn Innovationen gedeihen erfolgreich immer dort, wo der Gedanke und die Idee nicht von Bedenkenträgern des Althergebrachten abgewürgt werden, sondern sich mit Unterstützung durch visionsbereite Machtinhaber entfalten können. In und für Würzburg war dieses Gemisch ziemlich genau mit dem Beginn des neuen Jahrtausends zusammengekommen und entfaltete sich geradezu explosionsartig.

Damit aber immer noch längst nicht genug. Konrad II. hatte 1025 in Speyer, und damit in den Stammlanden der Salier, mit einem gewaltigen Kirchenbau begonnen, der für alle Zeiten mit der Herrscherdynastie der Salier verbunden bleiben sollte, und das, obwohl sich nicht voraussagen ließ, ob es überhaupt eine solche dynastische Periode geben würde. Man war bereit, groß zu denken. Es sollte die größte Kirche der Christenheit entstehen. In Mainz war zuvor schon ab dem späten 10. Jahrhundert unter Bischof Willigis ein riesiger Kirchenbau noch im ottonischen Stil entstanden, welcher jedoch schon zur Weihe 1009 einem verheerenden Brand zum Opfer fiel. Wie zum Trotz wurde „modern" verändert wieder aufgebaut, aber es dauerte bis 1036 fast 30 Jahre, dass eine erneute Weihe des Domes stattfinden konnte, an der Kaiser Konrad II. und gewiss auch Bischof Bruno von Würzburg teilnahmen. Die Mainzer Domkirche war riesig geraten, im Grundriss gerade nur um ein Weniges geringer als die Baustelle des Kaiserdoms zu Speyer; schließlich war es unter den Bischöfen des deutschen Reiches auch das Recht und überlieferte Tradition des Erzbischofes von Mainz die Könige des Reiches zu krönen, das entsprechende Gotteshaus seines Standes daher nur recht und billig.

Darüber, was Bruno nun veranlasste, 1040 wenige Jahre nach der Mainzer Domweihe und lange vor der Fertigstellung der in der Architekturgeschichte Speyer I. genannten Version der Baustelle des Doms zu Speyer mit einem eigenen Dombauprojekt zu beginnen, das mit einem wahrscheinlich sogar beabsichtigten Kniff beziehungsweise zunächst nicht sichtbarem Trick die Bauten zu Speyer und Mainz noch übertreffen sollte, lässt sich wieder einmal nur spekulieren. Mag sein, dass Bruno zusammen mit Konrads Sohn Heinrich III., dessen Mentor, engster Freund und Berater er war, einen Plan verfolgte die Stammeslande und Basis der Salier um neues Territorium nachhaltig auszubauen. Mag sein, dass er schlicht ganz eigene Machtambitionen zum Beispiel in der Konkurrenz zur Bedeutung der Bischöfe von Köln und Mainz verfolgte. Wie auch immer, der komplette Neubau des Würzburger Domes, ortsversetzt und genau auf dem Gipfel der Kalksteinplatte am Ostende der damaligen Marktstraße, blieb in seinem Grundriss zwar demonstrativ um ein Weniges hinter den Bauten in Speyer und Mainz zurück, übertraf diese von der Konstruktion her dann aber in Höhe und umbautem Raum. Nicht in der Fläche, aber in Höhe und Rauminhalt ist der Würzburger Dom bis heute das größte romanische Bauwerk der Welt.

Hatte Bruno das so als strategischen Coup geplant? – Man weiß es nicht, aber möglich ist das schon, denn die Anlagen und Dimensionen seiner Bautätigkeit deuten durchaus darauf hin.

Er starb, kaum 40 Jahre alt, völlig unerwartet, während er Heinrich III. auf einem Zug gegen ungarische Übergriffe in Reichsgebiete begleitete. Dabei bewirtete die Gräfin Richlinde von Ebersberg, welche als Witwe gerade um das Erbe des verstorbenen Adalbero II. von Ebersberg rang, den König und sein Gefolge, als die oder eine den Fußboden der Halle tragenden Säulen in sich zusammenstürzten und die Gesellschaft mit sich in die Tiefe rissen. Die Gastgeberin, der Abt des örtlichen Klosters, Bischof Bruno und wohl auch weitere Tischgenossen starben, während der König und spätere Kaiser Heinrich III. beinahe unverletzt blieb. Legendengeschichten wollen es so, dass der Teufel zuvor dem Bischof erschienen sei und ein Angebot gemacht haben soll, er dieses aber von sich wies.

Sei es drum. Die sterblichen Überreste Brunos wurden 1045 damals unter großer öffentlicher Aufmerksamkeit in seine Bischofsstadt Würzburg überführt und anlässlich der Weihe der gerade fertiggestellten und in ihrer Größe bisher nie dagewesenen Domkrypta auf ähnliche Weise in einem steinernen Sarkopharg bestattet, wie dies bis dahin nachträglich nur die Reliquien der Frankenapostel und der Bistumsgründer Burkard erfahren hatten.

Ein wenig orakeln lässt sich auch darüber, was wohl gewesen wäre, wenn Bruno länger gelebt und ein natürliches Lebensalter von vielleicht 60 oder sogar 70 Jahren erreicht hätte. Die dringendste Frage ist sicherlich, ob es dann wohl zu der später im Jahrhundert so prägenden Auseinandersetzung zwischen Kaiser und Papst gekommen wäre, die sich um das Recht zur Einsetzung der geistlichen Ämter im Reich stritt. Aus dem Geschichtsunterricht kennen wir das alle als „Investiturstreit". – Wer weiß schon, wie es gewesen wäre. Bruno jedenfalls vermittelte vor seinem plötzlichen Tod noch die erfolgreiche und auch politisch sehr vorteilhafte Ehe Heinrichs III. mit Agnes von Poitou. Daraus ging nicht nur der spätere Heinrich IV. hervor, sondern nach dem Tode von Heinrich III. auch eine sehr kluge wie gegenüber der vorherrschenden Männerwelt letztlich unterlegen ausgelieferte Regentin Agnes, deren Aktivitäten, Handeln und Bemühen die späteren Eskalationen um den Investiturstreit schon ein wenig vorwegnahmen, ohne dass diese tapfere Frau der Geschichte dafür etwas könnte oder tatsächlich Schuld an den Ereignissen getragen hätte.

Würzburg bewegte sich im 11. Jahrhundert sensibel inmitten aller Reichsgeschehen. Daran änderte auch der frühe Tod des Bischofs Bruno nichts, die Fundamente in der Politik des Reiches waren gelegt.

DOM, NEUMÜNSTER, KLOSTER

Romanische Ansicht von Neumünster

Bischof Adalbero war zuvor ein adeliger Schüler aus einem Grafengeschlecht im heutigen Oberösterreich und Absolvent der Würzburger Domschule, welcher Bruno und Heinrich III. als besonders begabt aufgefallen war, und so zunächst in den Dienst des Königs trat. Ungefähr 35-jährig folgte er dann durch des Königs Bestimmung nach Brunos Tod in dessen Nachfolge für lange Jahrzehnte auf den Stuhl des Bischofs und führte die Werke seines Vorgängers, wie beispielsweise den Bau des neuen Domes, mit entschiedener Kraft fort. Adalbero folgte dabei dem Dienst an der Kirche aus persönlicher Überzeugung und stellte diesen letztlich auch über die Loyalität zu seinem König und Förderer sowie offenbar auch über die Bedürfnisse der Bevölkerung seiner anvertrauten Stadt, indem er dieser durch seinen Tatendrang vieles an Kräften und Opfern abverlangte. Wie er als Bischof und Mensch wirklich war, lässt sich im heutigen Nachgang kaum noch festlegen, aber es scheint so, dass er zumindest ein recht begabter Getriebener gewesen sein muss. Vielleicht sogar ein Eiferer.

Der Dombau geriet zu einem Gewaltakt. 11, mit dem Westportal gar 12 mächtige Pfeiler wie die Zahl der Apostel trugen das Mittelschiff des Langhauses in gewaltige Höhen, wie es noch nie gesehen worden war. Querhäuser wie eigene Kirchenschiffe und dazu ein riesiger Chor für das Domkapitel. Der Heilige Altarbezirk unter dem Kreuz der Kirche wie eine Bühne antiker Amphitheater. Die Mauern dieses einmaligen Gottestempels nach außen wiederum gestützt durch gewaltig verbaute Pfeiler, das Licht mittels unterschiedlicher Fensterdurchbrüche in Seitenschiffen und Obergaden sowohl dosiert als auch konzentriert auf den Heiligen Bezirk und Ostchor.

Das hatte die Christenheit bis hierhin noch nicht gesehen! Trotz all dieser Mächtigkeit und Größe jedoch ist die als teilweise wehrhaftes Westwerk gestaltete Fassade auch für die Zeit doch schlicht gestaltet mit überaus eng zueinander gestellten Türmen und einem vergleichsweise schmucklosen Portal. Das mag verwundern, sich aber aus dem politischen Zeitgeist erklären. Die dem Kaiserhaus nahestehenden Bischöfe Würzburgs mochten zeitgleich zu dem Speyerer Dom, welcher ein Familienprojekt der Salier war, zwar ein großes Gotteshaus bauen, dieses durfte aber jenes der Könige und Kaiser keinesfalls übertreffen, ebenso wenig dasjenige des mächtigen Bischofs zu Mainz. Die sich architektonisch mit ihren gerade in die Höhe ragenden Mauern und der ungewöhnlich schmal in den Himmel sprießenden Doppelturmfassade von den Bauten der Zeit absetzende Gestalt des Kiliandomes war also möglicherweise so etwas wie ein geschickter Trick, um die damals tatsächliche größte Kirche der Welt nicht als solche erscheinen zu lassen.

Bis 1075 wurde das Bauwerk in für die Zeit kurzen 30 Jahren in die Höhe getrieben, fertig gestellt und geweiht. Man stelle sich das einmal vor, zu-

> Die Osttürme des Kiliandomes wurden erst 150–180 Jahre später fertig gestellt als der eigentliche Bau. Auch waren bereits im 12. Jahrhundert umfangreiche Restaurierungen, statische Veränderungen und Weiteres notwendig geworden, die mitunter auch zu Ausbauten genutzt wurden.

sätzlich zu all den Baustellen in der Stadt jetzt noch dieser Dom mit baulichen Herausforderungen, denen kein Mensch seit fast 1000 Jahren mehr begegnet war. Die Dombauhütte schuf attraktive Arbeit, brachte auch Geld unter die Menschen, aber sie verlangte auch viele Leben und forderte Abgaben. Erinnern wir uns, der Bischof kontrollierte den größten Markt weit und breit, besaß das Zollrecht und die gehandelte Münze. Adalbero wird davon Gebrauch gemacht haben. Er brachte wirtschaftlichen Segen, aber mit seinen Projekten auch gebrochene Glieder, materielle Belastungen und vor allem Opfer für die im Namen Gottes verlorenen Leben seiner beinahe größenwahnsinnigen Baustellen. Denn der Kiliansdom als von seinem Vorgänger und Mentor Bruno übernommene Vision war es nicht alleine, Adalbero verfolgte weitere Ziele.

1047 bereits holte der Bischof den Benediktiner-Gelehrten Ekkebert aus der lothringischen Mutterabtei der sogenannten *Gorzer Bewegung* in die

> Bei der *Gorzer Bewegung* handelte es sich um eine Klosterreform, welche sich streng an den ursprünglichen Regeln des Heiligen Benedikt orientierte. Zu ihren Inhalten gehörten unter anderem ein sehr gewissenhaft durchgeführter Gottesdienst sowie tief verwurzelte Spiritualität. Noch heute geht die Fußwaschung der Armen an Gründonnerstag, wie sie z. B. auch der Papst traditionell vornimmt, auf diese Reformen zurück.

Diözese, um das monastische Leben wieder zu seinen Wurzeln und Kernaufgaben zurückzuführen. In der Folge war jener Ekkebert reformierend in den verschiedensten Klöstern des Bistums bis zu seinem Tod 1077 tätig. Darunter in St. Burkard, in St. Stephan als Gründungsabt der Umwandlung vom Kanonikerstift in eine Benediktinerabtei sowie in Münsterschwarzach, wo sein Gedenken noch immer in Ehren gehalten wird.

1057/58 gründete Adalbero das Kanonikerstift Neumünster wenige Schritte nördlich der großen Dombaustelle am Ort des alten Domareals und wandelte gleichzeitig das bisherige *Stift Peter, Paul und Stephan* im Bereich der Sand in ein Doppelkloster für Nonnen und Mönche gleichermaßen um und ließ es entsprechend ausbauen. Die Gründung des Stifts wurde dabei materiell von verschiedenen Adelshäusern unterstützt und geht zeitlich auffällig auch einher mit dem Regierungswechsel 1056 von Heinrich III. zu Heinrich IV. Letzterer wird die Maßnahmen Adalberos zu dieser Zeit unterstützt haben, schon allein darum, um die eigene Position im Rahmen der politisch Großen und Aktiven des Reiches zu festigen. Ab ca. 1060 lässt er zudem mit dem komplett romanischen Neubau einer neuen Stiftsbasilika beginnen und im Westen der Kirche das darunter befindliche Kilians-Oratorium großzügig ausbauen. Und obwohl die Kirche und ihre komplette Gestalt nach über 500 Jahren barockisiert wurden und dazu eine ebensolche geschwungen-barocke Schmuck-Fassade mit den Freitreppen über der Kiliansgruft sowie einen lichten Kuppelraum mit konzentrisch aufsteigend fränkischen Heiligen und Seligen erhielt, haben sich gerade an diesem Bauwerk wertvolle Merkmale des ursprünglichen Baus erhalten. Trotz aller Eingriffe und Umbauten im Innern und Gerüst des Gebäudes hat der barocke Architekt Joseph Greissing die Außengliederung von Langhaus und Ostchor des Neumünsters nicht wesentlich verändert und uns auf diese Weise bis heute in ihrer romanischen Gestalt überliefert. Dazu das Kiliansoratorium und weitgehend auch die Gestaltung der Johanniskrypta im Ostboden der Kirche, wofür die Würzburger ihm bis auf den heutigen Tag dankbar sind.

Im gleichen Jahr 1057 wird mit Godebold aus dem Grafengeschlecht der Henneberger auch erstmalig ein königlicher Burggraf überliefert. Wollte Heinrich IV., anders als seine Vorgänger, von Beginn seiner Regentschaft an den königlichen Besitz der Stadt am Main betonen? Einiges spricht dafür, denn dieser König führte harte Auseinandersetzungen darum, welche Rechte und Machtbefugnisse seiner Stellung zukamen und wie er sie auszuüben gedachte. Dazu aber mehr im nachfolgenden Kapitel. Als Warnung an den selbstbewussten Bischof Adalbero kann man die Maßnahme in der Rückbetrachtung zwar verstehen, jedoch könnte es sich ebenso gut auch um ein sichtbares Signal zum allgemeinen Willen der Herrschaftsausübung gehandelt haben, nachdem kurz zuvor der alte König und Kaiser gestorben war, um eine Änderung in den Verfahrensweisen der königlichen Administration sozusagen.

Adalbero jedenfalls stand sich mit Heinrich IV. zumindest so gut, dass er diesen im Sommer 1066 in Würzburg mit Bertha von Savoyen vermählte. Die von den Vätern bereits in Kindertagen vereinbarte Ehe stand allerdings zunächst unter keinem guten Stern. Ob dies an der Kinderlosigkeit der frühen Ehejahre lag oder daran, dass diese Verbindung dem König sowieso gegen den Strich gegangen sein soll, lässt sich – wie so vieles – nicht mehr wirklich klären. Heinrich jedenfalls soll fortwährend fremdgegangen sein und gab sich dabei anscheinend nicht einmal besondere Mühe, dies zu verbergen. Schon kurze drei Jahre später suchte er vor den Bischöfen und Fürsten des Reiches mit einer damals wie heute recht abstrusen Erklärung um die Zustimmung zur Ehescheidung nach. Da war ohne die entsprechenden kirchenrechtlichen Voraussetzungen im Falle eines Herrschers natürlich nichts zu machen. Und nachdem die Sache dann auch dem Papst in Rom vorgetragen worden war, stellte dessen Legat vor Ort in gewissermaßen einer frühen Grundsatzentscheidung klar, dass man sich zu fügen habe und insbesondere das heilige Sakrament der Ehe nach Gottes Willen tunlichst zu vollziehen sei. Kaum zu glauben, schon im Jahr darauf erblickte das erste von insgesamt fünf Kindern des Paares das Licht der Welt. Beinahe möchte man mitfühlend ausrufen: *Reicher König, armer König!*

> Die Erklärung Heinrichs IV. in der Wiedergabe durch Bruno von Merseburg, geradezu zeitlos erheiternd: „Der König erklärte öffentlich, er stehe sich mit seiner Gemahlin nicht gut; lange habe er die Menschen getäuscht, aber nun wolle er sie nicht länger täuschen. Er könne ihr nichts vorwerfen, was eine Scheidung rechtfertige, aber er sei nicht imstande, die eheliche Gemeinschaft mit ihr zu vollziehen. Er bitte sie daher um Gottes willen, ihn von der Fessel dieser unter schlimmen Vorzeichen geschlossenen Ehe zu lösen und die Trennung freudwillig zu dulden, damit er ihr und sie ihm den Weg zu einer glücklicheren Ehe eröffne. Und damit niemand den Einwand erheben könne, ihre einmal verletzte Keuschheit sei ein Hindernis für eine zweite Eheschließung, so schwöre er, dass sie so sei, wie er sie empfangen habe, unbefleckt und in unversehrter Jungfräulichkeit."

Dabei soll die junge, gerade einmal 15-jährige Bertha eine wahre Schönheit gewesen sein. Die seltsame Angelegenheit – immerhin wäre es Heinrich 10 Jahre nach dem Tod seines Vaters gewiss möglich gewesen, auf diese Heirat zu verzichten – barg aber noch eine weitere Brisanz, welche ihre Schatten vorauswarf. Der Papst hatte den König qua Urteil vor aller Augen in seine Schranken verwiesen. Inwieweit nun Adalbero darin verwickelt war, lässt sich nicht klären. Möglicherweise ging mit der Hochzeit bereits ein erster Riss durch das Verhältnis zum König, indem er vielleicht auf die Vereinbarungen des alten Königs bestanden oder Heinrich auf anderen Wegen zu dem offenbar ungeliebten Schritt (siehe Erklärung Heinrichs zur Ehescheidung) überredet hatte. Das päpstliche Urteil und Adalberos mit Sicherheit anzunehmende zustimmende Haltung dazu taten dann ein Übriges.

Seltsames Zwischenspiel der Geschichte: Der König blieb bis zum Tode seiner Gattin 1087 fortan an ihrer Seite, die Königin wiederum hielt ihm ihrerseits die Treue als sei nichts gewesen.

KÖNIG ODER PAPST –
WEM GEBÜHRT DIE INVESTITUR DER BISCHÖFE?

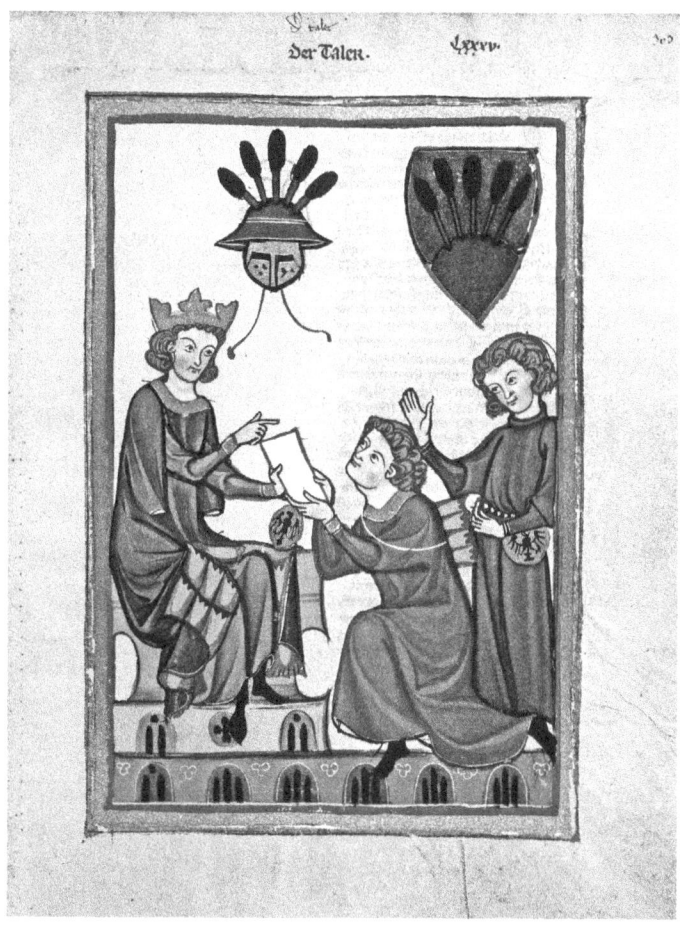

Heinrich IV. in dynastischer Kontinuität in der Mitte seiner Söhne

Burkard, der erste Bischof Würzburgs, wurde von dem Kirchenorganisator Bonifatius in sein Amt eingesetzt, und dieser handelte mit der Unterstützung des karolingischen Hausmeiers Karlmann beziehungsweise später Pippin des Jüngeren. Auch die nachfolgenden Bischöfe gründeten die Rechtmäßigkeit ihrer Amtsausübung auf die Einsetzung durch die jeweilig weltlichen Herrscher, obgleich sie in ihrem Handeln mit dem Ausbau von Kirchenrecht, Kirchenhierarchien und dabei mitunter auch sehr weltlich geprägten Güter- und Machtverwaltungen zunehmend in politische Konkurrenz zum Königtum gerieten, dem sie jedoch im gleichen Moment ebenso verpflichtet waren wie Kirchenrecht und Papsttum. Und natürlich spielten auch eigene Interessen und Ambitionen gerne eine Rolle. Ein schwelender Konflikt um Deutungshoheit und ganz profane Macht, der sich nach der Mitte des 11. Jahrhunderts schon über lange Zeit kaum merklich aufgebaut hatte.

Adalbero selbst war noch durch Heinrich III. als dessen Gefolgsmann in sein Amt eingesetzt und durch den Papst in Rom formal darin bestätigt worden. Dies war die geübte Praxis über einen langen Zeitraum hinweg, als Papsttum und Bistümer in ihrem Bestehen und Gedeihen noch von der Gunst und dem Wohlwollen der Herrscher und Gewaltigen abhingen. Das hatte sich geändert. Schon allein deshalb, weil Christianisierung und Kirchenverwaltung schon längstens kein Pfund mehr waren, mit welchem Könige hätten wuchern können. Im Gegenteil, der in seiner Keimzelle vor drei Jahrhunderten aus der pippinischen Schenkung heraus entstandene Kirchenstaat hatte einen Machtfaktor geschaffen, dessen zusätzlich geistliche Autorität durch die Möglichkeiten der territorial die europäischen Königtümer abdeckenden Bistümer enormen Einfluss ausübte in alle Bereiche des Lebens hinein. Anders ausgedrückt: Kirche, Papsttum, Bistum und christliches Leben waren in ihrer Existenz nicht mehr allein von Königtum und dem Herrscher eines Reiches abhängig. Die einstige Symbiose im gegenseitigen Erfolg war nun in ihrer Entwicklung beendet. Die Felder des Machtausgleiches mussten neu gefunden werden, aber jene Zeiten wie auch die Bedingungen dafür waren damals doch ziemlich rau.

Bischof Adalbero begegnete dem aus seiner Sicht großen Problem der Verweltlichung von Klöstern und Pfarrkirchen, indem er schon früh den Gorzer Reformer Ekkebert in seine Diözese geholt hatte, welcher dann in den nachfolgenden 30 Jahren an den verschiedensten Orten wirkte. Darin wurde er von Heinrich III. ausdrücklich noch unterstützt. Entstanden war diese Verweltlichung, indem zum Beispiel ein Adeliger, zu dessen Besitz eine Kirche oder auch ein Kloster gehörte, sich nach althergebrachtem so-

Kirchen, Klöster, Reliquien, Ämter, Pfründe etc. wurden im 11. Jahrhundert – und zu veränderten Bedingungen natürlich auch später – geradezu schwungvoll gehandelt. Diese auf die pure menschliche Gier zurückzuführende Praxis wird als *Simonie* bezeichnet. Die Reformbewegungen der Cluniazener und die Gorzer, benannt nach den Klöstern ihres Ursprungs, verfolgten unter anderem das Ziel, die Simonie zu unterbinden.

genanntem fränkischen Eigenrecht entsprechend auch in die Besetzung der Ämter wie das eines Abtes einmischte. Und dass dies dann nicht selten auch mit gehörigem Eigennutz, zum Beispiel einer attraktiven Pfründe wegen geschah, ist nur allzu leicht nachvollziehbar.

Der als Investiturstreit in die Geschichte eingegangene Konflikt zwischen dem deutschen König und dem Papsttum mit seinem ersten großen Höhepunkt in dem berühmten Gang nach Canossa 1077 begann bereits sechs Jahre zuvor und interessanterweise nur kurz nach dem gescheiterten Scheidungsansinnen des Königs, als es bei der Besetzung des Erzbistums von Mailand zu einem Eklat gekommen war. Der Mailänder Erzbischof Wido war zuvor nicht etwa verstorben, sondern von der in Oberitalien rasch zu Einfluss gekommenen, radikalen Reformbewegung der *Pataria* 1070 zum Rücktritt gedrängt oder genötigt worden, wer weiß. Heinrich IV. – von diesem Vorgang offenbar wenig begeistert – besetzte das Amt des Erzbischofs daraufhin ausgerechnet mit einem durch den Papst exkommunizierten Geistlichen namens Gottfried. Ausreichend provoziert setzte die Pataria einen Gegenbischof mit Namen Atto ein und Papst Alexander II. verhängte den Kirchenbann über all jene Adeligen des Reiches, welche an Heinrichs Entscheidung beteiligt gewesen waren.

Was aber hatte dieses Geschehen nun konkret mit der Stadt am Main zu tun? Etwas Geduld bitte, zu den gravierenden, die Folgegeschichte Würzburgs im Kontext sehr vorprägenden Auswirkungen kam es einige Jahre später. Zunächst setzte Heinrich IV. in Mailand einen weiteren Erzbischof ein, nachdem sich Gottfried nicht so recht durchgesetzt hatte, und vor allem besetzte er in Spoleto und Fermo weitere Bischofsämter mitten im Kirchenstaat. Wohl eine bewusste Eskalation und Provokation gegenüber dem Papsttum. Der neu gewählte Papst Gregor VII., überzeugt von seiner Suprematie, seiner Oberhoheit gegenüber Königen und Kaisern, reagierte mit Exkommunikationen gegen Beteiligte der Vorgänge und forderte Heinrich 1075 öffentlich auf, ihm als Apostelfürsten in der Nachfolge des Simon Petrus zu gehorchen. Mit dieser Ereignislage beschäftigte sich Anfang 1076 der Hoftag von Worms. Auftritt: Adalbero von Würzburg.

In Worms gelang es Heinrich, die große Mehrheit der dort anwesenden Bischöfe hinter sich und seiner Linie zu versammeln. Zum einen hatte das damit zu tun, dass sie in ihrer praktischen Amtsausübung dem Verhältnis zum König näher standen als dem Papsttum, und zum anderen hatte Papst Gregor VII. in den gut zwei Jahren seit seinem Amtsantritt mit zentralistisch auf Rom ausgerichteten Maßnahmen bei den Bischöfen der Kirchenprovinzen durchaus für Irritationen gesorgt. Die Antwort dieser Reichs-

Heinrich IV. im Januar 1076 an Gregor VII.: „Heinrich, nicht durch Anmaßung, sondern durch Gottes gerechte Anordnung König, an Hildebrand, nicht mehr Papst, sondern falscher Mönch. [...] Du scheutest dich nicht nur nicht, die Lenker der heiligen Kirche, nämlich Erzbischöfe, Bischöfe und Priester, die doch Gesalbte des Herrn sind, anzutasten, nein, wie Knechte, die nicht wissen, was ihr Herr tut, zertratest du sie unter deinen Füßen [...] Aber du hast unsere Demut für Furcht gehalten und dich daher nicht gescheut, dich sogar gegen die uns von Gott verliehene königliche Gewalt zu erheben; du hast zu drohen gewagt, du würdest sie uns nehmen, als ob in deiner und nicht in Gottes Hand Königs- und Kaiserherrschaft lägen. [...] So steige du denn, der du durch diesen Fluch und das Urteil aller unserer Bischöfe und unser eigenes verdammt bist, herab, verlasse den apostolischen Stuhl, den du dir angemaßt hast. [...] Ich, Heinrich, durch die Gnade Gottes König, sage dir zusammen mit allen meinen Bischöfen: Steige herab, steige herab!

versammlung an den Papst ist in ihrer Formulierung legendär in die Geschichte eingegangen. Gregor wird darin mit seinem bürgerlichen Namen Hildebrand angesprochen, als falscher Mönch bezeichnet und zum Rücktritt aufgefordert.

Die Behauptung Heinrichs jedoch, dass „alle seine Bischöfe" an seiner Seite stünden, stimmte so nicht. Es war eben nur eine gleichwohl deutliche Mehrheit. Als überzeugter Reformbischof, welcher in diesem Bemühen von Heinrichs Vater noch unterstützt worden war, folgte Adalbero dem König nun nicht mehr, sondern wandte sich öffentlich gegen dessen Positionen und das Schreiben an den Papst, dem er die Treue hielt. Das sollte Folgen haben.

Zunächst aber reagierte Gregor VII. umgehend bereits im Februar 1076 während der Fastensynode zu Rom, indem er seinerseits den König für abgesetzt erklärte, den Kirchenbann verhängte und vor allem alle Gläubigen von ihrem Treueid gegen diesen König entband. Dies verfehlte innerhalb kürzester Zeit seine Wirkung nicht. Bischöfe wie Fürsten, die Heinrich in Worms noch unterstützt hatten, fielen innerhalb weniger Monate aus Furcht vor einem endgültigen Bruch mit dem Papsttum von Heinrich ab beziehungsweise suchten ihr Heil in Unterwerfung gegenüber der Kirche oder einer demonstrativen Nicht-Nähe zum König.

Für Adalbero schien die Angelegenheit zunächst zu einem politischen Erfolg zu werden. Er war unter der Gefahr des Verlustes von Macht und Einfluss sowieso seinen geistlichen Überzeugungen gefolgt und damit auch der Seite, welche sich scheinbar durchsetzte. Allerdings wird er das durchaus kalkuliert gemacht haben, denn als enger Vertrauter des vormaligen Kaisers Heinrich III. sowie langjähriger Weggefährte und Traubischof des Königs wird er kalkuliert damit gerechnet haben, trotz seiner Opposition von Repressalien oder gar weiteren Konsequenzen gegenüber seiner Person verschont zu bleiben. Diese Überlegung ging anfangs wohl auch auf. Womit Adalbero aber nicht gerechnet haben dürfte, das war, dass seine Stellung und sein Amt von einer ganz anderen Seite her nun gefährdet werden würde. In seiner Stadt Würzburg, welche anwachsend jetzt immerhin stolze etliche tausend feste Einwohner und dazu viele Pilger, reisend Handel Treibende und ein abhängig großes Umfeld an Gütern zählte, brodelte es. Bautätigkeiten, Frondienste, Abgaben aufgrund der ehemals von Konrad II. verliehenen bischöflichen Gewalten hatten aus den unterschiedlichsten Gründen schon lange zu einem schwelenden Unmut vieler Bürgerschichten von Adeligen über Handwerker, Händler bis hin zu Angehörigen oder Profiteuren der Geistlichkeit geführt, welche unter der Reformadministration des Bischofs weniger zum Zug gekommen waren. Der Wahnsinn des riesigen Dombaus, daneben Neumünster, das große Kloster St. Stephan, die große Mauer um das Stadtgebiet herum, die Neuerrichtung der Anlage von St. Burkard, dazu Abteiprojekte wie Münsterschwarzach, das alles hatte neben großem Wachstum mit diesen Jahrzehnten im 11. Jahrhundert auch große Belastungen und großen Unmut gegenüber dem entstandenen Selbstbewusstsein sowie Bedürfnissen des eigenen Standes der Werktätigen mit sich gebracht. Erstmals seit den Tagen Karls des Großen hatte sich die vorherrschende Stimmung in der Stadt gegen ihren Bischof gewandt. Ob Adalbero diese Entwicklung bewusst geworden war, ist nicht mehr zu klären.

Vorerst aber ging erst einmal die Auseinandersetzung zwischen König und Papst in die nächste Runde. Eine regelrechte Opposition einflussreicher Fürsten und Bischöfe bildete sich. Von Heinrich forderte man, dass er sich von dem Kirchenbann durch den Papst lossprechen lassen müsse, um König bleiben zu können. Im Oktober 1076 war die Situation schließlich so angespannt, dass die gegnerischen Lager räumlich getrennt voneinander über den Rhein hinweg verhandelten. Krieg lag in der Luft. Bis zu einem Anfang 1077 neuerlich vereinbarten Zusammenkommen gab man Heinrich Zeit gegenüber Papst Gregor einzulenken, anderenfalls würde man ihn absetzen und einen neuen König wählen. Besonders brisant: An diesem für Februar in Augsburg geplanten Treffen sollte auch Gregor selbst teilnehmen und Heinrich also mehr oder weniger vor den versammelten Reichsfürsten kleinlaut gedemütigt werden.

Um dies zu verhindern, begab sich der König in der Begleitung Getreuer und bemerkenswerterweise auch Frau und Kindern nach Italien, um beim Papst eine vorzeitige Lösung und die Aufhebung des Bannes zu erreichen. Dieser wiederum versuchte Heinrich auszuweichen und zog sich in die stark befestigte Burg einer Markgräfin nach Canossa zurück, wohin ihm der König jedoch folgte und vor den Toren lagerte.

Demonstrativ sich im Büßerhemd zeigend harrte Heinrich IV. drei lange Tage aus, bis Gregor VII. ihn schließlich zu sich rief und ihn vom Kirchenbann freisprach. Heinrich versprach zwar, sich einem späteren Schiedsspruch und Urteil des Papstes beugen zu wollen, aber die eigentlich strittige Frage der Investitur wurde bei dieser Gelegenheit und persönlichen Begegnung in keiner Weise verhandelt. Heute würde man wahrscheinlich von einer historisch verpassten Chance auf Frieden sprechen.

Dieser *Gang nach Canossa* ist vor allem deshalb so berühmt geworden, weil es ein überaus mächtiger König war, der hier das gar nicht so unübliche Unterwerfungsritual des barfüßig im Büßerhemd wieder in Gnade Aufgenommenen demonstrierte, mit Friedenskuss und Versöhnungsmahl.

Für Heinrich IV. war es jedoch nur ein taktisch notwendiges Manöver, um das Zusammenkommen der abtrünnigen Fürsten mit diesem Papst und vor allem seine drohende Absetzung zu verhindern. Nach seiner Rückkehr über die Alpen fackelte er denn auch nicht lange und es kam zu diversen Strafaktionen gegen Anhänger opponierender Fürsten, Scharmützeln, Gegenaktionen, Absetzungen, Einsetzungen und einigem mehr. Heinrich sah nach seiner Wiederaufnahme in die Kirche jede Rechtmäßigkeit seiner Gegner nunmehr als null und nichtig an. Punktuell waren dies bürgerkriegsähnliche Zustände.

So kam es bereits im März 1077 im fränkischen Forchheim zur Wahl eines Gegenkönigs, welche auf Rudolf von Rheinfelden fiel, Herzog von Schwaben und immerhin ein Schwager Heinrichs IV.

An dieser Königswahl hatte neben anderen Bischöfen und Vertretern des Papstes auch Bischof Adalbero teilgenommen. Als er anschließend mit seinem Gefolge nach Würzburg zurückkehren wollte, blieben ihm die Tore der zum Teil von ihm selbst vollendeten Mauern der Stadt verschlossen. Würzburg war vom Prinzip her eine Königsstadt und hatte sich im Sturm der Ereignisse an die Seite Heinrichs IV. gestellt. Nie zuvor war diese Tatsache deutlicher geworden als in diesem Moment. Jetzt regierte der Burggraf. Die Bischöfe hatten zwar über Jahrhunderte hinweg die Geschicke und Entwicklung der Stadt gelenkt, waren dabei jedoch nicht zu den formal weltlichen Herren Würzburgs geworden. Die Stadt gehörte dem König. Die eigentliche Motivlage der Bürger zu ihrem Handeln mochte freilich dabei aber auch ganz profanen persönlichen Gründen gefolgt sein. Die bischöflichen Erhebungsrechte für Zoll, Abgaben und anderes hatten für viel Unmut gesorgt. Reiche Kaufleute und mächtige Zunftherren werden das Wort geführt haben, einen Rat der Bürgerschaft gab es noch längstens nicht.

Und Adalbero? Diesem blieb nichts weiter übrig als ins Exil zu gehen und wechselnd Quartier bei Unterstützern der Opposition zum König zu nehmen. Heinrich IV. setzte für das Bistum Würzburg zunächst den Naumburger Bischof Eberhard und nach dessen Tod noch zwei weitere Gegenbischöfe ein, wie er überhaupt in diesen Zeiten der Auseinandersetzung vermehrt investierte, als hätte es seinen *Gang nach Canossa* nie gegeben. Adalbero hat Würzburg bis zu seinem Tod mehr als 13 Jahre später nur noch einmal für ein kurzes Intermezzo betreten.

Angebote des Königs zum Einlenken oder Verhandlungen lehnte er stets ab. Eine Mainzer Synode erklärte ihn schließlich 1085 als vom Amt des Würzburger Bischofs für abgesetzt, woraufhin mit Unterstützung des Gegenkönigs – dies war zu diesem Zeitpunkt Hermann von Luxemburg – er noch einmal versuchte Würzburg einzunehmen und als Bischof Fuß zu fassen. In der als *Schlacht von Pleichfeld* kriegerisch kurios angeblich durch Verrat in die Geschichte eingegangenen Auseinandersetzung wurden die Truppen König Heinrichs ohne nennenswerte eigene Verluste in die Flucht geschlagen. Würzburg öffnete daraufhin seine Tore und Bischof Adalbero nahm sein Amt in der Stadt wieder ein. Allerdings nur für wenige Monate, denn Heinrich kam zurück, nahm die Stadt ohne Widerstand und vertrieb Adalbero erneut. Diesmal für immer. Nicht isoliert, sondern hochgeachtet unter den Parteigängern der Opposition zum König starb Adalbero 1090 im oberösterreichischen Kloster Lambach, seiner ursprünglichen Heimat.

Der Investiturstreit indes dauerte noch für Jahrzehnte bis weit über die Jahrhundertschwelle bis zum Wormser Konkordat von 1122 an. Heinrich IV., zwischenzeitlich zum Kaiser gekrönt, musste sich über die Jahre mit mehreren Gegenkönigen und Päpsten sowie sogar dem eigenen Sohn Heinrich V. intensiv und mithin kriegerisch zu den Fragen der Investitur und natürlich auch anderen ganz praktisch politischen Themen auseinandersetzen, bis er relativ plötzlich 1106 verstarb. Der Sohn Heinrich V. nahm im Unterschied zu seinen bisherigen Positionen in der Nachfolge die Auseinandersetzung des Vaters mit dem Papsttum zur Investitur wieder auf, erlangte nur wenige Jahre danach auch die Kaiserwürde, musste sich aber 1122 schließlich beugen, da schon lange Jahre zuvor mit Frankreich und

England in Fragen der Investitur Vereinbarungen zugunsten des Papsttums geschlossen worden waren. Das Wormser Konkordat schwächte nun das in Europa eigentlich sehr mächtige Kaisertum im Kompromiss, beließ diesem aber auch viele Bestätigungsrechte und Pflichten der strittigen Ämter, sodass beide Gewalten auch fortan aufeinander angewiesen blieben.

Bischof Adalbero von Würzburg aber brachte posthum das außerordentliche und sagenhafte Kunststück fertig, fast 800 Jahre nach seinem Tod wieder beinahe denselben Kampf noch einmal zu kämpfen, für den er zu Lebzeiten schon so vehement einstand. – Sagt ihnen dabei der *Deutsche Kulturkampf* im 19. Jahrhundert etwas? Es ging vor allem um die Zivilehe des Staates, welche das protestantische Preußen im neu entstandenen Kaiserreich ab 1870/71 kurzerhand durchsetzte. Die katholisch entschieden agierende Opposition unter Papst Pius IX. entdeckte Adalbero erneut als Streiter um die Vorrechte kirchlicher Einsetzung und Bestimmung, wie es zum Beispiel als eines der Sakramente für die Ehe zwischen Mann und Frau seit Menschengedenken der Fall war.

Adalbero wurde unter dem in der Auseinandersetzung nachfolgenden Papst Leo XIII. sogar heiliggesprochen, konnte aber auch diesmal nicht verhindern, dass die kulturelle Entwicklung der Dinge ihren sehr weltlichen Lauf nahm. Immerhin hat das katholische Würzburg in jener Zeit des Kulturkampfes ihm die Würdigung zuteilwerden lassen, dass die durch einen Kirchenverein neu erbaute und im neoromanischen Stil seiner Zeit sehr aufwendig gestaltete Pfarrkirche in der Sanderau seinen Namen bis heute trägt und damit lebendig erhält.

STADT UND VORSTÄDTE: PLEICH UND SAND VOR DEN MAUERN!

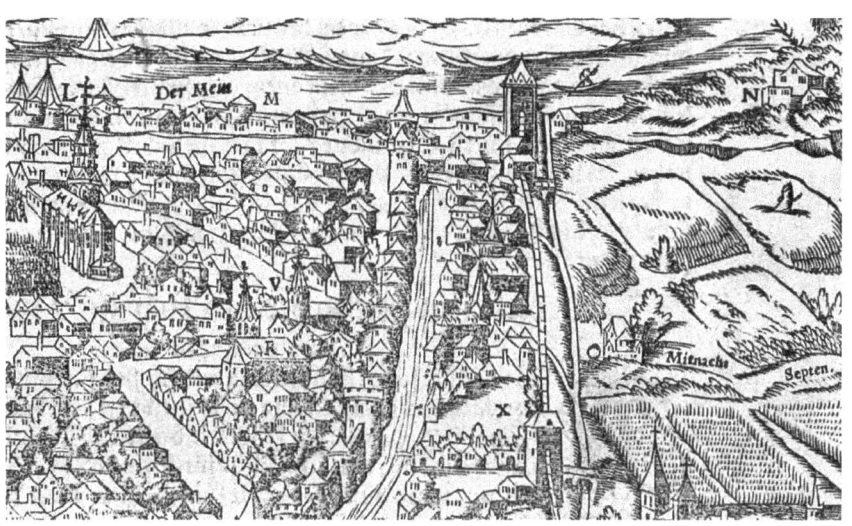

Die Vorstadt Pleich

Der großzügigen Mauern um die Stadt herum zum Trotz wuchsen im 11. Jahrhundert dennoch Vorstädte außerhalb dieser Mauern mit der unwiderstehlichen Dynamik des Wachstums dieser Periode heran.

Im Süden dehnten sich Höfe und Güter vereinzelt wahrscheinlich schon seit dem 10. Jahrhundert in Richtung der aufgrund ihres Bodens „Sand" genannten Flächen aus. Da es sich um häufiges Überschwemmungsgebiet handelte, baute man entweder an der östlichen Überschwemmungsgrenze, wie es beispielsweise für das Kanonikerstift St. Peter, St. Paul und St. Stephan der Fall gewesen war, oder errichtete Wirtschafts- und Wohngebäude erhöht über tief in den Boden getriebenen Fundamenten, deren schwere Stämme man zu Pfeilern verband. Die Problematik des Bodens bot indes auch Vorteile an, zu denen unter anderem die stadtnahe Viehwirtschaft sowie der Obst- und Gemüseanbau zählten. Notwendigkeiten der Versorgung, wie es etwa der Zugang zu sauberem Wasser oder auch gemauerte Öfen zum Brotbacken waren, organisierte man im gemeinsamen Handeln. Je nach Entfernung wurden Plätze zum Graben eines Brunnens oder Bau eines Ofens bestimmt. Obrigkeitsverwaltungen, welche sich um diese Form der Bedürfnisse einfacher, gemeiner Menschen gekümmert hätten, gab es noch nicht, zumal vor den Toren der Stadt. Es waren dies diejenigen, die man „Älteste" nannte, welche das Heft dafür in die Hand nahmen.

Wie aber war es mit menschlichen Hinterlassenschaften und dem übrigen Unrat, wer kümmerte sich darum? Etwa öffentliche Verrichtungsstellen? Mitnichten. Das war familiäre Privatsache, damals wie heute, nur dass so etwas wie Kanalanschluss oder Müllabfuhr noch Jahrhunderte brauchen würde, um überhaupt erfunden zu werden. Sickergrube und gezimmerter Donnerbalken waren die Lösung. Mal dort hinter dem Stall, mal drüben bei dem gerade brachliegenden Beet. Schwoll der Unrat zu sehr an, wurde die Grube zugeschüttet, sozusagen versiegelt, und die Angelegenheit am anderen Ort neu eröffnet. Es waren keine zimperlichen Zeiten, und zum Beispiel die Scham zwischen den Geschlechtern muss man sich kulturell sowieso ganz anders vorstellen, als wir das heute gesellschaftlich verhandeln. Jedoch ist diese Zeit im ausgehenden 11. und beginnenden 12. Jahrhundert auch eine, in der gerade diesbezüglich die Schere zwischen den sich in deutlicher Abgrenzung einschleifenden Ständen sehr sichtbar und folgenreich öffnet. Niedrige, Gemeine, Abhängige, freie und unfreie Bauern, Handwerker, Handelsherren, Nieder- und Hochadelige, Mitglieder des Klerus in seinen differenzierten Hierarchien setzten nun mehr und deutliche Grenz- und Kulturunterschiede zueinander, welche sich nicht zuletzt auch im Umgang zwischen Mann und Frau beziehungsweise der Familie niederschlugen. Wir denken in diesem Kontext zumeist an das Hohe Lied der Minne, jedoch war das Mittelalter hier in seinen Facetten sehr viel reicher, und dies spiegelte sich exemplarisch geradezu auch in einer Stadt wie Würzburg wider, die aufgrund ihrer Konstellationen zu einer Bühne all dieser Gruppen des Hohen Mittelalters wurde.

Zurück zur südlichen Vorstadt „Sand". Mit der Einrichtung zunächst des Kanoniker-Stifts und schließlich dem für seine Zeit bereits sehr großen Benediktinerkloster St. Stephan verdichteten sich die umgebenden Ansiedlungen zur direkten wirtschaftlichen Versorgung der Klostergemeinschaft in rascher Folge, es bildete sich über wenige Jahrzehnte hinweg das zusammenhängende Gebiet einer Vorstadt. Von Adalbero zur Zeit seiner Gründungen und Maßnahmen so wahrscheinlich noch nicht erwartet, kam vor den südlichen Mauern der Stadt ein dichtes Siedlungsgebiet zusammen, das irgendwann sogar einer eigenen pfarrgemeindlichen Betreuung bedurfte, da die Klosterkirche St. Stepan hierfür wohl nicht mehr ausreichte beziehungsweise auch anderen Zwecken zu dienen hatte. Bestimmt ist es kein Zufall, dass die um 1157 errichtete Basilika ihre Weihe als „St. Peter und Paul" erhielt und damit an die Anfänge der Vorstadt „Sand" erinnerte. Diese Kirche wies mit Emporen in den Seitenschiffen eine Besonderheit auf, welche vielleicht darauf hinweist, dass hier herausgehobene Gemeindemitglieder Platz nahmen. Möglicherweise waren dies Mitglieder der noch jungen Zünfte, welche sich verstärkt rund um den Ausbau des großen und einflussreichen Klosters hier angesiedelt hatten, oder auch Stifterfamilien der Kirche aus dem umliegenden Adel oder Klerus. Interessant ist diese bauliche Konstellation in der Anordnung der Gläubigen einer Pfarrkirche auf jeden Fall, da sehr ungewöhnlich.

Auch im Norden der Stadtmauern wuchs zur selben Zeit die nach dem dortigen Gewässer der Pleichach benannte Vorstadt „Pleich" zu einem eigenständigen Siedlungsgebilde heran. Dies hatte allerdings vollkommen unterschiedliche Gründe.

An diesem Platz hatten bereits Kulturen der Jungsteinzeit und Bronzezeit gesiedelt, wie etwa Bandkeramiker und Glockenbecherleute. Lange bevor eine mehr oder weniger feste Siedlungsgeschichte durch die Kelten begann. Das lag schon damals an den günstigen äußeren Bedingungen. Die Furt nahe Pleichachmündung in den Main, Fischreichtum, geschützte Lage am Fuß der Anhöhen, nährstoffreicher Boden, günstiges Klima. Und die Umgebungsbedingungen waren auch mehr als 2000 Jahre später ausschlaggebend für die Menschen der Pleich, sich hier niederzulassen. Handwerk wie das der Gerber, Färber oder Fleischhauer benötigten viel Wasser und waren obendrein geruchsintensiv. Daher siedelten diese Berufsgruppen zumeist an den Stadträndern, und der dennoch flussnahe Platz entlang des Baches Pleichach erwies sich als geradezu ideal. So entstand zu dieser Zeit nicht nur eine Vorstadt außerhalb der Mauern, sondern ein Gebilde, das die Eigenschaften eines beinahe selbständigen Weilers annahm. Dazu nützlicherweise der quirlige Viehmarkt ebenfalls vor dem nördlichen Stadttor am Flussufer.

Nun darf man sich die Handwerker und Zünfte der Pleich außerhalb der eigentlichen Stadt keinesfalls als Randgruppen vorstellen. Im Gegenteil, sie waren es, welche die Stadt mit der begehrten und wertvollen Fleischnahrung versorgten, ebenso mit hochwertigen Lederprodukten, Tuchen und einigem mehr. Das waren angesehene und einflussreiche Bürger mit einem eben etwas derberen Gewerbe. Die auf den ersten Blick bereits um 1100 herum dicht gedrängt erscheinende Bebauung der Werkstätten und Höfe erklärt sich aus den notwendigen Schutzbedürfnissen. Wertvolle Waren weckten Begehrlichkeiten und die Zeiten waren rau, Überfälle keine Seltenheit. Stand man eng zusammen, so war man trotz des fehlenden Schutzes der städtischen Mauer doch recht wehrhaft gegen Übergriffe und konnte sich gegenseitig Unterstützung leisten, ähnlich dem Prinzip einer Wagenburg. Nicht zuletzt deswegen sind im Mittelalter viele Weiler in aufgrund der Baubedürfnisse unregelmäßig konzentrischen Ringen um einen zentralen Platz herum entstanden. Im Fall der Pleich führte dies schon früh zu einem sozial eng miteinander verknüpften Verbund, der in fernen Ausläufern noch heute existiert. Viele aus den Stadtvierteln der Inneren Pleich und linksmainisch dem sogenannten Meeviertel stammende Familien betrachten sich mithin gerne als so etwas wie Ur-Würzburger und würden zudem nie in einem anderen Viertel der Stadt leben wollen. Kann man gut verstehen, denn nirgendwo in Würzburg wird trotz aller Zerstörungen des Bombenangriffes vom 16. März 1945 während des 2. Weltkrieges die ursprüngliche Identität des Viertels deutlicher spürbar als zwischen den eng verwinkelten Gassen und kleinen Fluchten der Pleich. Mitten in der Stadt fühlt man sich beinahe so wie in einem urtypischen fränkischen Dorf weit draußen.

Ein gutes Beispiel für das hohe Ansehen eines Bürgers der Pleich sowie für das soziale Engagement mit- und füreinander in dieser für die Stadtentwicklung so wichtigen Vorstadt ist in den Jahrzehnten kurz nach 1100 Enzelin. Dieser ist heute vor allem bekannt als Bauverwalter oder

> Um wen es sich bei Enzelin genau handelte, weiß man leider nicht. Ursprünglich ein reicher Viehhändler vielleicht, der vorausschauende Ideen zu Handel, urbaner Infrastruktur und sozialer Umsetzung des Glaubens verwirklichte? Wer weiß? Es ist praktisch nichts überliefert, jedoch verantwortete er mit *St. Gertraud* und der *Alten Mainbrücke* zwei Bauwerke, die in ihren wesentlichen Grundzügen nach 900 Jahren noch immer bestehen und ging damit als bedeutende Persönlichkeit in die Geschichte Würzburgs ein.

Bauherr der *Alten Mainbrücke*. Zuvor jedoch ließ er mit St. Gertraud der Vorstadt Pleich eine große Kirche erbauen, welche in ihrer Gestaltung als Hallenkirche zwar einfacher konzipiert war als die damaligen Kirchen Würzburgs, aber in ihrer Größe und ihrem Umfang durchaus mithalten konnte. Die Bürger, Handwerker und Händler der Pleich besaßen damit vor allen anderen Vierteln der Stadt ihre eigene Kirche. Zudem scheint es so, dass Enzelin den Kirchenbau aus eigenen Mitteln gestiftet oder aber federführend zusammen mit anderen wohlhabenden Bürgern der Pleich realisiert hat. Allerdings erhebt Bischof Embricho St. Gertraud bereits kurz darauf schon zu einer Pfarrkirche der Diözese, um den „Laien" Enzelin von seiner großen Verantwortung für diese zu entbinden, damit dieser sich ganz auf seine neue Aufgabe als Dombauverwalter konzentrieren kann. Festgehalten in einer stadtgeschichtlich berühmten Urkunde von 1133. Zu diesen Ereignissen jedoch ein wenig später im nachfolgenden Kapitel.

Nordöstlich der Pleich gedieh mit der *Hauger Vorstadt* eine weitere Ansiedlung jenseits der Mauern um das dortige, bereits Ende des 10. Jahrhunderts gegründete Kollegiatstift herum. Ebenfalls in Bachnähe, da die Vorteile frischen Wassers nun einmal für die Bewirtschaftung von großem Wert waren. Die Besiedelung war allerdings deutlich kleiner als diejenige der Pleich, denn sie diente lange Zeit vor allem der Versorgung des Stifts beziehungsweise der Verwaltung von dessen Gütern. In der Hauptsache siedelten hier also Familien, welche in dieser Hinsicht beschäftigt waren. Zu der ursprünglichen Kapelle des Stifts kam nun der Bau einer romanischen Basilika hinzu, sodass hier schon zu diesem frühen Zeitpunkt der Stadtentwicklung zwei Gotteshäuser nahe beieinander standen. – Alles in allem muss man jedoch auch festhalten, dass die zu den Mauern hin schon deutlich abgelegene *Hauger Vorstadt* aufgrund ihrer Lage und ihres zur Versorgung des Stifts relativen Reichtums häufig das Ziel von Übergriffen und Plünderungen wurde, wenn marodierende Banden oder feindliche Heere in der Nähe waren. Das Problem blieb bestehen bis zur räumlichen Verlegung des Stifts innerhalb der barocken Wehranlagen des 17. Jahrhunderts.

Vereinzelt gab es im Norden der Stadtmauern auch weitere ungeschützte Höfe, welche zumeist dem Zweck einer Wassermühle dienten. Außerdem im 12. Jahrhundert wohl mindestens bereits einen abgeleiteten Mühlbach innerhalb der Mauern. Wasserkraft war der wichtigste Energieträger, mit dessen Hilfe auch zu dieser Zeit nicht nur Mahlwerke betrieben wurden, sondern mitunter die erstaunlichsten Maschinen wie etwa Hammerwerke und anderes. Ob diese Mühlbauern nun dauerhaft dort draußen auch lebten oder als wohlhabende Bürger ihre Häuser innerhalb des Stadtgebietes besaßen, ist leider nicht mehr zu klären. Beides ist denkbar.

Ebenfalls im 12. Jahrhundert wurde östlich der Pleich vor den Mauern der Stadt ein neuer Friedhof für die jüdische Gemeinde angelegt. Der bis dahin bestehende Friedhof in unmittelbarer Nachbarschaft des jüdischen Viertels war zu klein geworden und aufgrund der rasanten Stadtentwicklung nicht mehr ausbaufähig. Möglicherweise hat auch schon zu diesem Zeitpunkt die unmittelbare Nähe zum Kiliansoratorium eine gewisse Rolle gespielt. Das Areal soll sich ungefähr dort befunden haben, wo heute Blasiusgasse und Schmalzmarkt aufeinander treffen, kaum 30–40 Meter von Kilian entfernt. Ein Ehepaar kaufte schließlich das neue Gelände vor den Mauern der Stadt unter der urkundlichen Zusicherung, dass die Totenruhe für alle Zeiten unberührt bliebe, im jüdischen Glauben ein zentrales Element. Dieser ist nun in gleich mehrfacher Hinsicht interessant, denn der vormalige Friedhof ist im Zentrum der boomenden, aufstrebenden Stadt schon im Mittelalter verschwunden, ohne eine weitere Spur hinterlassen zu haben. War dies etwa der Deal zum Ankauf des neuen Geländes?

Linksmainisch war die Stadt bereits im 10. Jahrhundert erst mit Wällen und dann wohl auch Mauern bewehrt worden. Das ließ sich aufgrund des Marienberges und der Felsen der sogenannten Zeller Anhöhe leichter bewerkstelligen als drüben auf der rechtsmainischen Seite. Außerdem bestanden hier seit alters her feste Wegverbindungen und gewisse Anfälligkeiten von Westen her und den marodierenden Nestern mainabwärts. Das

> Das überlieferte Bild vom dunklen Spessartwald und seinen Räubern nahm irgendwann im Hohen Mittelalter seinen Ursprung. Tatsächlich hatte Würzburg – wahrscheinlich aufgrund seines Erfolges – mit besonders heftigen Erscheinungen des Raubrittertums und auch Räuberbanden zu tun. Dies aber nicht nur von Westen und dem Spessart her.

Kloster St. Burkard war mit seinem Neubau bereits am Fuß des Marienberges in den schützenden Ring mit einbezogen worden; die Gründung des sogenannten Schottenklosters mit seiner Basilika St. Jakob am nördlichen äußeren Rand der Gesteinsformation der Zeller Anhöhe bildete nun für viele Jahrhunderte den westlichen Abschluss der Würzburger Stadtausdehnung. Dahinter wurde es sumpfig, gab es Überschwemmungs- und allenfalls Weideland. Im 11. und dem frühen 12. Jahrhundert waren mehr und mehr von den britischen Inseln stammende Mönche auf dem Höhepunkt der Kiliansverehrung nach Würzburg gelangt auf der Suche nach Seelenheil und Bestimmung. Pilger, die ihre Brücken abgebrochen hatten und blieben. Die bestehenden Klöster konnten und wollten diesen Ansturm wohl nicht bewältigen, die Gründung einer eigenen Heimstadt für diese „Iroschotten" genannten Zuwanderer war die logische Folge, das linksmainisch noch mögliche Randgelände bot sich an. Unter Regensburger Führung, wo bereits eine Niederlassung der Iroschotten bestand, entstand schließlich ab den 1130er Jahren in nur kurzer Zeit ein sehr lebendiges Kloster mitsamt der großen, schon 1146 geweihten Kirche, das trotz seiner letztlich nur relativ kurzen Erfolgsgeschichte im Gedächtnis der Stadt bis in die Gegenwart hinein verhaftet blieb.

Schon im 13. Jahrhundert – der Kilianskult war abgeflaut – litt das Schottenkloster unter Nachwuchsproblemen. Übergriffe und Plünderungen unmittelbar vor den Mauern der damaligen Stadt wurden zu einer stetigen Gefahr. Um 1500 schlossen sich nach einem Großbrand die letzten Mönche dem Benediktinerkloster St. Stephan an. Es folgten verschiedene Verwaltungen und Besitzer in einer wechselvollen Geschichte, bis das Areal schließlich nach dem 2. Weltkrieg an das Don-Bosco-Werk fiel, welches dort heute soziale Aufgaben leistet, die sich gewiss im Geiste der einstigen Gründer wiederfinden.

EINE BRÜCKE ALS WELTWUNDER

Die Alte Mainbrücke

Von Heinrich IV. und seiner Auseinandersetzung mit dem Papst und Bischof Adalbero über das Recht der Investitur war bereits ausführlich die Rede. Obwohl auch der Machtkampf mit den sogenannten Großen des Reiches über die Jahre hinweg nie wirklich beigelegt wurde, setzte Heinrich sich doch gegen gleich mehrere Gegenkönige sowie auch das Papsttum durch, indem er dessen Forderungen geflissentlich überging. Einfach ausgedrückt. Dabei schreckten ihn fortan auch Exkommunikation oder Bann nicht mehr. So entbehrt es nicht einer gewissen Ironie, dass es schließlich sein eigener Sohn, Heinrich V., war, der ihn gemeinsam im Verbund mit den Großen des Reiches stürzte. Ende 1105 war das. Zunächst unterwirft sich der Sohn dem Vater mit Fußfall und Friedenskuss, kurz darauf lässt er ihn jedoch auf dem Weg zum Mainzer Hoftag auf einer Burg festsetzen, einkerkern und zur Herausgabe der Reichsinsignien zwingen. Zum neuen Jahr folgte durch die Großen die Wahl zum alleinigen neuen König und die Inthronisierung mit Salbung.

Auf dem Weg dorthin spielte – wenig verwunderlich – auch die politische Auseinandersetzung um die Macht im Bistum Würzburg und über die Stadt selbst eine Rolle. Was war passiert? Bischof Emehard, der das Bistum in den 16 Jahren seines Pontifikats nach den teils auch kriegerischen Komplikationen während der letzten Jahre Adalberos relativ ruhig durch die politischen Untiefen dieser Zeit navigiert hatte, war Ende Februar 1105 gestorben. Heinrich IV. investierte nach gewohnter Manier und bestimmte den Kanoniker Erlung aus dem Domstift des Bistums Bamberg zum Nachfolger, welcher dem dortigen Bischof Otto I. wohl auch die

Kanzlei geführt hatte. Kurze Zeit später kommt jedoch Heinrich V. in die Stadt, nimmt Erlung kurzerhand gefangen und setzt seinerseits den amtierenden Dompropst Rupert als neuen Bischof ein. Dieser wird auch kirchlich von dem Mainzer Erzbischof Ruthard im Amt bestätigt, der der Koalition aus Fürsten und Bischöfen gegen Heinrich IV. angehörte. Wer erschien daraufhin wohl als nächstes in Würzburg? Richtig, der Kaiser in Person. Dieser setzte Rupert umgehend wieder ab. Ob er dabei den festgesetzten Erlung befreien musste oder dieser sich nur in so einer Art Hausarrest befand, ist nicht ganz eindeutig. Jedenfalls geschah etwas Unerwartetes, Erlung selbst verzichtete nun auf das Amt. Der Schritt mag damit zusammenhängen, dass der Gegenbischof Rupert zuvor die Unterstützung des Papstes erhalten hatte. Heinrich IV. verzichtete darauf, einen weiteren Kandidaten einzusetzen, und zog seiner Wege. Möglicherweise bereits ein Zeichen resignierender Schwäche im Vorfeld der heraufziehenden Kaiserdämmerung.

Damit jedoch war die Affäre noch längst nicht beendet. Nach seiner Krönung entschied sich Heinrich V. überraschenderweise doch noch für Erlung als Bischof von Würzburg, der in der Folge bis 1121 regierte und noch die ein oder andere Rolle im Gang der Ereignisse spielen sollte. So ganz überraschend war dieser Richtungswechsel im Kandidatenstreit aber dann vielleicht doch nicht. Zum einen starb Rupert, der eher ein Zufallskandidat im Ränkespiel um die Königsmacht gewesen war, bereits 1106 auf dem Weg zu einer Synode in Oberitalien, und zum anderen handelte es sich bei Erlung wohl um einen hoch gebildeten und respektierten Geistlichen, wel-

> Die Herkunft von Erlung ist nicht zweifelsfrei geklärt; ein zeitgenössischer Chronist verweist allerdings darauf, dass der Würzburger Bischof Meginhard II. sein Onkel gewesen sein soll. – Auch soll er sich selbst als Chronist betätigt haben, indem etwa die früheste Lebensgeschichte Heinrichs IV. auf seine Urheberschaft zurückgehen könnte.

cher sich zwischen den Königsparteien klug verhalten hatte. Heinrich V. seinerseits hatte die alleinige Königswürde im Verbund mit den Großen des Reiches errungen. Er regierte nach dem Prinzip der konsensualen Herrschaftspraxis, also unter dem Vorbehalt der Zustimmung und Einigkeit. Die Wiedereinsetzung Erlungs als Bischof von Würzburg setzte hier ein wichtiges Signal der Akzeptanz und auch der Versöhnung mit den Parteigängern Heinrichs IV.

Turbulente Jahre im Zentrum der Auseinandersetzung um die Königsmacht im Deutschen Reich. Wie wirkte sich dies auf das Leben und die Bürger in Würzburg aus? Im Abstand von bald 1000 Jahren natürlich schwer zu beurteilen, aber immerhin gibt es doch das ein oder andere indirekte Indiz einzuordnen. Denn die Stadt brummte und wuchs, Handel wie Handwerk gedieh während dieser Zeit. Der Gressenhof, dessen überdauerte Teile wir heute als Gasthaus Stachel wahrnehmen, tauchte zum Beispiel sichtbar überliefert auf als Abgabestelle für den Zehnt und in der Folge auch als Weinhandel. Auch nicht wenige Familiennamen und urkundliche Ersterwähnungen von Orten stammen aus dieser Zeit. So geht die Vermutung dahin, dass die Bürger das Geschehen eher distanziert beobachtet haben werden, solange Königsfehde und Bischofsstreit ihnen nicht den Krieg gewaltsam in die Stadt brachten. Und das war, abgesehen von Muskelspielen der mitgeführten Heere beziehungsweise Ritter und ihren Mannschaften, nicht der Fall. Man wird untereinander diskutiert haben, auch Gespräche mit den jeweils Mächtigen der Stadt wird es gegeben haben, insgesamt aber dürften diese Jahrzehnte des Investiturstreites, von Bischöfen und Gegenbischöfen und schließlich auch König und Gegenkönig deutlich zu einer weiteren, sich zunehmend seiner selbstbewussten Herausbildung des Bürgertums als eigenständige Identitätsgruppe beigetragen haben. Die Starken und Mächtigen waren fehlbar!

Heinrich V. regierte also konsensual im zustimmenden Einvernehmen mit den Fürsten, aber verschiedenste Probleme sowohl zu Fragen der fürstlichen Zustimmungsrechte als auch der noch immer ungeklärten Investitur blieben offen und führten nach einigen Jahren erfolgreicher wie gescheiterter Kompromisse dazu, dass der König seine Haltungen in vielerlei Hinsicht änderte.

Er zog Anfang 1111 – unter Zustimmung eines Hoftages – mit einem Heer über die Alpen nach Italien, um den Investiturstreit zu beenden. Unter anderem auch in Begleitung des Würzburger Bischofs Erlung. Heinrich einigte sich zunächst mit dem Papst, der im Gegenzug für den königlichen Verzicht auf die Investitur den Verlust der weltlichen Güter und Einnahmen der Bistümer und Klöster anbot, welche somit direkt wieder an den König zurückfallen würden, dazu die Krönung zum Kaiser. Unerhört!

> Bei der Kaiserkrönung Heinrichs V. ist erstmals das Küssen der Füße des Papstes für das mittelalterliche Ritual überliefert.

Proteste brachen angesichts dieser Absprache, die sich wie ein Lauffeuer verbreitete, allerorten los und erreichten auch Rom inmitten der Krönungstage. Erneuter Schwenk. Heinrich V. forderte wiederum die Investitur und setzte den Papst fest. Dieser hatte nach weiterem Hin und Her nicht nur sein Spiel und die Investitur vorerst verloren, sondern musste neben der Kaiserkrönung auch den längst verstorbenen Heinrich IV. vom Kirchenbann lösen, welcher daraufhin in die Grablege der Salier im Dom zu Speyer überführt wurde. 1114 heiratete Heinrich Mathilde von England,

> Mathilde gehört zu den wahrhaft schillernden Figuren des Hohen Mittelalters. Freilich erst nach ihrer Ehe mit Heinrich. Sie rang mit König Stefan um die englische Krone, ihr Sohn in 2. Ehe, Heinrich II., war nicht nur der Vater von Richard Löwenherz und Johann ohne Land, sondern auch der Begründer des legendären Jähzorns der Plantagenets.

die damals gerade einmal 12-jährige Enkelin von Wilhelm dem Eroberer. Die Ehe blieb kinderlos, wodurch der direkt männliche Stamm der Salier ausstarb.

Was aber sollen diese Königsvorgänge denn jetzt mit der Stadt Würzburg zu tun haben? Sehr viel! – Denn nach seiner Krönung zum Kaiser und der demonstrativen, öffentlichen Rückbesinnung auf Heinrich IV. kehrte der junge Kaiser auch zunehmend zu den Haltungen und Praktiken seines Vaters zurück. Die Gefangennahme des Papstes hatte ihm Isolation und Gegnerschaften eingebracht, mit denen er offensichtlich nicht gerechnet hatte. Bischof Erlung hielt dem Kaiser jedoch lange die Treue, 1115 beging er mit diesem noch das Weihnachtsfest und wurde im darauffolgenden Jahr als kaiserlicher Gesandter beim Papst in Rom vorstellig. Schließlich war auch er mit seinem Latein am Ende und fiel unter dem Eindruck der zusehends erstarkenden Fürstenopposition ebenfalls von Heinrich ab. Dieser setzte ihm dafür 1116 seinen Neffen Konrad als Herzog von Franken vor die Nase, der ein Sohn der Kaiserschwester Agnes war. Deren Einheirat in eine vor allem verbindungsstarke und materiell reiche Familie aus Schwaben oder dem Elsass gebar später die Bezeichnung des Geschlechtes der Staufer. Und das hatte zur Gänze etwas mit Entwicklung, Schicksal und Rolle der Stadt Würzburg zu tun. Konrad nämlich hatte Ambitionen, ein fränkisches Herzogtum von des Kaisers Gnaden war entschieden zu klein für den damals noch jungen Mann von etwa 20 Jahren. Erlung verlor einige Rechte, wie etwa wichtige Gerichtsbarkeiten und wohl auch einige Regalien, welche

Bei *„königlichen Regalien"* handelte es sich um wichtige Vor- und Nutzungsrechte wie etwa Gerichtsbarkeiten, Zoll-, Münz- und Wegerechte, Territorialgewalten, Güterbesitz und vieles mehr, das zumeist urkundlich definiert wurde.

ihm bis dahin zur Nutzung überlassen waren. Schon 1120 fielen diese Vorrechte jedoch wieder an das Bistum Würzburg zurück.

Heinrich regierte, aber er verlor zunehmend an Akzeptanz und Unterstützung. Seine Herrschaft wurde mehrheitlich abgelehnt, bishin sogar demonstrativ ignoriert, indem die Nachfrage nach königlichen Urkunden und Bestätigungen von zum Beispiel Rechten auf ein für das Mittelalter überliefertes historisches Tief viel. Will sagen, mit einem Dokument des Königs war in diesen Jahren einfach nicht viel anzufangen, das Itinerar des Herrschers weist daher für diese Zeit auch kaum gesicherte Einträge auf.

Bei dem *„Itinerar"* handelt es sich um das Reise- und Aufenthaltsverzeichnis mittelalterlicher Herrscher, bei denen es sich um sogenannte Reisekönige ohne eigentlich festen Wohnsitz handelte.

Nach dem Tod seines Krönungspapstes Paschalis II. im Jahre 1118 versuchte der Kaiser einen unauffälligen Erzbischof aus dem portugiesischen Braga als Gregor VIII. in der Nachfolge durchzusetzen, scheiterte in diesem Ansinnen jedoch. Calixt II. aus Burgund setzte sich schließlich durch und war nicht gewillt, dem Kaiser die unter Druck erpressten Versprechen des Vorgängers im Verzicht auf den Bann weiter zuzugestehen. Schlimmer noch aus der Sicht Heinrichs, in Würzburg braute sich während seiner Abwesenheit in Italien ein Treffen der Fürsten zusammen, das ihn im Fall der Nichterfüllung von Bedingungen wie beispielsweise der konsensualen

Machtteilung und Anwesenheit unter den Großen des Reiches als König abzusetzen suchte. Heinrich eilte hastig an den Ort des Geschehens und entging der Drohung gerade so noch einmal.

Von Frieden und Ausgleich konnte jedoch nicht die Rede sein. Mit dem neuen Papst begannen zwar Verhandlungen über eine Lösung des Investiturstreites und die Wiederaufnahme Heinrichs in den Schoß der Kirche, welche jedoch scheiterten. Als besonders demütigend und unannehmbar muss der Kaiser die Forderung der barfüßigen Unterwerfung empfunden haben, wofür er wohl seinen Gegenspieler und Hauptwidersacher, den Mainzer Erzbischof Adalbert verantwortlich machte. Wie zum Hohn hatte Papst Calixt II. diesen dann auch noch zum päpstlichen Legaten ernannt. 1121 erschien die kriegerische Auseinandersetzung im Reichsinneren unvermeidbar, Heinrich V. veranlasste eine Heerfahrt gegen das Erzbistum, bei Mainz standen sich im Spätsommer schließlich zwei mächtige Heere kampfbereit gegenüber. Dem Erzbischof war es gelungen, die fürstliche Opposition rechtzeitig zur Verteidigung seiner Bischofsstadt und seines Amtes herbeizurufen. Niemand jedoch – weder die kaisertreuen noch die oppositionellen Fürsten – wollte sich auf diese Weise die Köpfe einschlagen. Es kam zu Unterhandlungen und dazu, dass man sich Ende September 1121 in Würzburg zu Verhandlungen traf. Jeweils 12 Fürsten beider Seiten handelten einen als *„Würzburger Fürstenspruch"* in die Geschichte eingegangenen Kompromiss aus, der gleichzeitig auch die politischen Voraussetzungen für das *„Wormser Konkordat"* im Jahr darauf schuf, welches nach

> Das *„Wormser Konkordat"* beendete den Investiturstreit, indem der König beziehungsweise Kaiser zwar auf das direkte Einsetzungsrecht verzichtete, jedoch die jeweiligen Ämter und vor allem weltliche Vorrechte durch ihn bestätigt werden mussten. Ein Kompromiss also. Die Wiederaufnahme Heinrichs V. in den Kreis der Kirche erfolgte ohne Unterwerfungsritual.

knapp 50 konfliktreichen Jahren den Investiturstreit beendete. Dieser *„Fürstenspruch"* forderte die Bestätigung der konsensualen Herrschaftspraxis ein sowie vor allem den Frieden und die kaiserliche Aussöhnung mit dem Papst. Heinrich V. war dabei kaum mehr als ein Zuschauer, der vielleicht hinter den Kulissen hektisch noch versuchte seine diplomatischen Felle zu retten. Das kann man durchaus als politische Erosion eines ehedem Gewaltigen bezeichnen.

> Es heißt, dass Geschichte sich gleich einem Pendel regelmäßig in neu ausgerichteten Umständen wiederholt. Mit ein wenig Fantasie erinnert der Vorgang des „Würzburger Fürstenspruchs" durchaus auch an Ereignisse unserer eigenen Zeitgeschichte.

Dass Bischof Erlung die Versammlung der Fürsten im Herbst 1121 als Gastgeber noch persönlich begleitet hat, kann man als Ausdruck seiner Hingabe verstehen. Er starb Ende des Jahres in der Abtei Münsterschwarzach, von einer langwierigen, aussatzartigen Krankheit ist die Rede. Und in Münsterschwarzach wurde er auch zu Grabe getragen, denn für Würzburg galt zu dieser Zeit gerade ein Interdikt, das jede Form der religiösen Handlung untersagte.

> Das *Interdikt* verbot jede religiöse Handlung. Keine Messe, kein Spenden der Sakramente, keine christliche Beerdigung. – Bischöfe belegten Orte mit dem Interdikt, um auf diese Weise gegebenenfalls für Ordnung und Gehorsamkeit zu sorgen.

Ein Interdikt so kurz nach dem Zusammenkommen der Großen des Reiches? Was war geschehen, wer hatte diese Strafmaßnahme verhängt, der Erzbischof von Mainz als päpstlicher Legat, Erlung gar selbst? Wer weiß! Der Hinweis auf dieses Interdikt im Kontext zu Erlungs Tod ist auf jeden Fall auch ein Indiz dafür, dass die Bürgerschaft der damaligen Metropole Würzburg schon nicht mehr bedingungslos gewillt war, jede Wendung und Laune der Großen einfach so mitzumachen, sondern sich mit Forderungen, Ansprüchen, Zielen bereits vernehmbar zu Wort meldete. Vielleicht war es während der Fürstenversammlung zu solchen Meldungen oder sogar handgreiflichen Auseinandersetzungen gekommen. Die Zünfte beziehungsweise die Angesehensten der vielen Berufsstände der Stadt waren bereits weit mehr als nur das gemeine Volk, welches Leben und Fortgang von Klerus und Adel erhielt. Vielleicht war es aber auch die vielschichtig in der Stadt vertretene fränkische Ministerialität (Landadel), welche zum Fürstenereignis als beispielsweise Mitglied des Domkapitels aufgemuckt hatte? Wer weiß! So ein Interdikt verfehlte seine Wirkung jedenfalls im frühen 12. Jahrhundert meistens nicht.

Der Kandidat von Heinrich V. für die Nachfolge Erlungs war schnell gefunden. Der junge Gebhard v. Henneberg sollte es werden, Sohn des

> Das Geschlecht der *Henneberger* geht im weiteren Sinne unter anderem auf die *Babenberger* zurück, welche in früheren Jahrhunderten bereits um Einfluss in Region und Reich gerungen hatten.

Würzburger Burggrafen Godebold II., dessen kaisertreue Grafschaft im Nordosten des Bistums nicht nur territorial viel Einfluss besaß. Gebhard befand sich zu diesem Zeitpunkt allerdings aus Studiengründen zur akademischen Bildung in Paris, dort erfuhr er von den aktuellen Ereignissen und Plänen um seine Person. Er reiste nach eigenem Bericht und anfänglichem Zögern zurück und wurde durch den Mainzer Erzbischof Adalbert geweiht. Das Domkapitel habe dabei seine Wahl unter Abwesenheit des Dompropstes Otto sowie des Domherren Rugger unterstützt. Soweit der Mix aus Bericht und Legende.

Tatsächlich ist historisch vieles unklar. Der Kandidat Gebhard v. Henneberg musste einfach nach kaiserlicher Investitur und dazu der Interessensstärkung seiner Partei gewirkt haben. Widerspruch und Gegnerschaft war geradezu vorprogrammiert. Wie kam es in dieser Gemengelage dann aber zur Weihe durch den Mainzer Erzbischof und Kaisergegner Adalbert? Aus Gründen der Raison, aus Druck oder Drohung vielleicht? Die Geschichtsaufzeichnung gibt es nicht aufklärend wieder. Im Bistum Würzburg selbst jedenfalls war der Fall damit noch nicht geklärt, eine Koalition aus Gegnern der immer mächtigeren Henneberger einerseits und der Kaiseropposition andererseits bildete sich, die den Neumünster-Scholastiker und Domherren Rugger in Münsterschwarzach oder an einem anderen Ort zum Gegenbischof wählte. Es kam sogar zu kriegerischen Auseinandersetzungen, die aufgrund der stehenden Truppen des kaiserlichen Burggrafen und den Mitteln der großmächtigen Grafschaft seines Bruders Poppos II. Henneberg für sich entschied. Er setzte sich vorerst in Würzburg durch. Dennoch gab es mit Rugger bleibend einen weiteren Bischof und damit ein kirchliches *Schisma,* schon wieder und nach dem Zeitlauf nur einer Generation erneut in Würzburg!

An diesem Schisma sowie an der damit verbundenen, unruhigen politischen Gesamtlage mag es gelegen haben, dass das Konkordat zur Beendi-

> Der Begriff „Schisma" bezeichnet zumeist religiöse Glaubensabspaltungen. – In der Geschichte berühmt ist das sogenannte „abendländische Schisma" zwischen 1378–1417, als zum Teil bis zu 3 Päpste gleichzeitig regieren. Es wurde auf dem Konzil von Konstanz beendet, das – einen großen Schatten auf Kommendes vorauswerfend – auch Johannes Hus verurteilte und verbrennen ließ.

gung des Investiturstreites 1122 schließlich in Worms und nicht in Würzburg geschlossen wurde. Dafür aber begann in der Stadt am Main um diese Zeit herum etwas, das die Welt seit beinahe 1000 Jahren nicht mehr gesehen hatte: der Bau einer großen Brücke über den mächtigen Strom komplett aus Stein! Ein Wagnis, an das sich seit Menschengedenken niemand mehr herangetraut hatte. Zwar gab es beispielsweise im fernen *Gellone* be-

> „Gellone" ist eine von Wilhelm von Aquitanien, einem Vetter Karls des Großen, 804 gegründete Abtei inmitten einer Schlucht der südlichen Cevennen, berühmt für ihr Skriptorium und die Buchmalerei. Gewisse Kontakte mit z. B. St. Burkhard, St. Stephan oder dem Neumünsterstift wären durchaus denkbar und damit auch das Wissen um die Brücke dort, erbaut zwischen 1025–1031. Heute heißt die Abtei mit dem umgebenden Dorf St.-Guilhem-Le-Desert und ist als Weltkulturerbe eine wichtige Station des südfranzösischen Jakobsweges.

reits eine mutige Steinbrücke, die sich über den Ausgang einer Schlucht in den Cevennen spannte, allerdings besaß diese nur zwei Pfeilerbögen geringerer Spannweite auf Felsuntergrund, welche nicht den Gewalten des Wassers ausgesetzt waren, und war in ihren Ausmaßen sowieso klein gehalten. Wer aber hätte in Würzburg von dieser oder den ein, zwei anderen kleinen Steinbrücken wissen können, die es irgendwo in fernen Regionen bereits gab? Was konnte den Ausschlag gegeben haben für ein solches städtebaulich einmaliges Abenteuer? Wer setzte es durch und traute sich an eine solche Aufgabe heran, das Ungeheuerliche zu wagen?

Fragen, deren Antworten leider weitgehend im Dunkel der Geschichte liegen geblieben sind. Fest steht aber, dass wir trotz mehrerer Wiederaufbauten, und zum Beispiel auch Veränderungen der Pfeilerkonstruktion vor allem flussaufwärts nach Süden hin, auch nach 900 Jahren noch immer den Main über diese beinahe unveränderte *Alte Mainbrücke* überqueren. Fest steht ebenfalls, dass sich zumindest die letzte der gestellten Fragen danach einigermaßen beantworten lässt, wer dieses gewaltige Abenteuer zu verantworten wohl bereit war. Es handelte sich um Enzelin, den wir im Zusammenhang mit der Erbauung von St. Gertraud in der Vorstadt Pleich bereits kennengelernt haben. Er war hierbei aber gewiss nicht der Baumeister, also der Konstrukteur der Brücke, sondern so etwas wie der Bauverwalter, der Organisator, der Oberaufseher, der Mann, der sich um die anfallenden Probleme kümmerte. Vielleicht war er so etwas wie der Leiter eines Konsortiums, das sich für den Brückenbau zusammengefunden hatte. Wir würden heute von einem Geschäftsführer, von einem CEO sprechen, der gegenüber den Gesellschaftern das Projekt verantwortet. Relativ gesichert existiert zum Bau der Alten Mainbrücke einzig eine Urkunde des Bischofs Embricho aus dem Jahr 1133, in der der „Laie Enzelin" als „Erbauer

> In Regensburg bezweifelt man die Echtheit und das Datum der Urkunde auch gerne einmal, denn man sähe die eigene Steinbrücke aus den 1140er Jahren gerne als die älteste ihrer Art in Deutschland. Ist aber nicht so, denn die Regensburger Brücke ist so etwas wie eine architektonisch bereits weiter entwickelte Blaupause der *Alten Mainbrücke* zu Würzburg. Trotz vieler nachgewiesener Fälschungen zur Zeit Embrichos lässt auch der Urkundenstreit – aus Gründen, die hier zu weit führten – im finalen Schluss keinen Zweifel am Datum zu.

unserer Brücke" bezeichnet und – verkürzt ausgedrückt – mit dieser Referenz zum Leiter der Dombauhütte bestellt wird, da in dieser Zeit an dem noch jungen Kiliansdom bereits umfangreiche Sanierungen notwendig wurden beziehungsweise die beiden Osttürme noch immer nicht aufgebaut waren.

Die Brücke war zu diesem Zeitpunkt also bereits fertig gestellt. Dies und andere Aspekte, wie etwa Techniken, Material oder damals übliche Baufortschritte führen dazu, dass man heute von einem Baubeginn um 1120 herum oder kurz danach ausgeht. So spannend wie unbeantwortet ist jedoch die Frage, wie es überhaupt zu dem Brückenbau kommen konnte, denn von Bischof Gebhard oder Kaiser Heinrich V. ist der Bau offenbar nicht ausgegangen. Dann nämlich würden weitere Urkunden, Kanzlei-Dokumente, Briefe existieren. Von daher die Vermutung, dass es zunächst sich um ein Bürgerunterfangen handelte, um beispielsweise einen weiteren Wettbewerbsvorteil gegenüber im Fernhandel konkurrierenden Städten zu schaffen. Der Mainübertritt war für den Waren- und auch Personenverkehr zu Lande keine Kleinigkeit, eine solide Steinbrücke über den immer wieder auch gefährlichen Strom würde den Standort Würzburg zu einem Muss und Drehkreuz allen Handels östlich des Rheins machen. Die damit feststehende Verbindung der Stadtteile zu beiden Seiten des Flusses war zudem gewiss das Sahnehäubchen obendrauf für die Akzeptanz der Bauumstände im allgemeinen Volk, dürfte aber für die Entscheidung zu diesem Abenteuer eine eher nachrangige Rolle gespielt haben. Ohne jeden Zweifel ein geradezu visionäres und pionierhaftes Unterfangen, dem Würzburg im Grunde bis in unsere Tage hinein viel zu verdanken hat. Vielleicht war Enzelin dieser Visionär, der das bürgerliche Brückenkonsortium aus Kaufleuten, Zunftherren, Domherren und klerikalen Unterstützern mit seinen Ideen zusammenbrachte, bei der Stange hielt und den eigentlichen Bau natürlich unermüdlich organisierend begleitete, bis es vollbracht war. Wir wissen es nicht, aber einiges spricht dafür. Sein Angedenken innerhalb der Stadtgeschichte von Würzburg ist gewiss nicht verschwendet.

Wie es auch immer zur Bauentscheidung unter welchen ursprünglichen Voraussetzungen gekommen war, bemerkenswert ist, dass die erbaute Brücke aufgrund der königlich zugestandenen Rechte anschließend unter die Verwaltung des Bistums fiel.

Der eigentliche Baumeister, der Architekt und Konstrukteur dieses neuen Wunders, das in gewisser Weise erstmals wieder an die großen Erfolge der Antike im Wegebau erinnert, ist unbekannt. Möglich, dass in den Lösungen der verschiedensten technischen Anforderungen mehrere Meister ihres jeweiligen Fachs zusammenwirkten.

Die größte und schwierigste Herausforderung war zweifellos das Verankern der insgesamt sechs mächtigen, direkt im Wasser stehenden Pfeiler tief im Untergrund des Flussbettes, damit sie nicht unterspült wurden sowie außerdem den Gewalten des Wasserdrucks standzuhalten vermochten. Eine technische Problematik und Naturgewalt gleichermaßen, an der zuvor schon anderenorts so mancher Versuch einer dauerhaften Brücke gescheitert war. Hierfür wurden zunächst mächtige Verschalungen aus schweren Holzbohlen bis hin zu massiven Baumstämmen um die Stelle eines Pfeilers herum in das Flussbett hinein getrieben, gegeneinander mit starken Eisenbändern und anderen Hilfsmitteln fest versteift. Anschließend schöpfte man das Wasser darin ab, sodass ein Hohlraum bis zum Grund des Flusses entstand. Dort begann nun weit unterhalb des Flusspegels die eigentliche Arbeit des Abschachtens in das Flussbett hinein, damit das Fundament des jeweiligen Pfeilers in genügender Tiefe entsprechend gelegt werden konnte. Das war eine lebensgefährliche Arbeit. Wasser drang trotz aller Bemühungen ein und musste fortlaufend mittels einer speziellen Konstruktion mit Tretrad auf der Plattform über dem Pfeilerbau abgeschöpft werden. Hielt dann eines der Spundwehre den Flussgewalten nicht stand, gab es unterhalb der Wasserlinie kein Entrinnen. Solche Vorkommnisse und Unfälle wird es gegeben haben, im Hohen Mittelalter berichten Chronisten immer wieder davon im Zusammenhang mit herausragenden Bauwerken. Dass das Aufmauern der massiven Flusspfeiler mit in Größe und Dichte nach einem ausgeklügelten Plan zum Teil unterschiedlichen Steinmaterialien schlussendlich gelang, ist eine nicht hoch genug einzuschätzende Leistung, welche auch für Status und Ansehen des damaligen Würzburg spricht. Überaus massiv berechnete Pfeiler mit etliche Fuß tiefen Fundamenten im Flussbett sowie auch relativ kurz bemessene Jochspanne zwischen den einzelnen Pfeilern brachten den Erfolg. Das Überspannen dieser Joche und Anlegen der stabil tragfähigen Fahrbahn sind zwar ebenfalls eine zu würdigende Leistung, entsprachen aber dem technischen Vermögen der Zeit. Nein, die Pionierleistung war hier unter Wasser zu finden. Nach fast 1000 Jahren führte eine neue Steinbrücke wieder sicher über einen großen Strom. Ab diesem Zeitpunkt wurden im Anschluss also wieder große Brücken gebaut. In Würzburg waren es 179 Meter Länge über 8 tragende Pfeiler hinweg, der Fluss war bezwungen.

> Wo die Leistung groß ist, ist auch der Neid groß. Nicht nur die Regensburger kratzen gerne einmal am Status der *Alten Mainbrücke*. Bei Bingen führt eine ebenfalls sehr alte Steinbrücke über die Nahe. Sie wird nach einem römischen Feldherrn Drususbrücke genannt und soll bereits im 11. Jahrhundert erbaut worden sein. Nicht immer eindeutig zu sagen, wie solche Datierungen zustande kommen, aber man darf sich z. B. in diesem Fall schon ein wenig über die tragende Verwendung von Klinker- beziehungsweise Backstein verwundern, der nach der Antike doch erst wieder im 13. Jahrhundert in Gebrauch kam, und zwar im fernen Norddeutschland.

Die steinerne Brücke verfehlte ihre Wirkung nicht. Würzburg gewann neben seiner politischen Reichsbedeutung weiter an Anziehungskraft vor allem für Handel und Handwerk hinzu und festigte im 12. und 13. Jahrhundert seine Stellung als eine der aufregendsten Metropolen nördlich der Alpen im Deutschen Reich. Das lag nicht allein an der Brücke, aber doch ein Stück weit auch an ihr. An der rechtsmainischen Rampe zur Brücke befand sich die Godehard geweihte Brückenkapelle, eine damals übliche Einrichtung, denn für lange Jahrhunderte zuvor war das Überschreiten einer Brückenkonstruktion, zumal mit einem schweren Warengespann, ein durchaus abenteuerliches Unterfangen. Da konnte ein wenig göttlicher Beistand von Nutzen sein, in Würzburg freilich war dies nicht vonnöten, sondern nur ein Brauch. In späteren Jahrhunderten soll der Fürstbischof die Kapelle persönlich genutzt haben, um sich vom weltlichen Herrscher in den geistlichen Amtsträger zu verwandeln, wenn er von der Festung herabstieg, um im Dom das Hochamt abzuhalten.

Lange trotzte das Bauwerk den Gewalten des Wassers. Schließlich brachte das sogenannte Magdalenenhochwasser vom 22. Juli 1342, eine Jahrhundertflut, die meisten der inzwischen maroden Bögen zum Einsturz. Die Mehrzahl der Pfeiler selbst trotzte aber den Wassern offenbar noch, sodass man sich mit immer wieder neuen Holzkonstruktionen weiter behalf. Ein Jahrhundert später aber, genau 1442, konnten einige Pfeiler einer erneuten Flut jetzt nicht mehr standhalten, brachen auf, wurden weggespült. Der Wiederaufbau gestaltete sich in der Folge langwierig, brachte auch diverse Streitigkeiten mit sich, war aber letztlich erfolgreich, da mit einigen wenigen Konstruktionsänderungen – zum Beispiel lenkten die Pfeiler in ihrer Form flussaufwärts nun den Wasserdruck seitlich durch die Joche geschickter ab – das Bauwerk fast unverändert bis heute fortbesteht, so wie es Meister Enzelin einst ins Werk setzte. Für eine Flussbrücke und ihren Auseinandersetzungen mit den Naturgewalten sehr selten. Die einstigen Brückentore rechts und links des Maines sind längst abgebrochen, temporäre, vereinzelte Brückenhäuschen existieren nicht mehr, ebenso wenig wie das Gedenkkreuz eines Mönchs der Kartause Engelgarten, die bereits angesprochene Brückenkapelle und eine Sonnenuhr, die es zeitweilig gegeben haben soll. Die Heiligenfiguren auf den Pfeilerplattformen sind indes seit 300 Jahren erhalten geblieben. Sie wurden ab 1725 unter den Fürstbischöfen Christoph v. Hutten und Friedrich Carl v. Schönborn geschaffen und aufgestellt. Der berühmte, zeitnah nach dem Bau der Brücke entstandene Reim „*Es führt über den Main eine Brücke von Stein, wer darüber will geh'n, muss im Tanze sich dreh'n*" drückt vielleicht zu gleichen Teilen das Wunder und die anhaltende Faszination der Brücke aus. Durch alle seither vergangenen Jahrhunderte hatten die Würzburger jeweils eine sehr besondere Beziehung und Bindung zu gerade diesem Bauwerk ihrer Stadt. Die aktuelle Tradition des Brückenschoppens, zu dem man sich allabendlich während aller Jahreszeiten trifft, zuprostet, das Leben ebenso feiert wie das genial einmalige Flusspanorama, ist dabei gewiss nur eine Ausprägung auf dem langen Weg durch die Geschichte der Brücke, aber gewiss nicht die Schlechteste, wenn man bedenkt, dass hier unter anderem auch öffentlich gerichtet und im Zuge von Ereignissen gestorben wurde. Dazu später noch das ein oder andere Wort.

DER JUNGE FRIEDRICH

Friedrich I., genannt Barbarossa

Für Bischof Gebhard v. Henneberg wurde es eng, nachdem Heinrich V. 1125 gestorben war. Zwar verstarb im gleichen Jahr auch der Gegenbischof Rugger, zwar besaß er natürlich nach wie vor die Unterstützung des Burggrafen von Würzburg, der sein Vater war, sowie auch die seines Bruders als Herr über die mächtige Grafschaft der Familie auf dem Gebiet des Bistums, aber deshalb war die alte Koalition gegen übermächtige Henneberger in Franken nicht geringer geworden.

Hinzu kam, dass nicht der von dem verstorbenen Kaiser favorisierte Staufer Friedrich zum neuen König gewählt wurde, sondern mit Lothar III.

Friedrich II. v. Schwaben, genannt der Einäugige, war der Vater Friedrich Barbarossas und eine Schlüsselfigur während des Aufstiegs der Staufer. Über seine Mutter Agnes war er – ebenso wie sein jüngerer Bruder, welcher als Konrad III. König werden sollte – eng mit dem Geschlecht der Salier verbunden, gehörte diesem aber nicht an. Als Herzog von Schwaben mehrte Friedrich die Familienbesitzungen in einer Weise, welche bereits unter Zeitgenossen regelrecht legendär war.

der Herzog von Sachsen. Dies entzog Gebhard die auch zuvor ohnehin schon gespaltene Reichsunterstützung. Es kam zu mehreren gar kriegerischen Auseinandersetzungen mit Tod und Zerstörung direkt in Würzburg. Zunächst konnte Gebhard sich in seiner Hauptstadt jedoch halten, verlor so aber auch den letzten Rest an Unterstützung aus der Bevölkerung. Er appellierte an Papst und König, Ende 1126 verhandelte er noch einmal mit dem in Würzburg persönlich erschienenen König und dem häufiger einmal die Seiten wechselnden Erzbischof Adalbert v. Mainz über seine Exkommunikation und wohl auch über die Verhinderung seiner Absetzung beziehungsweise eine Nachfolgewahl. Offenbar ohne Erfolg, offenbar aber auch ohne Niederlage. Im März 1127 gibt er schließlich auf, flieht zunächst zu Bischof Otto I. nach Bamberg und zieht sich dann auf die dort nahegelegenen Familiengüter zurück. Der bei seinem Amtsantritt noch junge Gebhard v. Henneberg war in seinem Würzburger Pontifikat gescheitert und verschwand aus der Stadtgeschichte. Aber nur für eine Weile, wir sehen ihn wieder. Und wie!

Spiegelgleich zur Auseinandersetzung um den Würzburger Bischofsstuhl war mit der Wahl Lothars III. der Kampf um das Königtum neu entbrannt. Der Staufer Friedrich war keineswegs gewillt, seine Wahlniederlage hinzunehmen, vor allem da Lothar außerdem diverse Güter der ausgestorbenen Salier als Königsbesitz einforderte, welche inzwischen unter Kontrolle der Staufer standen. Auch hier kam es zu diversen kriegerischen Auseinandersetzungen mit durchaus wechselndem Geschick. Friedrich verlor im Kampf dabei ein Auge und ging deshalb als der „Einäugige" in die Geschichte ein. 1127 aber verlor König Lothar mit seinen verbündeten Reichsfürsten eine große Schlacht um das damals staufische Nürnberg und floh in das von Mauern ja stark bewehrte Würzburg, indem zwischenzeitlich Bischof Gebhard bereits sein Amt und seine Macht aufgegeben hatte. Friedrich setzte nach und belagerte König und Stadt, die mit den Mannen Lothars darin nicht so einfach einzunehmen war.

Dieser Vorgang führt uns zu einem weiteren Momentum der Stadtgeschichte, welcher sich – aufgrund fehlender Quellenbeweise – kaum mehr als spekulativ beschreiben lässt und trotzdem gleichwohl in das Gedächtnis der Stadt eingegangen ist. Schildern wir also die narrative Überlieferung: Der Staufer Friedrich konnte nach der Niederlage des vor Nürnberg geflohenen Königs mit seinem Heer die Mauern von Würzburg nicht nehmen. Darum entschloss er sich, in Sichtweite vor der Stadt demonstrativ zu den, angeblich den feigen König durch seine Mannen lautstark verhöhnenden Kampf- und Ritterspielen, welche vielen als das historisch erste Ritterturnier auf deutschem Boden gilt. Eine später überaus erfolgreiche Tradition öffentlich in allen Ständen beliebter Veranstaltungen, welche durch die gesamte Epoche andauernd erst mit den Umwälzungen der Frühen Neuzeit ihr Ende finden sollte.

> In Frankreich, also der Entwicklung in den ehedem westfränkischen Herrschaftsgebieten, sowie in England waren Ritterspiele zuvor schon bekannt und beliebt. Friedrich mag davon gewusst und die Idee zu seinen Zwecken genutzt haben.

Vor den Toren Würzburgs aber blieb das Ereignis ohne weitere Konsequenzen, Friedrich konnte den König nicht stellen und zog schließlich ab. Der Machtkampf war weiterhin nicht entschieden und konnte sowieso nicht mehr zugunsten Friedrichs ausgehen, da dieser mit dem körperlichen Makel als „Einäugiger" für eine Wahl zum König nicht mehr infrage kam und damit auch nicht sein junger – ebenso wie der Vater – quirliger und schon in jungen Jahren einnehmend begabter Sohn, der ebenfalls Friedrich hieß.

Die Staufer aber vermochten Sieg und Rückschlag nicht zu stoppen. Der jüngere Bruder Friedrichs mit Namen Konrad, und für wenige Jahre unter Kaiser Heinrich V. schon einmal Herzog v. Franken, kehrte von seiner Pilgerfahrt ins Heilige Land zurück und übernahm mit Unterstützung Fried-

> Im Ergebnis des ersten Kreuzzuges war das „Königreich Jerusalem" entstanden. In der Folge hielten sogenannte Pilgerfahrten zum Heiligen Grab den Kontakt mit dem christlichen Abendland und mehrten zudem das öffentliche Ansehen eines solchen Pilgers. Auch Konrad profitierte von diesem Umstand.

richs nach und nach die Ambitionen der Staufer, ließ sich gar als Gegenkönig ausrufen. Ein vielleicht entscheidender Punkt, die Brüder arbeiteten gemeinsam am Projekt der Königsherrschaft. Und gehen sie bitte davon aus, dass Würzburg dabei im Ränkespiel und den Wägungen der Reichspolitik während der folgenden Jahrzehnte seine Rolle spielte. Und wie!

Der Welfe Lothar III. konnte sich behaupten, blieb aber ein vergleichsweise schwacher König, bis es ihm 1135 schließlich gelang, mit baierischer Unterstützung die Staufer zu besiegen. In Italien verwickelte er sich in komplizierte Auseinandersetzungen, erlangte aber 1133 gerade deshalb auch die Kaiserwürde, da er während eines mehrjährigen Papstschismas Innozenz II. aktiv unterstützte. Lothar starb 1137 nach einem weiteren Italienfeldzug, an dem auch der Staufer Konrad teilgenommen hatte, nun als Vasall. Als möglichen Nachfolger mag er seinen Schwiegersohn und Herzog von Baiern, Konrad den Stolzen, gesehen haben, da er diesem noch vor seinem Tod die Reichsinsignien überlassen hatte.

Zurück nach Würzburg. Nach der Amtsaufgabe beziehungsweise Flucht von Bischof Gebhard wurde 1127 der von dem Mainzer Erzbischof Adalbert sowie auch dem König unterstützte Embricho zu seinem Nachfolger gewählt. Damit waren die Verhältnisse um das Würzburger Bischofsamt wieder geklärt und beruhigten sich. Embricho entstammte wahrscheinlich einem sehr angesehenen Adelsgeschlecht im Rheingau und hatte wohl in Paris studiert. Vor seiner Wahl zum Bischof war er unter anderem in der königlichen Kanzlei beschäftigt gewesen. Ein Bildungsbischof mit offenbar großem diplomatischem Geschick, da es ihm gelang, Würzburg trotz seiner strategischen Lage zwischen den Fronten weitgehend unbeschadet aus dem Machtkampf zwischen Staufern und Welfen herauszuhalten. Nach dem Vorfall gleich zu Beginn seines Pontifikats, als der Staufer Friedrich König Lothar und die Stadt Würzburg 1127 belagerte, schien er so etwas wie das Vertrauen beider Seiten zu besitzen. Vielleicht fiel damals etwas vor, das den Staufer einerseits veranlasste, die Belagerung zu beenden und Bischof Embricho gleichzeitig verbunden zu sein, andererseits aber vor allem auch König Lothar rettete, der ihm weiterhin vertraute. Vielleicht war es der Appell an die Einsicht, dass ein Abnutzungskampf und die schließliche Zerstörung Würzburgs auf beiden Seiten kein intaktes Reich mehr zurückließe, das zu regieren sich noch lohnen könnte, vielleicht war es sogar das Wunder des Brückenbaus, das dies bewirkte. Man weiß es nicht mehr. Für Würzburg wurden es jedoch relativ stabile Jahre in ansonsten sehr unruhigen Zeiten. Als die Staufer nach dem Tod von Lothar III. tatsächlich die Königswürde erringen, ist Embricho wie selbstverständlich ein Gefolgsmann im engeren Zirkel des neuen Königs Konrad III., auch in dessen Vorgehen gegen Heinrich den Stolzen von Baiern. – Das spricht für ein schon länger anhaltendes Vertrauen des Königs. Schließlich fallen in das Wirken des Bischofs nicht nur die Fertigstellung der *Alten Mainbrücke* und Sanierungen des Domes, sondern auch die Gründung des Dietricher Spitals am heutigen Oberen Markt, die Ordnung von Pfarrgemeinden in der Diözese sowie die Gründung und Einrichtung diverser Klöster, von denen hier nur Kloster

Oberzell im Ordenszusammenschluss der Prämonstratenser und das schon angesprochene, linksmainische Schottenkloster der dem Kilianskult folgenden iroschottischen Mönche erwähnt werden sollen.

In diese Jahre der vergleichsweise ruhigen Entwicklung um Würzburg herum fällt 1130 jetzt auch der Moment, als mit Judith die Gattin des Einäugigen und im Machtkampf ehrgeizigen Stauferherzogs Friedrich II. von Schwaben starb. Judiths Sohn, der ebenfalls den Namen Friedrich trug und womöglich ob seiner roten Haarpracht bereits auffiel, war da ungefähr acht oder neun Jahre alt. Es ist nicht wirklich belegt, aber in historischen Laiengedanken durchaus nachvollziehbar, dass der alte Haudegen Friedrich nach dem Tod der Mutter den Sohn zur weiteren Erziehung in die sicheren und vor allem verlässlichen Hände des Bischofs von Würzburg gegeben haben mag. Dies würde gleich etliche spätere Umstände erklären: das nahtlose Vertrauen der Staufer zu Embricho, die linksmainische Existenz einer sogenannten Kaiserpfalz, vor allem aber die lebenslange Bevorzugung von Würzburg vor allen anderen Orten des Deutschen Reiches durch diesen Sohn. Beinahe ließe sich erstmals von einer Hauptstadt sprechen. Die Rede ist von dem Stauferkaiser Friedrich I., genannt Barbarossa!

Stellen wir uns das einmal vor. Klein Friedrich war ein hochadeliger Spross, der Sohn eines Mannes, der gemeinsam mit seinem Bruder verbissen um die Herrschaft im Heiligen Römischen Reich Deutscher Nationen rang. Kein später einmal vorgesehener König. Mitnichten, denn es würde die Linie des Konrad sein, die nachfolgte, wenn es denn überhaupt gelang, die Macht jemals zu erringen. Der Vater Klein Friedrichs war aus diesem Rennen ausgeschieden und unterstützte jetzt die Ansprüche des Bruders. Dem Sohn würde einst die Aufgabe zukommen, als in der Nachfolge des Vaters als Herzog von Schwaben und treuer Vasall die Ansprüche der Familie zu stärken. Unter diesen äußeren Grundvoraussetzungen hätte er in Würzburg vielleicht die Domschule besucht oder – wahrscheinlicher – unter der Fittiche eines angesehenen Kanonikers diejenige des Neumünster Stifts. Von dem jungen Barbarossa ist nun aber bekannt, dass er weder das Schreiben noch Lesen erlernte und ebenso wenig des damals sehr wichtigen Lateinischen mächtig war. Stattdessen besaß er vorzügliche Fähigkeiten in den Künsten des Jagens, Reitens und des Kampfes. Man möchte meinen, ganz so wie es für den Werdegang des jungen Mannes vorgesehen war, ... und sich gewiss mit seinen Neigungen traf. Wenn der junge Friedrich also nach dem Tod der Mutter einen bestimmten Teil seiner Jugend oder immer wieder längere Aufenthalte in Würzburg verlebte, so haben seine Mentoren und der durchaus bildungsaffine Bischof Embricho ihn nicht zur Schule gezwungen, sondern ebenso in den für ihn vorgesehenen Aufgaben bestärkt.

Friedrich Barbarossa, und nur einmal angenommen, das sei alles so gewesen, wird in diesen Jahren das aufregende Abenteuer der Brückenfertigstellung miterlebt haben, außerdem die gewaltigen Arbeiten der Dombauhütte, den Ausbau von Neumünster mit vielleicht dem Kreuzgang, dessen überdauerten und wieder aufgebauten Flügel wir heute im Lusamgärtchen, dem ehemaligen „Grashof", bewundern.

> Bei dem *Grashof* handelte es sich um ein kleines, ehemaliges Begräbnisareal für Mitglieder des Neumünster-Stifts im Nordosten der Kirche. Unter anderem berichtet vor der Mitte des 14. Jahrhunderts der Kanoniker Michael de Leone in seinem sogenannten Hausbuch, dass sich dort das Grab des Dichters Walther von der Vogelweide befände, das er beschreibt.

Auch den Bau der Schottenkirche St. Jakob mag er neben anderem in der Domstadt miterlebt haben. Und vielleicht war es sogar diese Gründung, die den Knaben beziehungsweise schon jungen Mann dazu bewogen haben mag, sich an dem Ort, den er inzwischen so sehr liebte und womöglich gar als so etwas wie Heimat betrachtete, ein ganz eigenes Refugium zwischen der linksmainischen Fischersiedlung und dem neuen Kloster dort auf dem Felsen aufzubauen. Leisten konnte er es sich, denn der Vater war schwerreich und die neue Brücke verband nun die Stadtteile zu beiden Seiten des Flusses in einer Einheit. Hatte er zuvor in dem alten Königshof Quartier genommen, so war er mit seiner selbst errich-

> Der ehemalige *Würzburger Königshof* ist nicht sicher belegt, sollte sich aber nordöstlich von Dom und/oder Neumünster irgendwo dort befunden haben, wo später „Hof Rannenberg" beziehungsweise „Hof Conti" entstanden.

teten Pfalz nun auch Herr seines eigenen kleinen Reiches in der Stadt. Diese später und vergleichsweise früh aus der Geschichte verschwundene Anlage – dazu später mehr in diesem Text – war möglicherweise gar nicht so repräsentativ ausgebaut, wie man es von einem Ort vermutet, den die Stadtgeschichte von Würzburg eine „Kaiserpfalz" nennt. Friedrich hatte sich an diesem Ort vielleicht nur einen Platz geschaffen, an dem er seine Jugend genoss und sich möglicherweise auch austoben konnte. – Allgemein wird angenommen, dass der untere Teil des im Wesen romanischen Glockenturmes der Deutschhauskirche mit der darin befindlichen Turmkapelle noch auf die Anlage der Kaiserpfalz Friedrich Barbarossas zurückgeht.

Das Areal der *Kaiserpfalz* fiel später als Schenkung an die Ritter des Deutschen Ordens, welche aus dem Kreuzzug hervorgingen, indem Friedrich Barbarossa starb. Der Erbe des Geländes war nicht der Sohn und Nachfolger Heinrich VI., sondern der Würzburger Fürstbischof.

Fest steht, dass es diesen Ort gegeben hat, und fest steht auch, dass der spätere König und Kaiser Friedrich Barbarossa die Stadt Würzburg unter allen Städten des Reiches bevorzugte, allein 18 Hoftage hielt er in ihr ab. Friedrich I. liebte und erhöhte Würzburg in außergewöhnlicher Art und Weise, wie es kein Herrscher in den Jahrhunderten des Reisekönigtums einem bestimmten Ort zuteilwerden ließ. Die These von Jugend und Prägung in dieser Stadt ist daher vielleicht mehr als nur eine Vermutung und kolportierte Legende.

DIE STAUFER

Friedrich II. mit seinem Falken

Lothar III. starb Ende 1137, Nachfolger sollte sein Schwiegersohn Heinrich der Stolze werden, der mit der einzigen Tochter Gertrud verheiratet und mächtiger Herzog von Baiern und Sachsen war. In seinem Besitz befanden sich bereits die Reichsinsignien. Zum König gewählt wurde jedoch in so einer Art Staatsstreich der Staufer Konrad III., und obwohl bei diesem Vorgang nebst Krönung so einiges nicht den vorgesehenen Traditionen entsprach, was zum Beispiel Wahl- und Krönungsort, Wahlteilnehmer und jeweils durchführende Bischöfe betraf, gewann Konrad sehr rasch die überwiegende Zustimmung der Großen im Lande sowie auch diejenige der Kirche. Ein Hoftag zu Bamberg bestätigte dies zwei Monate später und huldigte ihm. Im Grunde hatte Heinrich der Stolze selbst dafür gesorgt, dass der staufische Coup gelang, denn sein Hochmut und großspuriges Auftreten war den meisten Fürsten schlichtweg verhasst. Außerdem befürchtete die Kirche, dass der überhebliche Welfe sich nicht an das Wormser Konkordat zur Investitur halten würde; zum Zeitpunkt des Todes von Lothar III. waren viele wichtige Bistümer gerade vakant, darunter das Erzbistum Mainz. Embricho, der erfolgreiche Bischof von Würzburg, stand fest an der Seite des neu gewählten Königs und begleitete diesen wohl auch bei der einen oder anderen Angelegenheit.

Heinrich der Stolze aber wäre nicht der Patron seines Beinamens gewesen, wenn er sich so einfach zurückgezogen hätte. Wohl ließ er dem König die Reichsinsignien übergeben, verweigerte aber die pflichtgemäße Huldigung. Jetzt ging es um seine Herzogtümer Sachsen und Baiern, nur gegen Bestätigung der Herrschaftsgebiete und aller erworbenen Besitztümer würde er seine Anerkennung in der Huld leisten. Ach, man ahnt schon, was nun passieren musste. Auf einem weiteren, kurzfristig im königstreuen Würzburg einberufenen Hoftag – gut denkbar, dass der circa 16-jährige Barbarossa dabei ein Zeitzeuge gewesen war, verlor der Stolze zunächst Sachsen und einige Monate später auch Baiern. Der Konflikt schaukelte sich auf, sodass sich im Sommer 1139 an der Werra im heutigen Thüringen schließlich sogar Heere mit ungewissem Ausgang gegenüberstanden. Eine Schlacht jedoch wurde durch hochrangige Vermittlung vermieden, der Konflikt vertagt bis zum Hoftag im darauffolgenden Jahr, um Raum für Verhandlungen zu lassen. Dazu kam es nicht mehr, Heinrich der Stolze starb kaum 35-jährig. In Anbetracht der nun erst recht komplizierten Nachfolgeumstände lässt das viel Raum für Spekulationen, ist aber nicht unser Thema.

Der Mann hatte einen Bruder namens Welf VI. und einen Sohn, den wir alle aus der Geschichte als Heinrich den Löwen kennen. Welf beanspruchte nun das an einen Babenberger Gefolgsmann gegebene Herzogtum Baiern und der noch minderjährige Heinrich wiederum das Sächsische, welches dem Geschlecht der Askanier in Person von Albrecht dem Bären zugefal-

> Die *Askanier* sind ein Geschlecht des alten deutschen Hochadels aus dem Gebiet des heutigen Sachsen-Anhalt. Der Name geht zurück auf die lateinische Bezeichnung von Aschersleben. Die mit Abstand bekannteste Vertreterin der Askanier ist die russische Zarin Katharina II. die Große. Das heutige Haus von Anhalt geht auf die Askanier zurück.

len war. Zunächst erlitt Welf VI. eine verheerende Niederlage bei der Burg Weinsberg, nicht so sehr weit von Würzburg entfernt. Heinrich der Löwe –

> Den Vorfall bei der *„Burg Weinsberg"* kennt man aufgrund einer bekannten, damit verbundenen Anekdote: Die Ritterlichkeit verlangte es, dass man den Frauen der Burg nach erlittener Niederlage erlaubte, sich selbst mitsamt aller Habe, die zu tragen sie imstande waren, in Sicherheit zu bringen, bevor es mit dem Brandschatzen, Morden und Plündern losging. Die Frauen von Weinsberg trugen daraufhin ihre Männer davon.

zunächst vertreten durch seine Mutter und Großmutter – konnte sich dagegen in Sachsen beinahe überraschend behaupten und bekam das Herzogtum 1142 in einem Kompromiss zugesprochen. Später erhob er zusätzlich auch Anspruch auf Baiern, das sein Onkel Welf VI. ebenfalls nie aufzugeben bereit war. Einer der komplizierten Umstände der politischen

Feinheiten des Hohen Mittelalters ist es, dass Welf zwar immer wieder gegen Konrad auch kriegerisch in einer Art von Fehde vorging, diesen aber ab 1147 auf dem zweiten Kreuzzug bis Damaskus begleitete, wo er ihn wiederum aber verließ und heimkehrte. Selbst die Fehde besaß ihre freilich nirgendwo festgehaltenen Gesetze der Ritterlichkeit; allerdings blieb sie während der Herrschaft Konrads III. ungelöst.

Und wieder der fragende Gedanke danach, was all diese Reichsereignisse denn um Himmels nur mit Würzburg zu tun haben könnten? Nun, Friedrich Barbarossa – jetzt ein Mann von etwa 24 Jahren – war 1146 in der Nachfolge seines Vaters, Friedrich dem Einäugigen, Herzog von Schwaben geworden. In dieser Eigenschaft unterstützte er in der Auseinandersetzung um Baiern nicht etwa seinen königlichen Onkel Konrad, sondern Welf, welcher mütterlicherseits ebenfalls sein Onkel war. Im Zuge einer schiedlich friedlichen Vermittlung 1151 zwischen den verfeindeten Onkeln brachte Friedrich sich gewissermaßen in Stellung für auch höhere Aufgaben. Und das hat irgendwie schon mit Würzburg zu tun.

Konrad III. starb im Februar 1152 in Bamberg an den Folgen eines Fieberschubes der Malaria, an der er seit dem 2. Kreuzzug litt. Für den März darauf war eigentlich die Krönung seines noch unmündigen zweiten Sohnes mit ebenfalls dem Namen Friedrich geplant, zu der es aber nicht mehr kam. Konrad wollte zu diesem Zeitpunkt seine persönlichen Angelegenheiten unter anderem auch deshalb klären, weil erstens sein schon gekrönter Erstgeborener gestorben war, und er zum zweiten einen Zug über die Alpen plante, um dem aus Rom von der selbstbewusst erstarkten Bürgerschaft vertriebenen Papst zu Hilfe zu kommen. Diese Expedition sollte dem Haus der Staufer nun auch die Kaiserkrone verschaffen. Der Tod jedoch war schneller.

Konrad wurde als König und in seiner Herrschaftsausübung alles in allem schon von den Zeitgenossen sehr geschätzt. Das zeigt nicht zuletzt auch ein unmittelbar entbrannter Streit um seine Begräbnisstätte zwischen den Klöstern Lorch und Ebrach im Gebiet des Bistums Würzburg sowie

Das *Kloster Lorsch* bei der rheinhessischen Bergstraße ist mit der berühmten, aus dem ersten Jahrtausend erhaltenen Torhalle eine karolingische Gründung aus dem Jahr 764 n. Chr. und zudem bekannt für wichtigste Dokumente, Überlieferungen und Buchmalereien des jungen Mittelalters, etwa das „Lorscher Evangeliar" und den „Lorscher Codex".

Bamberg, das sich schließlich im Besitz des Leichnams kurzerhand durchsetzte.

Zu Würzburg hatte Konrad eine enge Bindung aufgebaut, indem die Stadt zum Schauplatz von insgesamt sieben Hoftagen wurde. Hierbei rief Bernard von Clairvaux in Würzburg im Namen des Papstes erfolgreich zu

> Bernard de Clairvaux, um 1090–1153, war ein Zisterzienser-Abt, Mystiker und beinahe schon fanatischer Kreuzzug-Prediger, der zahlreiche Schriften und Briefe hinterlassen hat. Sein Streit mit Abelard, dem vielleicht wichtigsten Vertreter der frühen Scholastik, beschäftigte bereits die Zeitgenossen auf das Heftigste. Jenen Abelard kennen Sie übrigens auch aufgrund seiner ebenfalls berühmt gewordenen, aber ebenso tragischen Beziehung zu Éloise.

dem schon angesprochenen 2. Kreuzzug auf, dessen wichtigster, freilich aber nicht übermäßig erfolgreicher Heerführer König Konrad wurde. Nicht unbedingt ein Segen für die Stadt, denn sich im Frühjahr darauf bei Würzburg sammelnde Kreuzfahrer begingen im Rausch der bevorstehenden Abenteuer zahlreiche Übergriffe und Gräuel gegen die jüdische Gemeinde. Wohl das erste Pogrom dieser Art, leider nicht das letzte. Ebenfalls in Würzburg war es geschehen, dass der König seine letzte Heerfahrt nach Rom beschlossen hatte, die er schließlich nicht mehr antreten konnte. Mit der Herrschaft der Staufer war Würzburg innerhalb weniger Jahre in das Zentrum des politischen Reichsgeschehens gerückt, wieder einmal. Dies mag der sichtbaren Verdeutlichung auf alte salische Traditionen geschuldet sein, sich aber auch durchaus mit äußerst günstigen infrastrukturellen Voraussetzungen für solche Großereignisse getroffen haben. Das können wir uns heute kaum vorstellen.

All diese Wahrnehmungen zu Konrad III. halfen auch seinem Nachfolger. Tatsächlich wurde nach kaum mehr als zwei Wochen in Frankfurt nicht der vom Vater zuvor als neuen Mitkönig vorgesehene, aber unmündige Friedrich gewählt, sondern dessen Vetter gleichen Namens und Herzog von Schwaben, der 30-jährige Friedrich Barbarossa. Ob er das für den Fall der Fälle – schließlich litt sein Onkel an der Malaria – schon so vorgeplant hatte, lässt sich nur vermutend darlegen. Tatsächlich erschien er zu diesem Zeitpunkt als die geradezu logischste Wahl. Der andere Friedrich war gerade acht Jahre alt, wer würde da mit welchen Zielen und Motiven tatsächlich regieren? Konflikte wären vorprogrammiert. Gleiches galt für den noch sehr jungen und stürmischen Heinrich den Löwen beziehungsweise seinen ehrgeizigen Onkel Welf VI. Barbarossa dagegen war beinahe zu gleichen Teilen ein Mitglied der so hart rivalisierenden Häuser der Staufer und Welfen. Ebenfalls ein Haudegen zwar, aber auch ein erfahrener und gestandener Mann. Bereits im Jahr zuvor hatte er einen tragfähigen Kompromiss zwischen seinen verfeindeten Onkeln vermittelt. Ihm trauten die Großen des Reiches zu, dass er einen solchen gangbaren Ausgleich auch als König zuwege brächte und so das Königreich befriedet halten würde. Tatsächlich war die Königswahl Barbarossas eine der raschesten, einmütigsten und unumstrittensten seit langer Zeit, den Voraussetzungen nach erstaunlich.

Einer der prominenten Unterstützer der Wahl des neuen Königs war der Würzburger Bischof Gebhard v. Henneberg. Dieser war 1150 nach 23 Jahren erneut auf den Bischofsstuhl gelangt, nachdem er diesmal in relativer Eintracht die Wahl dazu gewonnen hatte und nicht – wie damals 1122 vom König noch investiert worden war. Ein mögliches Argument seiner Wahl mag angesichts der zu dieser Zeit jährlich in Würzburg stattfindenden Hoftage die entsprechende Finanzkraft derer zu Henneberg gewesen sein. Auch wirtschaftliche Aspekte hatten längst begonnen eine Rolle für das Würzburger Pontifikat zu spielen, was für viele Jahrhunderte immer wieder einmal von Bedeutung bleiben sollte. Gebhard machte sich nun in der Tradition seiner Vorgänger – aber auch Nachfolger zugleich – stark für den Staufer Barbarossa und befand sich damit auf der erfolgreichen Seite.

Barbarossa, jetzt Friedrich I., handelte überwiegend klug, erfüllte Lehenswünsche und Rechtevergaben, baute sie an anderer Stelle je nach politischer Konstellation aber auch zurück. Weder Heinrich der Löwe noch Welf VI. erhielten zunächst das begehrte Herzogtum Baiern, aber Welf wurde sehr zu seiner Zufriedenheit mit italienischen Besitzungen und Titeln ausgestattet, während der junge Löwe beinahe mehr als nur diverse Vorrechte im nördlichen Kernland zugestanden kam und wohl zugleich wusste, dass die Sache mit dem Herzogtum Baiern für ihn noch nicht vom Tisch war. Des Weiteren waren viele Detailregelungen recht kompliziert, wie sie etwa die Angelegenheiten des Askaniers Albrecht des Bären betrafen. Nicht alle Umstände regelte der neue König glücklich, aber er setzte sich im Großen und Ganzen doch sehr erfolgreich als akzeptierter König durch.

Konfliktpotential ergab sich hauptsächlich südlich der Alpen. Orte und Städte waren schon lange vor Barbarossas Herrschaftsantritt im inneren Aufstand abgefallen und hatten bürgerliche Selbstverwaltungen hauptsächlich im Interesse erstarkender Händlerfamilien gebildet. Das oberitalienische Mailand spielte in dieser Hinsicht eine besondere Vorreiterrolle, aber auch die Bürgerschaft Roms hatte Papst Eugen III. vor unlösbare Probleme gestellt, denen König Konrad noch hatte begegnen wollen. Für all das war im Grunde der pflichtvergessene, bereits lange zurückliegende Investiturstreit zwischen Kaiser und Papst verantwortlich, der die Ausformung eines Eigenbewusstseins der das Reich ja letztlich tragenden Bürgerschaft geradezu befeuerte. Nun war es an Barbarossa, den Auswirkungen und Konsequenzen zu begegnen. Das tat er selbstverständlich aus der Perspektive des hochmittelalterlichen Herrschers heraus und nicht im Sinne einer Soziallehre, wie wir sie heute empfinden. Barbarossa zog 1154/55 erstmals gen Italien, um die Herrschaftsansprüche des Heiligen Römischen Reiches wiederherzustellen, zu ordnen und zu konsolidieren, auch sollte das nach dem Papstschisma von 1130 im Süden Italiens entstandene Königtum der Normannen wieder vertrieben werden.

Ein Nebeneffekt dieser Expedition war die mit dem aus England stammenden und inzwischen regierenden Papst Hadrian IV. vereinbarte Kaiserkrönung Barbarossas. Diese kam trotz diverser diplomatischer Schwierigkeiten zustande, wurde aber durch römische Bürgerattacken angegriffen, nachdem der jetzt frisch gekrönte Kaiser Angebote der römischen Bürger zurückgewiesen hatte, ihn stattdessen nach antiker Tradition durch den Senat der Stadt zum Kaiser zu erklären. – Wäre er auf dieses Angebot eingegangen, hätte sich die europäische Geschichte bis in unsere Gegenwart hinein wahrscheinlich vollkommen verändert entwickelt. Barbarossa jedoch sah sich natürlich in der Tradition Karls des Großen und musste solches Ansinnen sowieso von sich weisen.

Im Zuge der Attacken auf die Krönung und den Kaiser tat sich bei der Engelsbrücke Berichten zufolge sein Vetter Heinrich der Löwe in besonderem Maße tapfer hervor. Den weiteren, vorgesehenen Heereszug gegen die Normannen im Süden ließ man jedoch ausfallen und kehrte in die Kernlande des Kaiserreiches zurück, auf Druck der mitziehenden Fürsten heißt es gemeinhin in der Geschichtsschreibung. Vielleicht aber war es auch, weil die entscheidenden Ziele schon erreicht worden waren: vorläufige Klarstellung der Reichsherrschaft in den italienischen Territorien und vor allem auch die Kaiserwürde! Barbarossas Onkel Konrad hatte sie nicht erlangt, dessen Vorgänger Lothar erst sehr spät und die davor regierenden Salier mussten sie sich mehr oder weniger nach Jahren gewaltsam sogar erpressen. Ihm, Friedrich I., genannt Barbarossa, fiel sie nun jedoch bereits zu Beginn seiner Herrschaft und in aller Freiwilligkeit durch das Papsttum zu.

Wohin aber führte nun der kaiserliche Weg? Sie ahnen es: Er führte nach Würzburg! – Und schon wieder ein ‚und wie!'. Noch heute sehen wir es jeden Tag in der Kunst verewigt.

KAISERHOCHZEIT

Kaiserhochzeit in der Residenz

Von seiner ersten Frau, Adela, trennte sich Barbarossa 1153 in Konstanz, also einem Hoftag, der nicht in seiner Lieblingsstadt Würzburg stattfand, auf etwas unrühmliche Weise. Angeblich war sie nach den Kirchengesetzen zu nahe mit ihm verwandt, tatsächlich aber dürfte die zuvor jahrelange Kinderlosigkeit der entscheidende Anlass gewesen sein. Als König spielte nun die dynastische Verantwortung wohl so ihre Rolle, dazu kam vielleicht auch, dass die Abkunft von Adela jetzt nicht mehr ganz standesgemäß war. Der einst junge Friedrich hatte damit rechnen können Herzog zu werden, König- und Kaisertum waren in seinen jungen Jahren jedoch außerhalb von Sicht- und Reichweite. Das hatte sich zum Zeitpunkt des Ablebens von Konrad III. gewandelt. Sein Verhalten gegenüber der Ehefrau kommt uns heute gewiss sehr treu- und ehrlos vor, da es den Anschein hat, dass Barbarossa seine Frau angesichts der neuen Karriere einfach fallen ließ. So war es aber möglicherweise nicht. König Konrad hatte die beiden aus Reichsinteressen heraus verheiratet. Wahrscheinlich ist, dass da überhaupt nichts Gemeinsames lief, denn die Überlieferung kennt die beiden als Paar praktisch nicht. Friedrichs Königtum war daher eventuell mehr eine Chance für beide unglückliche Ehepartner denn ein Verstoßen der ungeliebten Frau. Manche vermuten einen Ehebruch Adelas, denn sie wurde nicht – wie damals eigentlich üblich – ins Kloster geschickt, sondern heiratete kurz nach der Scheidung weit unter ihrem Stand erneut und bekam nun Kinder. Von einer vermuteten Unfruchtbarkeit konnte also keine Rede sein, eher schon davon, dass Friedrich ihr nicht beiwohnte oder durch sonstige Maßnahmen dem Nachwuchs aus dem Weg ging.

Als römisch-deutscher König und Kaiser heiratete der circa Mittdreißiger Friedrich Barbarossa im Frühsommer 1156 dann den vielleicht 15 oder 16-jährigen Backfisch Beatrix von Burgund. Für den frisch gebackenen Kaiser eine sehr standesgemäße Verbindung, welche die Interessen seiner Herrschaft rein politisch fördern würde, brachte die junge Beatrix als Erbin des verstorbenen Vaters doch die reiche Freigrafschaft Burgund mit in die Ehe.

Aber da war noch mehr. Das im Hohen Mittelalter riesige wie auch einmalige Ereignis der Kaiserhochzeit fand unter großer öffentlicher und europaweiter Aufmerksamkeit in Würzburg statt. Allein die materiellen Dimensionen werden dabei jedes Maß allen bisher Dagewesenen gesprengt haben. Neben den Großen des Reiches kamen Erzbischöfe, Fürsten, Grafen und Reichsritter in die Stadt, ja selbst eine Gesandtschaft aus England mit Geschenken – von einem prächtigen Kaiserzelt ist die Rede – sowie natürlich derer aus verschiedenen oberitalischen Städten trafen ein. Und sie kamen alle nicht allein, sondern mitsamt ihrem Gefolge. Weit mehr als 500 Personen werden es wohl gewesen sein, die unterzubringen und zu beköstigen waren. Dazu die Tiere und unzählige Gaukler sowie Spielleute. Und das war nicht billig: pro Tag 10 Kühe, 130 Schweine bzw. Ferkel, 200 Hühner und Gänse, 1000 Eier, 100 große Käselaibe, fünf Tonnen Getreide (Brot) und Hafer (Versorgung der Tiere), je 2000 Liter Wein und Bier. Getragen hat den Aufwand dieser sowieso sehr unvollständigen Liste der gastgebende Bischof Gebhard v. Henneberg.

Die Engländer lagerten möglicherweise außerhalb der Stadtmauern, andere Gäste brachte man wie zu gewöhnlichen Hoftagen in den Domherrenhöfen unter, den sogenannten Kurien, die östlich um das Areal des Domes herum verteilt lagen. Unzählige Mägde und Knechte mussten aufgeboten werden, um das Ereignis zu versorgen, auch Handwerker, Metzger und vieles mehr. Der logistische Aufwand war gewaltig, ebenso derjenige zur Aufrechterhaltung der Ordnung, denn es lässt sich unschwer vermuten, dass dies auch ein Fest der Beutelschneider gewesen sein dürfte. Und nicht nur die Edlen kamen. Wer es sich irgendwie leisten konnte, machte sich auf den Weg. Marktleute, Händler, Umherziehende, sowieso auch Bauern, Kleinadelige oder Begüterte der umliegenden Region. Ein Geschäft war zu machen wie zu königlichen Hoftagen auch, aber vor allem gab es die neue Königin zu sehen, von der es hieß, dass sie die wahrscheinlich anmutigste und schönste Frau der Welt sei. Den Rotbart bekam man gerade hier immer wieder einmal zu Gesicht, aber eine Sensation wie Beatrix von Burgund? Das musste man mit eigenen Augen gesehen haben! Die Stadt platzte aus allen Nähten.

Zum 17. Juni 1156, dem Tag der Kaiserhochzeit, hatte sich Würzburg herausgeputzt. Fahnen und Standeszeichen überall. Von der linksmainischen Kaiserpfalz zog der Hochzeitszug über das Wunder der großen steinernen Brücke in die Stadt ein und die zentrale Marktstraße zum gewaltigen Kiliansdom hinauf, das Brautpaar und die Edelsten der Begleiter hoch zu Ross, andere vielleicht zu Fuß. Auch der Kaiser zeigte seine Farben, ebenso Beatrix die ihren. Eine größere Pracht hatte es bis dahin in Würzburg nie gegeben, wohl auch nicht an einem anderen Ort im Reich. Das entlang des Zuges dichtgedrängt stehende Volk jubelte Braut und Bräutigam zu, Bischof Gebhard empfing das Paar auf oder vor den Stufen, die zum Portal seiner mächtigen Hauptkirche hinaufführten. Die Hochzeit selbst wird dann unter Verwendung allen liturgischen Zeremoniells in der Zeugenschaft des überfüllten Gotteshauses stattgefunden haben. Schwer zu sagen, wie lange dies zusammen mit Fürbitten und kurz gelesener Messe gedauert haben mag. Vermutlich nicht so lange, denn das Volk wartete darauf den frisch Vermählten zujubelnd zu huldigen. Vor dem Kiliansdom zeigte man sich noch einmal den Massen, dann begann die mehrtägige Sause der Hochzeitsfeierlichkeiten.

Der Hof Katzenwicker, in dem die Hochzeitsgesellschaft zusammenkam, war der mit Abstand größte Hof Würzburgs direkt im nordöstlichen Eck

> Der *Hof Katzenwicker* befand sich ungefähr dort, wo sich heute das Areal des ehemaligen Mozartgymnasiums befindet. Seine Ausdehnung reichte nach Osten in etwa bis zum Beginn des Residenzvorplatzes und nach Norden bis hinüber zur dortigen Theaterstraße. 1172 erwarb Barbarossa den Hof Katzenwicker, um dort Hoftage abzuhalten.

des Bischofshutes der alten, damals intakten Stadtmauer. Er besaß ein Herrschaftshaus mit Halle, diverse Wirtschaftsgebäude, Tore sowie große Freiflächen und befand sich im Besitz der bereits seit ungefähr 100 Jahren als königliche Burggrafen eingesetzten Familie der Henneberger, deren angesehenstes Mitglied kein geringerer war als der amtierende Bischof selbst. Glückliche und logistische Umstände, die neben seiner persönlichen Bindung zu Würzburg sicher auch dazu beitrugen, dass er diesen Ort für das in aller Herrlichkeit inszenierte Ereignis auswählte: Gebhard war während seines zweiten Pontifikats geradezu bis zur Selbstaufgabe loyal gesinnt gegenüber den staufischen Herrschern Konrad III. und Friedrich I., es war ihm an der Grenze des Machbaren immerhin möglich, die exorbitanten Kosten irgendwie zu stemmen, und er verfügte über entsprechenden Raum und Logistik, dazu kam die Brücke über den Fluss sowie der perfekte Einzug in die Stadt bis zu dieser riesigen, geradezu bis in den Himmel aufragenden Domkirche als Ort der Trauung im Herzen der Stadt. Außerdem war die Bürgerschaft traditionell königstreu eingestellt und Würzburg ohnehin an der geostrategisch wichtigen Schnittstelle zwischen mächtigen Herzogtümern wie Sachsen und Baiern gelegen. Barbarossas Wahl für den Ort des Ereignisses war eine logische, heute würde man sagen eine pragmatische.

Die nachfolgenden Feierlichkeiten dauerten mehrere Tage an. Spiel und Tanz, Turnier und Wettbewerb, natürlich auch Gelage und Völlerei. Man tafelte an langen Bänken im Katzenwicker, Spielleute musizierten, Gaukler und Troubadoure traten belustigend auf, Herrscher und Herrscherin gewährten am exponiert aufgebauten Platz Huld und Gunst. Reiterspiele und ein zu Ehren des Hochzeitspaares ausgetragenes Turnier mag auch hier außerhalb der Mauern stattgefunden haben am sogenannten Rennweg. Vielleicht hatte es die englische Gesandtschaft veranstaltet, welche dieser Tradition damals bereits eng verpflichtet war. Für das Volk von Stadt und Umland gleichwohl eine willkommene Gelegenheit an den Feierlichkeiten teilzuhaben.

Trotz aller Pracht und allem Pomp waren diese Tage im Juni auch so etwas wie ein Hoftag für den Kaiser und seine Königin, viele politische Gespräche wurden geführt. Insbesondere die Vertreter mehrerer oberitalienischer beziehungsweise lombardischer Städte führten Klage gegen Bestrebungen Mailands, das Ehre und Tradition des Reiches verletze und missachte. Das waren sehr ernste Themen, die in der Folge zu weiteren Italienzügen und Auseinandersetzungen führen sollten. Während der in Würzburg zusammengekommene Hof ausgelassen feierte, behielten der Kaiser und wohl auch seine Königin einen kühlen Kopf, sie gingen sogleich ihrer Aufgabe nach und widmeten sich auch jetzt den anstehenden Regierungsgeschäften.

Die Kaiserehe wurde zu einer erfolgreichen und offenbar innigen Verbindung. Zehn Kinder gingen aus ihr hervor, die in der Geschichte auch so ihre Rolle spielten. Die beinahe zwanzig Jahre jüngere Beatrix spielte nicht nur die schöne Frau an der Seite eines mächtigen Herrschers, sondern erwies sich als selbstbewusste, überaus kluge Ratgeberin und Mitregentin, die sehr erfolgreich auch ihren eigenen Hof führte und von der die Regentschaft Barbarossas sichtbar profitierte.

Und noch in einer anderen Hinsicht erwies sich die Würzburger Hochzeit von Bedeutung. Sie nahm in den höheren Ständen einen großen Einfluss auf das gesellschaftlich kulturelle Leben sowie auf die damit verbundene Kunst und Literatur. Wieder einmal aus Frankreich kommend – erinnern wir uns für einen Moment an das jetzt schon sehr beliebte Tjosten im Rahmen ritterlicher Turnierspiele – hielten Minnesang und Romanliteratur als höfische Epik nach und nach auch ihren Einzug im Römischen Reich. Gut möglich, dass Beatrix hieran einen gewissen Anteil hatte, zumindest wird sie dem gewiss nicht entgegengestanden haben.

Barbarossa selbst las und schrieb zwar nicht, aber viele andere taten es, denn bis in den niederen Adel hinein besuchten die Sprösslinge nun diverse Schulen, die es im Rahmen kirchlicher Träger immer zahlreicher gab, im Allgemeinen handelte es sich um eine Kloster- oder Pfarrschule. Gerade in Würzburg bestand daran kein Mangel, insbesondere berühmt sind die Domschule und diejenige des Neumünster-Stifts, zuvor vom 9.–11. Jahrhundert auch St. Burkard. Und nicht nur die Abkömmlinge adeliger Familien besuchten solche Schulen, auch die Kinder von Kaufmannsfamilien und angesehenen Mitgliedern der zahlreichen Zünfte schickte man je nach vorgesehener Zukunft. Buben zu den Mönchen, Mädchen – ja, auch Mädchen besuchten Klosterschulen, wenn auch nicht so zahlreich – zu den Nonnen; in Würzburg vielleicht zu den Benediktinerinnen von St. Afra, das mittlerweile im Nordosten vor den Stadtmauern sehr erfolgreich gegründet worden war. Lesen, Schreiben, Rechnen, Grundlagen des Lateinischen sowie vielleicht auch der „Septem artes Liberales", der sogenannten Freien Künste, waren zunehmend ein Schlüssel für wichtigen wirtschaftlichen Erfolg und eventuell auch sozialen Aufstieg geworden. Häufig war dies auch für nachgeborene, nicht erbberechtigte Kinder eine Aussicht auf das ernährende Einkommen.

Jetzt hatte in Würzburg also diese Hochzeit zwischen dem mächtigsten Herrscher Europas und der schönsten Jungfrau der Welt stattgefunden. Wandernde Spielleute berichteten und sangen davon, trugen Herrlichkeit, Pracht, Größe, betriebenen Aufwand, Jubel, Feierlichkeiten und natürlich nicht zuletzt den Glanz von Braut und Bräutigam bis in die letzten Winkel des Reiches und darüber hinaus. Fand nun anderenorts ein festliches Ereignis statt, so wurden in der Begleitung der Sänger schon bald Vergleiche gezogen. Die Sache konnte nur dann von wahrhaft hoher Bedeutung und zur Ehre gereichender würdiger Pracht sein, wenn sie auch vor der Würzburger Kaiserhochzeit bestand. Gewissermaßen wurde im hochadeligen Umfeld die Latte dessen, was ein gesellschaftlich hochrangiges Ereignis ist, von einem Moment zum anderen um mehrere Stufen heraufgesetzt. Barbarossa und Beatrix haben so auch politisch zusätzlich von den Umständen ihrer Vermählung profitiert, wie sie Bischof Gebhard ausgerichtet hatte. Der Kaiser wusste darum und würdigte dessen zum Teil ruinösen Einsatz und Dienstfolge in späteren Jahren immer mal wieder.

Mit dem Vermögen des Lesens über den geistlichen Stand hinaus entstand nun auch vermehrt also die Versepik in mittelhochdeutscher Sprache. Hierin hat sich die Würzburger Kaiserhochzeit durch die Zeiten erhalten, wie sie leider im Minnesang weitgehend verloren ging, weil schriftliche Niederlegungen erst später erfolgten, und auch dann nur vereinzelt. Damals unfassbar wertvolle, oft nur für den jeweiligen Dienstherrn abgefasste Buchoriginale verbreiteten sich in zunächst wenigen, selbstverständlich handschriftlichen Kopien, wurden weitergereicht, gingen von Hand zu Hand und waren auch aufgrund ihrer Seltenheit in aller Munde. Heinrich von Veldekes deutsche Fassung des französischen Eneasromans ist noch zu Lebzeiten Barbarossas ein Beispiel, auch der in großen Teilen wohl in unmittelbarer Nähe zu Würzburg auf der Burg Wertheim entstandene Parzival und ebenso die Tristan-und-Isolde-Version des Gottfried von Straßburg. Sie alle nehmen zu dramaturgisch exponierten Höhepunkten vergleichenden Bezug zur Würzburger Hochzeit und liefern dabei mitunter sehr fantasievolle Beschreibungen ab.

In dieser Konsequenz gewiss nicht geplant, befeuerte das Würzburger Ereignis der Kaiserhochzeit den Erfolg von Minne und profaner Literatur in einer Art und Weise, welche indirekt möglicherweise noch Einflüsse auf unser Leseverhalten sogar heute ausübt beziehungsweise gewisse Entwicklungen dahin ermöglichte. – Jedenfalls doch bis hin zur Erfindung des massentauglichen Internets in jüngster Zeit mitsamt seinen so „smarten" Endgeräten.

GÜLDENE FREIHEIT

Verleihung der Güldenen Freiheit

Bischof Gebhard blieb nach der Würzburger Hochzeit treu an der Seite seines Kaisers. Im Grunde so, wie er ein ganzes Lebensalter zuvor schon den Interessen des Saliers Heinrich V. gedient hatte. Er folgte Barbarossa mit Dienst und weiterem materiellem Einsatz nach Polen und 1158 auch nach Oberitalien, wo es erneut um den Konflikt mit Mailand und dessen bürgerlichem Selbstbewusstsein ging. Der Kaiser obsiegte in Belagerung und Verhandlungen, Gebhard jedoch verließen die Lebenskräfte ob der italischen Sommerhitze und den Bedingungen des Feldes. Nach Krankheit und Schwächung kehrte er in seine Hauptstadt nördlich der Alpen und Baierns zurück, wo er kurz darauf im Ausgang des Winters 1159 verstarb. – Die Würzburger Stadtgeschichte behält ihn vor allem deshalb im Gedächtnis, weil in seine beiden Pontifikate so wichtige Meilensteine wie das Erschaffen der *Alten Mainbrücke* und eben auch diese enge Bindung an das Herrschergeschlecht der Staufer fallen. Dazu die *Kaiserhochzeit* von 1156, deren kulturell maßgebende Einflüsse wir heute zwar nicht mehr bewusst in uns tragen, aber dennoch mit jedem Tag auf die eine oder andere Weise noch leben.

Auf Gebhard folgte Heinrich von Stühlingen, welcher ebenfalls treu und eng an der Seite Barbarossas blieb und die Unternehmungen des Kaisers mit seinem Reichsdienst unterstützte. Allerdings brachte dies Bistum und Hochstift auch an den Rand des Ruins, denn Heinrich standen ja nicht mehr die Mittel der hennebergischen Besitzungen zur Verfügung, wie Gebhard sie gewiss noch genutzt hatte. Nicht nur die nach wie vor nach Würzburg kommenden Hoftage verschlangen Unsummen, auch und vor allem die kostspieligen Unternehmen des Kaisers taten es, wie etwa der erneute Italienzug. Der Bischof hatte eine bestimmte Zahl voll ausgerüsteter Ritter – es mochten vielleicht 60 oder 70 gewesen sein – samt ihrer Mannschaften und Trossversorgung zu stellen. Das hört sich nach weniger an, als es tatsächlich war, eine solche Expedition konnte sich über viele Monate oder gar Jahre hinziehen. Heinrichs Finanznot war jedenfalls so groß, dass er an die Würzburger Domherren appellierte, sich zusätzlich zu beteiligen. Anderenfalls drohe entweder Ruin oder Verlust der kaiserlichen Gunst. Schließlich lieh er sich zuletzt auch noch eine nicht unbedeutende Summe bei den Würzburger Juden.

Es mag an dieser Erfahrung gelegen haben, dass er offenbar auch intensiv darüber nachdachte, wie das Finanzproblem des Bistums gelöst werden und er dennoch den Verpflichtungen gegenüber König und Kaiser nachkommen könnte. Dazu müssten die Einnahmen massiv ausgebaut werden; nicht nur ein begrenztes Recht hier und eine Schenkung da, wie Barbarossa sie im Wissen um die Lasten Würzburgs ja immer schon einmal gewährte. Nein, es müsste etwas anderes sein, etwas Großes. Die verwegene Lösung hieß: Errichtung eines neuen Herzogtums! Hatte der Kaiser ohnehin nicht schon längst damit begonnen, die alten Stammesterritorien neu zu ordnen, als er das Herzogtum Österreich von Baiern trennte, bevor er letzteres dem Löwen gab? Er, Heinrich II. von Würzburg, würde Barbarossa nun eine weitere Lösung anbieten, welche dessen politischen Interessen zwischen Sachsen und Baiern in der gleichen welfischen Hand entgegenkommen musste: ein Territorialherzogtum Ostfranken ganz im Sinne alter Überlieferung und alten Rechtes! Dessen herrschaftliche Befugnisse würden dann weit über die Grenzen der Diözese und des Bistums hinausreichen und zum Beispiel über die Zentgerichte sowie vieler weiterer Dinge mehr als genug der notwendigen Einnahmen generieren. Hinzu käme der gewaltige Ausbau der reichs- wie kirchenpolitischen Bedeutung des Bistums mitsamt seinem Amtsträger, da er unter anderem auch richterliche Gewalten in den Bistümern Bamberg und Mainz erlangen würde, ebenso wie über die vielen zerfaserten Grafschaften der Großregion. Der Kaiser seinerseits würde doppelt gewinnen, indem er mit dem erwiesen königstreuen Würzburg aus vielen, mithin unsteten Gesellen einen verlässlichen Partner machte und dazu einen territorialen Riegel zwischen Sachsen und Baiern nach seinem Interesse schuf. Wie gesagt, eine verwegene Lösung.

Und Heinrich war gewillt, diese durchaus gründlich vorzubereiten. Er ging nicht etwa zu Barbarossa und präsentierte seine ja tatsächlich politisch vorteilhafte Idee, sondern er ließ durch einen schriftkundigen Kanoniker des Neumünsterstifts namens Heinrich v. Wiesenbach, welcher – und dies verwundert anhand bald jährlich in Würzburg abgehaltener Hoftage nicht – zudem auch als Pronotar für die Kanzlei des Kaisers tätig war, sich also gut mit Königsurkunden auskannte, drei neue alte Urkunden als glaubwürdige Fälschung verfertigen, die sich auf alte Herrscher nach der Jahrtausendwende bezogen. Darunter der Salier Konrad II., welcher dem Bistum tatsächlich umfangreiche weltliche Rechte zugestanden hatte, die im Territorium des reinen Hochstifts innerhalb des durch diverse Graf- und auch Ritterschaften ansonsten zerfransten Bistums auch ausgeübt wurden – offenbar ohne noch vorhandene Beurkundung, sondern aus allgemein bekannter Tradition. Hierauf ging neben vielem anderen der so erfolgreiche Markt von Würzburg zurück und letztlich auch Kiliani. Möglicherweise hat auch das Fehlen von unanfechtbaren Urkunden zu für das Bistum so überlebenswichtigen Ausübungsrechten mit dazu geführt, das wahrlich dreiste Abenteuer einer Fälschung diesen Ausmaßes zu wagen. Vielleicht trieb den Bischof die nackte Angst um, dass alles zusammenbrechen würde, wenn zum Beispiel der Kaiser selbst aus eigenem Geldmangel heraus Rechte zurückfordern würde, die ihm ohne anders lautenden historischen Beweis zustanden. Der Würzburger Bischof ging aufs Ganze. Diese angeblichen Urkunden dreier aufeinanderfolgender Kaiser vor zum Teil mehr als 150 Jahren bestätigten dem Bistum neben anderem die höchstrichterliche Gewalt über das Gebiet des sogenannten früheren ostfränkischen Herzogtums und somit die Machtausübung eines weltlichen Herzogs.

Es gab diese Bezeichnung des *„ostfränkischen Herzogtums"* zwar, aber seit den Tagen der Karolinger eigentlich keinen Herzog mehr. Es war des Königs Territorium, was auch den späteren Flickenteppich aus Belehnungen mit Grafschaften, Reichsrittern und eben dem weltlichen Hochstift des Bistums Würzburg erklärt. – In Sachen Urkundenfälschung war dies ein recht genialer Kniff, denn es musste logisch erscheinen, dass die Herrscher des frühen 11. Jahrhunderts die zunehmend undurchsichtigen Verhältnisse in einer Hand zu regeln suchten.

Vorerst jedoch mussten diese neuen Urkunden um mehr als 100 Jahre rasch altern und anschließend in der politisch genau richtigen Konstellation der Umstände dem Kaiser zur „unschuldigen" Bitte um Bestätigung vorgelegt werden. Heinrich von Stühlingen aber starb schon Anfang 1165, bevor es überhaupt soweit kommen konnte.

Bemerkenswert, Barbarossa hielt im Frühjahr desselben Jahres seinen Hoftag trotz des aktuellen Bischofswechsels in Würzburg ab, auf dem es hauptsächlich um das Papstschisma beziehungsweise um den von ihm gerade unterstützten Gegenpapst Paschalis III. ging. Die dort geleisteten, sogenannten „Würzburger Eide" bereiteten einen erneuten Zug gen Italien und Papst Alexander III. vor, welcher nach anfänglichen Erfolgen letztlich zu einem regelrechten Desaster für den Kaiser ausartete. Das hatte auch Folgen für Würzburg und seinen neu gewählten Bischof, der in dieser Situation den großen Sprung nun wagte.

Herold von Höchheim entstammte einem fränkischen Adelsgeschlecht. Als Bischof und herausragend gebildeter Mann blieb er den Traditionen seiner Vorgänger gemäß treu an der Seite seines Kaisers und Herrschers, welcher Würzburg als Hauptort seines Bistums vor allen anderen Plätzen des Reiches bekanntlich bevorzugte. Teilweise leitete er sogar mit ausdrücklich weitreichend zugewiesenen Machtbefugnissen die Kanzlei des Kaisers während dessen Abwesenheit in Italien und könnte daher mit etwas Fantasie auch als so etwas wie der erste „Kanzler" Deutschlands angesehen werden.

Nach einer regelrechten Flucht Barbarossas aus Italien im Winter über die Alpen hinweg fand der nächste ordentliche Hoftag im darauffolgenden Sommer 1168 wieder in Würzburg statt.

> Der Kaiser Barbarossa soll sich angeblich als Pferdeknecht verkleidet haben, um unerkannt aus Susa am Rande der Seealpen über die Berge zu entkommen.

Die Stimmung muss eine schwierige gewesen sein. Viele Vasallen beziehungsweise Söhne waren während der italischen Expedition aufgrund des Zusammenkommens von Sommerhitze und Ruhr gestorben. Das setzte den Großen des Reiches wie auch Fürsten im Verhältnis zu ihrem ansonsten allgemein akzeptierten König und Kaiser jedenfalls in dieser Phase gewiss schwer zu, dabei war das politische Scheitern des ganzen Unternehmens nur eine deprimierende Beigabe. War dies nun der richtige Augenblick, indem man von dem unter Zugzwang stehenden Barbarossa die herzogliche Hochgerichtsbarkeit erreichen konnte? Herold schien es zu glauben, denn er legte ganz offiziell die drei vermeintlichen Urkunden vor und erbat vom Kaiser die Bestätigung der darin verliehenen Rechte. Das machte den Vorgang damit zusätzlich zu einer Reichsangelegenheit, die nicht unbeantwortet bleiben konnte. Der Bischof ging wahrlich aufs Ganze.

Da man die genauen Umstände, wie es zu diesem Schritt ausgerechnet auch zu genau jenem Zeitpunkt gekommen war, nicht kennt – mehrere Szenarien sind denkbar und spannend, denn die daraus entstehenden Folgen veränderten und prägten Würzburg für viele Jahrhunderte –, bleibt auch hier nur wieder das weite Feld der Spekulation.

Erstens könnte es sein, dass Herold um die Fälschungen gar nicht wusste und er die Urkunden für echt hielt, als er sie entdeckte beziehungsweise zugespielt bekam. Vielleicht von dem Fälscher Heinrich von Wiesenbach selbst, denn der verstorbene Bischof wird in seinen Plan nicht viele Mitwisser eingeweiht haben. Das war zu gefährlich, lebensgefährlich sozusagen. – Dann wäre der Bischof in Sachen Betrugsversuch rehabilitiert und hatte gleichzeitig beinahe unverschämtes Glück, dass politische Überlegungen und aktuelle Situation ihm dennoch mit der „Güldenen Freiheit" das Herzogtum in abgeschwächter Form zuspielten. Das Schlitz-

Die „Güldene Freiheit" ist ein Begriff, den der Würzburger Chronist Lorenz Fries erst knapp 400 Jahre später im 16. Jahrhundert prägte. Er bezieht sich auf das metallene Siegel der ausgestellten Kaiserurkunde. – Diesmal keine Fälschung, sondern echt.

ohr wäre der Mann im Hintergrund gewesen, zum Beispiel der Fälscher oder ein weiterer Mitwisser wie etwa der Dompropst oder ein Domherr. Diese Variante ist möglich, aber auch die unwahrscheinlichste. Herold von Höchheim wäre wohl kaum zum Leiter der Reichskanzlei in des Kaisers Abwesenheit aufgestiegen, wenn er ein naiver oder leichtgläubiger Mann gewesen wäre.

Zweitens könnte es sein, dass Herold das geplante Vorhaben seines Vorgängers genau kannte und die Gelegenheit nun zu nutzen versuchte, den Kaiser zu überrumpeln. – Denkbares Szenario, aber eben auch sehr gefährlich. Wichtige, im Hochstift bereits ausgeübte Rechte könnten wieder entzogen werden, die Gunst des Herrschers und sowieso alles Ansehen verlorengehen.

Drittens könnte es sein, dass Herold um die Fälschungen wusste und seinen Plan mit Barbarossa im Vorfeld besprach. Beide gemeinsam inszenierten den Ablauf während des Hoftages in der geschehen Art und Weise. – Hier bekam Herold Herzogtum und vor allem lukrative Einnahmequellen, die gleichzeitig den Kaiser nichts kosteten. Barbarossa bekam wiederum so etwas wie einen territorialen Sperrriegel zwischen Sachsen und Baiern; gleichzeitig beugte er mit den in den gefälschten Urkunden in Aussicht gestellten Möglichkeiten einem Aufgebehren von zu diesem Zeitpunkt Unzufriedenen vor.

Viertens – und das ist die vielleicht abenteuerlichste Version – könnte es sein, dass Herold mit der Geschichte nur indirekt zu tun hatte und es sowieso ein Plan war, den Barbarossa und sein Vorgänger von vornerein gemeinsam aus beidseitig den schon genannten Gründen ersonnen hatten. – Herold wäre hier nur der Mann der Stunde gewesen. Barbarossa hätte nach dem gescheiterten Italienfeldzug mit seinen Folgen in diesem Fall den genau richtigen Zeitpunkt für gekommen gehalten.

Wie auch immer es nun tatsächlich gewesen sein mag, der Vorgang hatte enorme Tragweite. Innerhalb der Reichsterritorien wie auch für Würzburg selbst. Das bisher schon etwas fragile Gleichgewicht der in der Stadt Wirkenden begann sich daraufhin langsam, aber konsequent für eine sehr lange Periode zu verschieben. Manche der im Juli 1168 beurkundeten Rechte sorgen in ihren Folgen sogar bis heute für gewisse Befindlichkeiten in der Stadt. Zum Beispiel in der Frage, wessen Andenken oder welchem Ereignis in welcher Weise zu würdigen ist. Da gibt es mithin noch immer bedeutende Wahrnehmungsunterschiede in den historischen Sichtweisen. – Denken wir für einen kurzen Moment auch an die städtischen Bürgerschaften Ober- und Mittelitaliens, wie sie schon zu dieser Zeit im 12. Jahrhundert ihre Interessen gegebenenfalls auch militärisch durchzusetzen suchten.

Zurück zum Hoftag, der wahrscheinlich ebenso wie die Kaiserhochzeit im Hof Katzenwicker stattgefunden haben wird, da Barbarossas linksmai-

> Nach dem Pontifikat des Bischofs Herold von Höchheim erwarb Barbarossa den Hof Katzenwicker 1172 von dem Henneberger Grafengeschlecht, das mit der Verleihung der Herzogswürde an die Würzburger Bischofe nun nicht mehr den königlichen Burggrafen stellte. Der Ort seiner Würzburger Hoftage, womöglich auch seiner Hochzeit mit Beatrix, symbolisierte ein zentrales Element seiner Herrschaft.

nische Liegenschaft seiner kleinen Pfalz für Veranstaltungen dieser Art und Größe wahrscheinlich nicht geeignet war. Herold legte dem Kaiser vor den Augen des versammelten Reichstages drei Urkunden der einst aufeinanderfolgenden Kaiser Heinrich II., Konrad II. und Heinrich III. vor. Darin wurde neben weiterem allem voran dem Bischof von Würzburg die Hochgerichtsbarkeit über die Territorien des „Ostfränkischen Herzogtums" verliehen und offenbar mehrfach bestätigt. Ein Aufstöhnen sollte es wohl unter anwesenden Fürsten und auch Bischöfen gegeben haben, denn dies bedeutete für nicht wenige von ihnen herben Verlust. Herold erbat öffentlich die Bestätigung der alten, kaiserlich mehrfach bestätigten Rechte des alten, ostfränkischen Stammesherzogtums, das im Grunde ja nie ein solches gewesen war, sondern Königslande und natürlich Bistum.

Barbarossa gab sich wohl demonstrativ bedachtsam und ließ die Urkunden prüfen und untersuchen. Wer machte das wohl? Vielleicht der Fälscher gar selbst, der 1168 noch lebte und als Pronotar der kaiserlichen Kanzlei während eines Würzburger Hoftages zu Diensten gewesen sein dürfte. Je nach Szenario könnten hier dann unterschiedliche Rollen zum Tragen gekommen sein. Im Ergebnis bestätigte der Kaiser die vermeintlich alten Urkunden nicht – egal wie es war, er durfte sich selbstverständlich nicht der Gefahr aussetzen, einem Betrug aufzusitzen und dabei entlarvt zu werden –, sondern stellte stattdessen vor der versammelten Reichsöffentlichkeit eine eigene neue Urkunde aus, welche dem Bischof von Würzburg die hochgerichtlichen und herzoglichen Rechte im Gebiet seines Bistums zugestand, nicht des alten ostfränkischen Herzogtums. Damit tat er nur einigen wenigen und schwächeren Grafen, Fürsten, Rittern etwas weh und warnte gleichzeitig wirklich Mächtige des Reiches, was sie verlieren könnten, wenn es weitere Probleme gäbe. Würzburg errang damit zwar nicht die territoriale Bedeutung, die es vielleicht tatsächlich angestrebt hatte, aber erschloss sich zumindest neue Ressourcen, die es nach und nach auch zu nutzen wusste. Auch der Titel des Herzogs wurde politisch und materiell später mehr und mehr eingesetzt, sodass unter anderem die legendär spätmittelalterlichen Auseinandersetzungen zwischen Bürgerschaft und Fürstbischof geschehen konnten.

> Die Urkunde der *Güldenen Freiheit* wurde von einem gewissen Wortwin hergestellt. Dieser war Kanoniker im Stift Neumünster und diente unter anderem der Kanzlei des Bischofs. Barbarossa bestellte ihn später zum Pronotar der Reichskanzlei und nutzte dessen Ratschlag. Die Ereignisse von 1168 mochten zu dieser Karriere beigetragen haben.

DES LÖWENHERZ SCHICKSAL

Richard Löwenherz küsst die Füße Heinrich VI.

A ls Reginhard von Abenberg 1171 Fürstbischof wird, hält er sein blutjunges Herzogtum für die nachfolgenden 15 Jahre weitgehend aus den Angelegenheiten der Reichspolitik heraus. Er leistet den geschuldeten Reichsdienst in der Unterstützung von Barbarossas fünftem Italienfeldzug und geht dabei, wie auch schon seine Vorgänger, bis an die Grenzen des materiellen Ruins heran. Ebenfalls war er als Reichsfürst am Sturz Heinrichs des Löwen unmittelbar beteiligt, da es bei der ursächlichen Auseinandersetzung vor allem auch um Kirchenrechte und Lehen gegangen war. In Reginhards Zeit fällt 1179 die Gründung der Würzburger Kommende des Ritterordens der Johanniter, der bereits in der Folge des 1. Kreuzzuges entstanden war. Friedrich Barbarossa hielt nach wie vor regelmäßig Hoftag in Würzburg, jedoch nicht mehr ganz so häufig wie einst. Das in Tradition der Reisekönige und Ansehen für die Gastgeber wichtige Weihnachtsfest 1178 begeht der Kaiser noch einmal in der Stadt am Main.

Mehr als der Fürstbischof selbst waren in der Reichspolitik an der Seite des Kaisers der Neumünster-Kanoniker Wortwin als Pronotar der kaiserlichen Kanzlei sowie der Würzburger Domherr Gottfried von Spitzenberg präsent, welcher Barbarossa als langjähriger Hofkanzler diente, bevor ihn die Wahl selbst in das Amt des Würzburger Fürstbischofs hob.

Reichsereignisse fanden natürlich weiterhin statt, auch ohne direkte Würzburger Beteiligung. Der fünfte Italienzug Barbarossas, bei dem es ursprünglich um eine Stadt- und Bistumsgründung als Provokation von lombardischem Bund und Papst Alexander III. gegangen war, geriet letztlich wieder zum Desaster in der Niederlage von Legnano 1176. Hierbei kam es auch zum Bruch zwischen Barbarossa und Heinrich dem Löwen. Sehr politische Verhandlungen aus einem Mix von Geben und Nehmen, von Zugestehen und Verwerfen führten im Kompromiss 1177 zu dem Friedensschluss von Venedig und zu allerlei rituellen Handlungen. Papst Alexander löste den Bann über Friedrich. Dieser wiederum erkannte den Papst nun an, so einiges mehr war da noch im Spiel. An den komplizierten Unterhandlungen im Vorfeld der Würzburger Gottfried von Spitzenberg wohl entscheidend beteiligt. Ebenso wohl auch sechs Jahre später am Frieden von Konstanz, der zunächst noch ungelöste Fragen endgültig klärte. Damit fanden die jahrzehntelangen italischen Auseinandersetzungen Barbarossas ihr Ende schließlich nicht in der militärischen Durchsetzung, sondern in der Diplomatie. Spitzenberg, der an dieser Entwicklung zumindest einen wichtigen Anteil hatte, dürfte von Barbarossa sehr geschätzt worden sein. Vielleicht war 1186 die Wahl zum Würzburger Fürstbischof auch so etwas wie Anerkennung und Dank für diese Dienste.

Nach der Entmachtung Heinrichs des Löwen und den damit verbundenen territorialen Neuordnungen – unter anderem trat damit das Haus Wittelsbach für Baiern neu auf den Plan der Landesgeschichte – sowie vor allem auch durch den Frieden für die italischen Reichsterritorien sah sich Barbarossa auf dem Höhepunkt seiner Herrschaft angekommen. Im Frühjahr 1184 inszenierte er einen Hoftag zu Mainz geradezu als Hoffest. Eine gewaltige Zeltstadt nebst Kapelle aus Holz ließ er dazu eigens errichten. Als besonderer Anlass diente unter anderem die Schwertleite seines Sohnes

> Bei der „Schwertleite" handelte es sich um die Erhöhung des Standes eines jungen Mannes, um den Übergang vom Knaben zum Mann. Im Hohen Mittelalter beging man zunächst die Messe, anschließend wurde der Kandidat mit dem Schwert demonstrativ begrüßet (regional auch andere Attribute wie Sporen oder Schild) und bezüglich der ritterlichen Tugenden ermahnt. Es folgte die feuchtfröhliche Sause. – Später ging dieser Vorgang im Ritterschlag auf.

Heinrich, des späteren Heinrich VI. – Für Würzburg als Ereignis insofern von Bedeutung, weil der Lehrer und Mentor jenes jungen Heinrich zu dieser Zeit ein gewisser Konrad von Querfurt war, ein Mann, der nicht nur enger Berater, Freund und Vertrauter mehrerer Kaiser gewesen ist, sondern auch in Würzburg noch heute jeden Tag sichtbare Spuren hinterließ und zudem in eine der spannendsten Fehden – heute würde man von einem Krimi oder Thriller sprechen – verwickelt war, die das Mittelalter zu bieten hat.

In die Zeit von Gottfried I. von Spitzenberg fällt auch die endgültige Altarweihe des inzwischen weit über 100-jährigen Kiliansdomes, welcher die rechtsmainische Stadt mit seiner ganzen Mächtigkeit und Höhe zentral dominierte. Die Osttürme des Bauwerks wurden jedoch erst unter seinem späteren Nachfolger Hermann I. von Lobdeburg fertig gestellt.

Im gleichen Jahr war es 1188 ebenfalls Gottfried, der auf dem Mainzer Hoftag maßgeblich zum 3. Kreuzzug aufrief, nachdem Saladin, Herrscher über Ägypten, zuvor weite Teile des Kreuzfahrerstaates und vor allem auch Jerusalem erobert hatte. Im darauffolgenden Jahr zog Barbarossa mit dem bis dahin größten Kreuzfahrerheer von Regensburg aus über den Landweg in Richtung des Heiligen Landes. Gottfried begleitete ihn mit einem Würzburger Kontingent. Verlief der Zug über den Balkan, begleitet von viel Zulauf und diplomatischen Erfolgen, noch problemlos, so traf man bei dem eigentlich zuvor bereits verhandelten Durchzug durch Byzanz und Kleinasien auf zum Teil erbitterten Gegenwehr und Schwierigkeiten aller Art. Der Grund war in einem Abkommen zu finden, das der byzantinische Kaiser heimlich mit Saladin getroffen hatte. Statt vor den Toren Jerusalems kämpfte, lagerte und überwinterte man nun in Byzanz. Erst als sogar Konstantinopel selbst in Gefahr geriet, lenkte der Byzantiner ein. Im Gebiet der Seldschuken traf man erneut auf erbitterten Widerstand, begleitet von Versorgungsschwierigkeiten und Erschöpfung. Zweimal mussten die Seldschuken niedergerungen werden. Immerhin waren es jetzt schon direkt mit Saladin verbündete Gegner. Dann geschah am 10. Juni 1190 das Unerwartete, das wir noch heute alle aus dem Geschichtsunterricht kennen: Friedrich Barbarossa ertrank in dem anatolischen Flüsschen Saleph. War es ein Badeunfall? Wollte er zu Pferd den Fluss einfach nur überqueren und etwas passierte? Erlitt er einen Herz- oder Schwächeanfall, wurde er gar ermordet? So groß das Interesse am Ereignis auch den Zeitgenossen bereits war, und es zudem Zeugen gegeben haben müsste, die schon damals überlieferten Berichte blieben vage und widersprüchlich. Barbarossa war mit seinen beinahe 70 Jahren sowieso kein junger Mann mehr und der

Kreuzzug bis dahin bereits zur Strapaze geworden. Alles Mögliche konnte passiert sein; beinahe tragisch ist jedoch, dass ausgerechnet für Friedrich I., genannt Barbarossa, der Ort der Grablege unbekannt ist.

Nur Wochen darauf starb in Antiochia am 8. Juli auch der Würzburger Fürstbischof Gottfried an Krankheit und Schwäche. Auch er war immerhin

> Es heißt, dass Gottfried von Spitzenberg im Bewusstsein des herannahenden Todes sich wünschte, dass man wenigstens seine rechte Hand zurück nach Würzburg bringen möge, um sie dort zu bestatten. Wenn es tatsächlich so geschehen sein sollte, dann ging die Kassette mit der Hand auf dem Weg verloren, nicht aber diese Geschichte dazu.

schon beinahe 60 Jahre alt und ebenfalls nicht mehr jung. Nach dem Tod seines Kaisers, dem er jahrzehntelang gedient hatte, reichten die Kräfte und der Lebensmut vielleicht nicht mehr aus. – Das Epitaph von Bischof Gottfried ist heute das älteste erhaltene Grabdenkmal im Würzburger Kiliansdom, man findet es am dritten Pfeiler auf der nördlichen Langhausseite.

Der Kreuzzug wurde unter der Führung von Barbarossas Sohn, Friedrich VI. von Schwaben, fortgesetzt. Allerdings verließen nun viele Fürsten und Reichsritter mit jeweils ihren Mannen das Kreuzfahrerheer und kehrten möglichst auf dem Seeweg in die Heimat zurück. Unter denen, die blieben, befanden sich unter anderem der Herzog von Österreich, Leopold V., sowie auch ein gewisser Konrad von Querfurt, von dem schon einmal kurz die Rede war. Beides sollte für die Würzburger Stadtgeschichte noch von Bedeutung werden. Letzterer war zudem im weiteren Fortgang des Kreuzzuges an der Gründung des Deutschen Ritterordens beteiligt. Auch das mit Folgen für Würzburg.

Heinrich VI. war bereits vor dem Kreuzzug Barbarossas zum Mitkönig erhoben worden und regierte das Reich bereits mit allen Amtsgewalten, als die Nachricht vom Tod des Kaisers Europa und ihn erreichte. Die Nachfolge war also eindeutig und unstrittig geregelt. Zwischenzeitlich hatte er wieder mit Heinrich dem Löwen zu tun, der nach dem Auszug der Kreuzfahrer aus dem englischen Exil unerwartet zurückgekehrt war und in Sachen Machtansprüche der welfischen Partei für einige Unruhe sorgte.

In Würzburg wurde indes der als Philipp von Schwaben in die Geschichte eingegangene, jüngste Sohn Barbarossas zum Bischof gewählt, nicht einmal 14-jährig. Philipp war zwar ausdrücklich für eine bedeutende geistliche Laufbahn vorgesehen worden und erhielt schon seit Langem die entsprechend dafür notwendige Bildung, aber diese Wahl eines Halbwüchsigen war trotzdem ungewöhnlich und in diesem bedeutenden Amt ein Novum. Geschah es unter dem Schock der Ereignisse im fernen Anatolien, oder vielleicht auf Wunsch Heinrichs VI.? Auch weiß man es nicht genau, aber Kirchenobere wie die Erzbischöfe von Mainz oder Köln kamen offenbar jedoch zu dem Schluss, den Knaben Philipp nicht oder noch nicht zum Bischof weihen zu wollen. Heinrich VI., verheiratet mit der normannischen Prinzessin Konstanze von Sizilien und zu dieser Zeit in komplizierte italienische Angelegenheiten verwickelt, musste nachgeben, nicht zuletzt wohl auch um seiner Kaiserkrönung willen, welche im April 1191 ungewöhnlich zügig erfolgte. Philipp wird das recht gewesen sein, denn Bischof war seine Sache wohl nicht. Er verließ den geistlichen Stand bald darauf. Fürstbischof in Würzburg wurde Heinrich III. von Berg, der zuvor kurzzeitig in Passau schon einmal das Bischofsamt sowie mehrere weitere geistliche Ämter ausgeübt hatte. Sein Pontifikat ist vor allem in Erinnerung bezüglich eines Vorgangs, der nicht nur in das Gedächtnis der Weltgeschichte eingegangen ist, sondern auch Literatur und Filmindustrie immer wieder aufs Neue beschäftigt.

Dafür aber geht es zunächst zurück zum dritten Kreuzzug und vor die Tore von Akkon im Norden des heutigen Israels.

Philipp II. von Frankreich und der englische König Richard Löwenherz trafen über den Seeweg im Abstand von nur wenigen Wochen nach sehr bewegter Vorgeschichte im April und Mai 1191 mit dem deutschen Kreuzfahrerheer sowie den verbliebenen Truppen des Guido von Lusignan zusammen, welcher sein Königreich Jerusalem zuvor an Saladin, den erfolgreichen Herrscher aus Ägypten, verloren hatte und im Norden des beinahe schon ehemaligen Reiches nun die Festung Akkon seit 1189 bereits belagerte. Die Situation vor Ort war bis dahin verfahren und kam nicht voran. Barbarossas Sohn Friedrich von Schwaben war hier bereits im Januar 1191 an der Malaria ebenfalls verstorben und die Führung der Reste des ehedem gewaltigsten aller Kreuzfahrerheere hatte nun Herzog Leopold von Österreich übernommen. Das Eintreffen der französischen und vor allem auch der englischen Kreuzfahrer veränderte alles. Das bereits seit

Jahren belagerte Akkon wurde binnen kürzester Zeit eingenommen. Die Sieger hissten nach Tradition und Sitte ihre Banner, also auch Leopold V. von Österreich. Richard Löwenherz, ein Mann mit dem berühmt auffahrenden Blut der Plantagenets, empfand dies als impertinente Anmaßung, nicht zuletzt weil der Mann ja wohl nur ein kleiner Herzog war. Er ließ das Banner senken und in den Staub treten. Leopold hingegen sah sich im Recht der legitimen Vertretung seines deutschen Königs und verließ im Zorn die Kreuzfahrer.

Auch König Philipp von Frankreich kehrte im späteren Verlauf des Kreuzzuges nach Europa zurück, sodass der englische König als alleiniger Anführer im Heiligen Land verblieb. Der weitere Fortgang dieser Ereignisse ist hier jedoch nicht Gegenstand des Berichtes, sondern Teil einer anderen Geschichte. Nur so viel: Richard Löwenherz war durchaus militärisch sowie diplomatisch erfolgreich, obwohl er letztlich vor den Toren Jerusalems die Einnahme der Stadt abbrach. Verhandlungen führten zu einem Fortbestehen des Kreuzfahrerstaates und schließlich kehrte auch er im Oktober 1192 zunächst wieder über den Seeweg durch das Mittelmeer nach Europa zurück.

Warum aber Richard sichere Häfen, zum Beispiel in Aquitanien, nicht ansteuerte – sein im Kreuzzug vormals Verbündeter, König Philipp II. von Frankreich, machte ihm inzwischen etliche Territorien auf dem europäischen Festland streitig und riegelte angeblich Landungsmöglichkeiten für den englischen König ab –, bleibt ein weiteres Geheimnis der Geschichte. Es hätte viele Alternativen gegeben. Stattdessen fuhr er die Adria hinauf. Eine von vielen legendenhaften Geschichten besagt, dass sein Schiff von Piraten aufgebracht wurde, die jedoch Seeleute unter seinen Mannen bereits kannten. Richard ließ sich angeblich daraufhin mit nur wenigen Getreuen und als Kaufleute getarnt von den Piraten absetzen. Nun galt es unter anderem, das Territorium seines Feindes Leopold aus Kreuzzugstagen zu durchqueren, um irgendwann Gebiete zu erreichen, die sein Schwager Heinrich der Löwe wieder kontrollierte. Eine wahnwitzige Idee und wohl auch voller Selbstüberschätzung aufgrund seiner Erfolge im Heiligen Land. Herzog Leopold – sein seit Akkon eingeschworener Feind – kam ihm bereits in Kärnten auf die Spur und ließ ihn schließlich in einem Gasthof nahe von Wien gezielt festsetzen. Richard war im Grunde auch selbst schuld, denn sein Manöver sich als Kaufmann auszugeben, scheiterte letztlich am eigenen Verhalten. Er war darin nicht glaubwürdig und fiel auf.

Leopold V. von Österreich gewann aus der Gefangennahme von Richard Löwenherz zunächst Genugtuung für die erlittene Schmach vor Akkon, politisch aber steckten in diesem Umstand noch viel mehr Dinge, die mit Kaiser Heinrich VI. zu verhandeln waren. All dies traf schließlich an einem Ort zusammen, der schon häufig wichtige Reichsangelegenheiten bewältigt hatte. Würzburg. Jetzt trafen sich zu entsprechenden Verhandlungen Leopold V., Heinrich VI. sowie Emissäre der wahrhaft legendären Eleonore von Aquitanien, die als wohl wirklich löwenhafte Mutter von Richard die vielleicht schillerndste Frauenfigur des Mittelalters ist. Richard selbst verbrachte diese Tage in Ochsenfurt außerhalb von Würzburg, bevor er in die kaiserliche Obhut übergeben wurde. Dazu wurde ein komplizierter Vertrag geschlossen, der zunächst zu einer weiteren Gefangenschaft auf der Burg Trifels in der Rheinpfalz führte, bis alle Bedingungen erfüllt waren. Unter der Vermittlung des Würzburger Fürstbischofs Heinrich von Berg war dieser Vorfall im Nachgang des dritten Kreuzzuges zwar gelöst worden, komplizierte Folgen blieben aber auf europäischer Ebene nicht aus. Richard Löwenherz war der Schwager Heinrichs des Löwen und ein Onkel Ottos IV., dem er sehr zugetan war und welcher sich als Geisel diesem während dessen Gefangenschaft zur Verfügung stellte, um die Freilassung zu unterstützen.

Als Heinrich VI. 1197 dann noch sehr jung in seinem Königreich Sizilien an einer Krankheit verstarb, waren plötzlich die Welfen ebenso wieder im

---

Die Ehe zwischen Heinrich VI. und der wesentlich älteren Konstanze von Sizilien darf man ohne Übertreibung als schlecht bezeichnen. Nun soll Heinrich an einem Fieber gestorben, das ungefähr einen Monat zuvor mit Schüttelfrost begonnen hatte. Dabei könnte es sich den Vermutungen nach um Malaria gehandelt haben, ebenso gut könnte es aber auch eine schleichende Vergiftung gewesen sein. Motive hätte es jedenfalls zur Genüge gegeben.

Geschäft um die deutsche Krone wie einst auch die Staufer. Heinrichs einziger Sohn, der spätere Friedrich II., war zu diesem Zeitpunkt noch ein Kleinkind, jedoch formal bereits zum Mitkönig gewählt worden. Das hatte mit einem von Heinrich geplanten Kreuzzug zu tun, schließlich war Barbarossa von einem solchen nicht zurückgekehrt. Jedoch befand sich der kleine Friedrich fern des Reiches in der Obhut seiner Mutter, die ihn nicht herausgab. Philipp von Schwaben begab sich gar umgehend selbst nach Sizilien, kehrte aber im doppelten Sinne unverrichteter Dinge zurück, da er auch den verstorbenen Kaiser nicht überführen konnte.

Als letzter überlebender Sohn Friedrich Barbarossas und frisch gebackener Herzog von Schwaben versuchte Philipp zunächst das deutsche Königreich stellvertretend für seinen Neffen Friedrich zu regieren. Ausgehend von dem Kölner Erzbischof Adolf fand sich die antistaufische Partei mit einem solchen Interregnum jedoch nicht ab und brachte einen eigenen Kandidaten in Stellung, offenbar mit dem Argument, dass Klein-Friedrich zwar gewählt, aber nicht gekrönt sei. Ihr Mann war nun der Welfe Otto von Poitou, Sohn Heinrichs des Löwen und Neffe von Richard Löwenherz. Es kam zum „Deutschen Thronstreit", welcher weit mehr als ein Jahrzehnt andauern sollte.

DER FALL KONRAD VON QUERFURT

Konrad von Querfurt vor Heinrich VI

Konrad von Querfurt wurde ungefähr um 1160 herum geboren. Als Sohn des Magdeburger Burggrafen genoss er eine exzellente Erziehung und studierte schließlich in Paris an geschätzten Einrichtungen, welche noch zu seinen Lebzeiten als eine der frühesten Universitäten Europas zusammengefasst und königlich anerkannt wurden. Unter anderem im selben Jahrgang zusammen und gut bekannt mit einem gewissen *Lotario dei Conti di Segni*, der Geschichte später besser bekannt als Papst Innozenz III.

Der begabte Konrad wurde ab den frühen 1180er Jahren dann gewissermaßen in das Team Barbarossa aufgenommen und zum Erzieher der älteren überlebenden Söhne bestimmt, des späteren Heinrich VI. sowie Friedrich VI. von Schwaben, der mit Geburtsnamen eigentlich Konrad hieß, was immer mal wieder für Verwirrung bei den Lebensdaten sorgt. Vielleicht nahm die 1184 verstorbene Kaiserin Beatrix auf diese Entscheidung noch selbst maßgeblichen Einfluss. Verwundern würde es nicht, sondern zur klugen Mitregentschaft ihrer Person passen. Konrad von Querfurt war kaum 5 Jahre älter als der Kaisersohn Heinrich, hochgebildet, ja, aber als Erzieher wahrscheinlich mehr Kumpel im Geiste denn väterlicher Quälgeist.

Aufgrund der Ereignisse während des Sizilienzuges Kaiser Heinrichs VI. wurde er 1194 zum Reichskanzler ernannt und neben dem Kriegsherrn und Haudegen Heinrich von Kalden, der ebenfalls bereits Barbarossa in dessen Unternehmungen gedient hatte, zum engsten Vertrauten des Kaisers sowie zu einer Art Mitglied des innersten Zirkels der Macht im Heiligen

Römischen Reich, das nach dem Gewinn Siziliens von der Nordsee bis tief ins Mittelmeer hineinreichte, dazwischen der Kirchenstaat des Papstes.

Nahtlos dienten Heinrich von Kalden und Konrad von Querfurt auch treu Heinrichs Nachfolger und jüngerem Bruder Philipp von Schwaben, als der Kaiser 1197 unter zumindest ziemlich fragwürdigen Umständen kaum 32-jährig in seinem Königreich Sizilien verstarb. Beide befanden sich zu diesem Zeitpunkt im Rahmen einer Vorausexpedition des sogenannten „Deutschen Kreuzzuges" in Palästina vor der Stadt Toron, für welchen Heinrich geplant hatte, die im dritten Kreuzzug durch seinen Vater Barbarossa vorgesehene Rückeroberung Jerusalems für die christliche Welt nun abzuschließen. Zusammen mit der Nachricht vom Tod Heinrichs traf auch diejenige zum Tod von Papst Choelestin III. ein. Das waren unsichere Verhältnisse, man brach das Unternehmen ab und kehrte eiligst in die Heimat zurück.

Philipp, jüngster verbliebener Stauferbruder, 1190 schon einmal gewählter Bischof von Würzburg und nun Herzog von Schwaben, bemühte sich nach Kräften um die Interessen der regierenden Stauferdynastie. Trotz seiner eiligen Intervention konnte er im äußersten Süden weder die Herausgabe seines bereits königlich gewählten Neffen Friedrich erreichen noch diejenige seines verstorbenen kaiserlichen Bruders Heinrich. Als von Kalden und von Querfurt aus dem Heiligen Land an seine Seite zurückkehrten, war er wohl mehr als nur dankbar, sondern erleichtert um die mächtige Unterstützung. Die antistaufische Partei rund um den Kölner Erzbischof hatte bereits den Welfen Otto als neuen König in Stellung gebracht. Wir erinnern uns, das war der Sohn des mittlerweile auch in 1195 verstorbenen Heinrich des Löwen und ein Liebling seines Onkels Richard, des englischen Königs, dem er in der Affäre seiner Gefangennahme Jahre zuvor auch als freiwillige Geisel gedient hatte.

Als der Thronstreit 1198 heftig entbrannte, wurden von den verfeindeten Parteien in kurzer Abfolge von nur einem Monat zwei Männer zum deutschen König gewählt. Für beide Wahlen gilt, dass praktisch nichts der Tradition entsprach. Philipp immerhin war im Besitz der wahrlich wichtigen Reichsinsignien, aber er verpasste es, nach der politisch notwendigen Wahl auch zeitnah eine offizielle Krönung zu inszenieren – Die Vermutung geht dahin, dass dieser Mann selbst vielleicht gar kein König und Kaiser werden wollte, sondern den Status für Familie und Dynastie nur zu wahren versuchte. – Beide Parteien erlangten nicht die Eindeutigkeit und hoben sich gegenseitig in Legitimation und Einfluss über Jahre hinweg wechselseitig auf.

Konrad von Querfurt hatte durch Heinrich bereits seit 1194 das lukrative Amt des Bischofs von Hildesheim mit der besonderen Michaeliskirche der Ottonen inne und wurde jetzt, in dem komplizierten Jahr 1198 auch noch zum fürstlichen Bischof von Würzburg im Sinne der Partei Philipps gewählt, um den staufischen König noch besser unterstützen zu können.

Konrad war dazu gewiss bereit, aber sowohl in seinem neuen, für das Reich bedeutenden Bistum und Herzogtum kamen für ihn als Bischof und Landesherr nicht hinnehmbare Vorgänge zum Tragen, als auch solche in Konkurrenz zu seinem einstigen Studienkollegen und dem jetzigen Papst Innozenz III., der zunächst aus für seinen Kirchenstaat günstigen Gründen den Welfen Otto unterstützte und die vermeintliche Ämterhäufung zweier Bistümer des dem Staufer dienenden Konrad vorgeblich ächtete.

Das zwang Konrad dazu, sich um sein Verhältnis mit dem neuen Papst zu kümmern. Zunächst wurde er von Innozenz exkommuniziert, dann gab er jedoch das Bistum Hildesheim auf, reiste zum Papst und stellte auch das Würzburger Bistum zur Verfügung. In der direkten Aussprache näherten sich die Männer allerdings rasch wieder einander an, sodass Innozenz die Exkommunikation aufhob und Konrad als Bischof von Würzburg bestätigte. Ob dieser dem Papst dabei politische Zugeständnisse – Konrad war immerhin auch der Kanzler von König Philipp – machte oder nicht, ist nicht bekannt. Jedenfalls gab es später solche Anschuldigungen, welche schließlich zum Zerwürfnis mit dem staufischen König führten.

Aber auch in Würzburg selbst waren massive Probleme zu bewältigen. Die Grafen von Rieneck hatten in der Mitte des 12. Jahrhunderts eine mächtige Höhenburg errichtet, welche unweit der Sinnmündung praktisch nicht angreifbar war. Unter den verschiedensten Vorwänden unternahmen sie im Grunde nichts anderes als Raubzüge und fügten den benachbarten Hochstiften Würzburg und Fulda sowie Kurmainz erheblichen Schaden zu. Dieser fortgesetzten Gefahr versuchte Fürstbischof Konrad nun zu begegnen, indem er im Jahr 1200 die Festung Karlstadt gründete nebst feststehender Garnison, um rasch eingreifen zu können, wenn die Rienecker wieder einmal kamen.

Damit aber noch nicht genug. Auch die Hauptstadt selbst musste wehrhafter werden, denn die Zeiten waren unruhig geworden, insbesondere mit dem Ausbruch des Streites um die deutsche Krone. Die alte Stadtmauer war bereits über 150 Jahre alt, entsprach nicht mehr den Anforderungen der Zeit und schützte überdies wichtige Vorstädte und Klöster nicht. So kam es, dass mit der heute als „Erweiterter Bischofshut" bezeichneten Anlage die Sander-Vorstadt und auch das wichtige Stephanskloster in das Stadtgebiet mit einbezogen wurden. Dabei entstanden nun das „Stephanstor" im Osten der Benediktiner und das „Sandertor" im Süden der Stadt sowie die heute noch existierenden Türme *„Hexenturm"*, der allerdings zunächst *„Hensleinturm"* genannt wurde, *„Schieferturm"* und *„Hirtenturm"* am Mainufer. Dort entstand mit der sogenannten *„Neuenburg"* auch so etwas wie eine Stadtgarnison, zuständig für die Verteidigungsanlagen des Stadtgebietes. Die Stadtmauer bekam jetzt zudem einen Stadtgraben mit Zugbrücken bei den Toren, welche wahrscheinlich allesamt verstärkt wurden, sofern sie nicht neu erbaut waren. Die somit überflüssig gewordene Stadtmauer entlang der heutigen Neubaustraße wurde bereits damals im praktischen Frankensinne *„Alte Mauer"* genannt und später rückstandslos eingerissen.

Nach dem Niederreißen der *„Alten Mauer"* wurde das Areal der ehemaligen Stadtmauer neu bebaut. Von daher: Neubaustraße.

Würzburg rüstete sich also, Fürstbischof Konrad hatte dafür möglicherweise noch weitere Gründe, als es die Übergriffe benachbarter Grafengeschlechter waren. Dazu etwas später.

Über den Schutz der Stadt hinaus begann Konrad nun damit, die uralte Karolingerburg auf dem Marienberg zu einer in Maßstab und geplanten Bedeutung massiven Burg in Stein auszubauen, wie es im Reich keine zweite an Mächtigkeit geben sollte. Die Lage war mit drei steil abfallenden Bergflanken auch in den militärischen Betrachtungen der Zeit noch immer ideal, dazu die unwiderstehliche Beherrschung von Stadt, Tal und Fluss. Es entstanden erste Flügelbauten und Mauern, über die man nicht mehr viel aussagen, aber vermuten kann, dass die Dimensionen der späteren Hauptburg in etwa bereits vorgesehen waren. Auch ein erster Turm im Nordosten an der Stelle des heutigen Kilianturmes wurde dabei wohl schon in Angriff genommen. Vor allem aber entstand der gewaltige Bergfried, abgesehen von einigen Umbauten und Umwidmungen, in eben der Gestalt, die wir

> Ein Kegeldach – wie heute – hat der ursprüngliche Bergfried natürlich nicht getragen, sondern eine Plattform mit Zinnenkranz.

noch heute sehen. Und es entstand der *„Tiefe Brunnen"*! Dieser wurde 100 Meter in die Tiefe durch zum Teil massives Felsgestein gegraben und gehauen, bis er unterhalb des Mains auf die Grundwassersohle traf. Der Schacht misst auf dem Berg zunächst zwei Meter im Durschnitt, am Grund der Sohle dann vier Meter. Bis in eine Tiefe von 75 Metern ist er zum Schutz gegen Einsturz ummauert. Ungefähr zehn intensive Jahre soll das Unternehmen in Anspruch genommen haben; ein gewaltiges Unterfangen, das nach 800 Jahren noch den größten Respekt vor dieser Leistung besitzt.

Rechnete Fürstbischof Konrad damit, dass sein Bistum, sein Herzogtum und seine Hauptstadt Würzburg von einer großen Macht angegriffen werden könnten? Glaubte er etwa, auf dem Marienberg eines Tages einer monatelangen Belagerung widerstehen zu müssen? Möglich wär's, denn nach der Jahrhundertwende hatten die Wendungen der Ereignisse für ihn eine Richtung genommen, wie er sich das so gewiss nicht vorgestellt hatte, seit er 1199 aus Rom zurückgekehrt war.

Ab ungefähr dem Jahr 1193, möglicherweise aber auch schon früher, amtierte Eggehardus de Foro als fürstbischöflicher Schultheiß und nahm dabei

> Der romanische Geschlechterturm *„Grafeneckart"* mit dem *„Grünbaum"* genannten, ebenfalls romanischen Gebäudeanbau – heute der älteste Teil des Rathauskomplexes – verdankt seine Namensgebung eben jenem „Eggehardus de Foro".

in etwa jene Aufgaben wahr, welche zuvor die königlichen Burggrafen ausübten. Im Sinne dieser Funktion und wohl auch mit Auftrag seines neuen Landesherrn Konrad ging er gegen die Vettern Bodo und Heinrich – eventuell waren sie gar Brüder oder Halbbrüder – aus den Ministerialgeschlechtern Ravensburg und Falkenberg vor, welche mit den um 1170 errichteten Burgen Ravensburg und Falkenberg beidseits des Mains sowohl den Fluss als auch die bedeutende Handelsstraße nach Frankfurt kontrollierten. Heute rechtsmainisch zwischen Veitshöchheim und Thüngersheim, linksmainisch zwischen Erlabrunn und Margetshochheim gelegen. Diese durchaus rauen Kerle arbeiteten zusammen und kassierten zu Wasser und zu Lande derbe ab, was dem Bischof in seinen Einnahmen und natürlich der Stadt Würzburg als Handelsplatz großen Schaden zufügte. Sie glaubten das wohl ungestraft tun zu können, denn einer ihrer nächsten Verwandten war mit Heinrich von Kalden der mächtige Kriegsherr und enge Vertraute des Stauferkönigs Philipp von Schwaben beziehungsweise zuvor Kaiser Heinrichs VI. Mit dieser Maske kamen sie für längere Zeit offenbar auch durch, aber mit der Wahl Konrads von Querfurt zum neuen Fürstbischof in Würzburg änderte sich dies, denn Querfurt war neben Kalden der zweite Mann in des Königs unmittelbarer Nähe und zudem gewissermaßen das Gehirn der Reichsführung, dabei langjährig in der gegenseitigen Aufgabenteilung mit Heinrich von Kalden vertraut.

Spätestens nach der Bestätigung des Bistums für Konrad durch den Papst ging Eggehardus also ab 1199 gegen die Ministerialen der Burgen Ravensburg und Falkenberg vor, indem er Anklagen erhob und auch Familienbesitz innerhalb der Stadt und vielleicht auch auf dem Gebiet des Hochstifts als Sicherheit und Entschädigung seinerseits gewaltsam beschlagnahmte.

Als das passierte, kam anderenorts jedoch ein Prozess in Gang, mit dem der Fürstbischof wahrscheinlich nicht gerechnet hatte. Philipp von Schwaben stellte unerwartet zunehmend die Loyalität Konrads in Frage und machte ihm Vorwürfe. Vorgeblich wegen seiner allzu schnellen Einigung mit Papst Innozenz, der ja offen Otto IV. unterstütze, über das Bistum Würzburg. Tatsächlich aber treffen die Vorgänge in Würzburg und Philipps Differenzen mit Konrad zeitlich in einer Weise zusammen, die ein Intrigieren Heinrichs von Kalden zugunsten seiner Ravensburger Verwandten jedenfalls deutlich vermuten lassen.

Konrad von Querfurt machte in dieser Situation aber etwas, womit Heinrich von Kalden seinerseits eher nicht gerechnet haben dürfte. Er zog sich von jetzt auf gleich komplett aus der Reichspolitik und von seinem König in sein Fürstbistum zurück und konzentrierte sich fortan nur noch auf seine Landesinteressen. Für die Herren auf Ravensburg und Falkenberg wurde die Luft damit ziemlich dünn.

Der Streit eskalierte zu einer offenen Fehde. Ende 1201 drangen Bodo von Ravensburg und Heinrich von Falkenberg in die Stadt ein und ermordeten Eggehardus. Fürstbischof Konrad reagierte hart, er ließ den Stadt- und wohl auch sonstigen Besitz der Familien niederbrennen und erklärte die Mörder als wolfsfrei im Hochstift. Knapp ein Jahr darauf schlagen Ravens-

> Der Begriff *wolfsfrei* geht der *Vogelfreiheit* voraus, die erst im 16. Jahrhundert in Gebrauch kam.

burg und Falkenberg erneut zu und ermorden Bischof Konrad von Querfurt selbst in etwa dort, wo sich heute in Würzburg der Bruderhof beziehungsweise die nach der früheren Domschule benannte Akademie des Bistums befindet.

Ausgerechnet Papst Innozenz III. ist es, der für diese frevlerische Tat den Bann über die Mörder verhängt, nicht der in der Sache untätige König. Die Burgen Ravensburg und Falkenberg wurden im Folgenden für immer ge-

> Von der Burg Ravensburg haben einige wenige Mauerstümpfe überdauert. Von Burg Falkenberg ist dagegen praktisch nichts erhalten.

schleift, anderer Besitz aber gelangte reicher als zuvor später in die Hände der Unholde zurück, welche nach Pilgerfahrt und ein wenig Buße tatsächlich mehr oder weniger ungeschoren aus der Doppelmordgeschichte lebend und in Reichtum herauskamen. Ein Skandal!

„AL DIE WERLT, ICH HÂN MÎN LÊHEN", DAS STAUNEN DER WELT

Walther am Frankoniabrunnen vor der Würzburger Residenz

Konrad von Querfurt hat in Würzburg nur wenige Jahre regiert, aber er hinterließ während dieser kurzen Zeit ein Erbe, das den Fortgang der städtischen Ereignisse und des Landes stark prägte. Seine Gründungen wie etwa der Ausbau von Stadtmauer und Festung wurden nahtlos in aller Konsequenz fortgeführt, sodass diese Maßnahmen bis auf den heutigen Tag in das Gedächtnis der Stadt eingegangen sind.

Über seinen Nachfolger Heinrich IV. von Heßberg, der aus einer fränkischen Adelsfamilie stammte und ebenfalls nur wenige Jahre bis 1207 regierte, gibt es nicht viel zu sagen. Er verblieb im deutschen Thronstreit treu an der Seite von König Philipp. Im späten 14. Jahrhundert wurde erneut ein Mitglied der Heßberger zum Würzburger Bischof gewählt, gleichfalls nur für wenige Jahre.

Deutlichere Fußnoten in der Geschichte Würzburgs hat jedoch Otto I. von Lobdeburg hinterlassen, welcher das Fürstbistum anschließend bis 1223 für 16 Jahre regierte. Zusammen mit seinem Neffen Hermann prägten die aus dem Thüringischen stammenden Lobdeburger die erste Hälfte des Würzburger 13. Jahrhunderts, und das durchaus mit Folgen und Ausrufezeichen. Otto war im weiteren Sinne mit dem ermordeten Konrad von Querfurt verwandt. Er mischte jetzt wieder in der Reichspolitik mit, pflegte ein enges Verhältnis zu Papst Innozenz und genoss für alle Welt sichtbar seinen Status als Reichsfürst. Bei ihm kann man wahrscheinlich von dem ersten Würzburger Bischof sprechen, der mehr Fürst als Geistlicher war oder zumindest in gleichen Teilen entsprechend auftrat.

Im Thronstreit unterstützte er bezeichnenderweise nun die welfische Partei um Otto IV., welcher ja auch den Papst auf seiner Seite wusste. Das kam in Würzburg und dem Hochstift nicht unbedingt bei jedem gut an, die Stadt der Bürger verstand sich in bereits langer Tradition als Königsstadt, und das rechtmäßige Königtum nahm man hierzulande auf staufischer Seite wahr. Diese Haltung fand ihre Beweggründe darin, dass durch den König ausgeübte beziehungsweise direkt verliehene Rechte mehr Freiheiten und Entwicklung garantierten, als es die unmittelbare Herrschaft und Knute eines den eigenen Interessen folgenden Landesherrn taten, wie der Würzburger Fürstbischof einer war. Die spätere Reichsfreiheit von Städten wie Nürnberg oder Augsburg mit ihrem Stadtadel deutete sich zu dieser Zeit zwar gerade erst an, aber an solchen urbanen Orten – ebenso wie auch in dem bedeutenden Stadtgebilde Würzburg – entstanden äußerst selbstbewusste Stadtgeschlechter aus ihren erfolgreichen Professionen heraus, welche eine gute Bildung besaßen, sich zu organisieren wussten und durchaus politische Ansprüche entwickelten. Letztlich hatte die Geschichte mit den im frühen 11. Jahrhundert durch Konrad II. an das Bistum verliehenen Rechten und endgültig mit der von Barbarossa ausgestellten „Güldenen Freiheit" bereits gegen das Bürgertum entschieden, aber so eindeutig war das zu diesem Zeitpunkt und auch für die kommenden Perioden noch nicht abzusehen. Königlich gewährte Freiheiten anzustreben oder auch innerhalb der Landesherrschaft durchzusetzen, waren in Würzburg wie auch anderenorts für die kommenden 200 Jahre ein Ziel der urbanen Bürgerschaften.

Auftreten und Stil eines Otto I. von Lobdeburg schienen jedenfalls solche Tendenzen zu befördern, vielleicht waren sie ein Katalysator. Jedenfalls ruinierte der Fürstbischof in seinem Wirtschaften nicht nur die Finanzen seines Landes, sondern bekam zu einem bestimmten Zeitpunkt auch ernsthafte innere Schwierigkeiten im Rahmen einer etwas seltsamen Koalition der Gegner. Dazu etwas später.

Im deutschen Thronstreit gab es seit der Jahrhundertwende etliche wechselhafte Ereignisse und Wendungen, welche jedoch mit Würzburg nicht viel zu tun hatten, da Heßberg sich als Bischof weitgehend heraushielt. Schließlich schien sich die Waagschale zugunsten Philipps zu neigen, trotz des Seitenwechsels zu Otto IV., den der Würzburger Otto von Lobdeburg vollzogen hatte. Dann aber, im Juni 1208, wurde Philipp von Schwaben im nahen Bamberg während der Hochzeitsfeierlichkeiten seiner Nichte Beatrix in seinen Gemächern von dem Wittelsbacher Otto VIII. ermordet. Nicht etwa im Auftrag seines welfischen Gegenkönigs, sondern weil Philipp das Heiratsversprechen für eine seiner Töchter im Kleinkindesalter mit dem Wittelsbacher gebrochen hatte.

So die Geschichtsschreibung. Aber mag man das wirklich glauben? Sicher, der Mann – kein Herzog, sondern ein Pfalzgraf und ansonsten in der Geschichte unauffällig – konnte sehr erbost über das gebrochene Königsversprechen sein und sich in der Konfrontation damit Kompensation erwarten, aber ein Mord am König wie ein Berserker? Es heißt, der König habe ihm während der Mittagsruhe nach der Trauung unangemeldet Audienz gewährt, worauf dieser Otto das Schwert zog und den Hals Philipps durchtrennte. Sogar fliehen konnte er anschließend vom Ort des Geschehens. – Vorstellbar ist zumindest auch eine Anstiftung der gegnerischen Seite, die bei der erlittenen Demütigung hätte ansetzen und alternative Belohnungen in Aussicht stellen können. Genutzt hat es dem Wittelsbacher Mörder freilich nichts. Er wurde verfolgt und im darauffolgenden März 1209 gestellt: Getötet hat ihn niemand anderes als Heinrich von Kalden, der bis zum Schluss an der Seite seines Königs Philipp geblieben war. Jener von Kalden, der auch in den Rückzug Konrads von Querfurt von dem Amt des Reichskanzlers und der Reichspolitik verwickelt war.

Für Fürstbischof Otto I. von Würzburg war Philipps Tod zunächst ein regelrechter Karrieresprung in der Reichspolitik. Papst Innozenz beauftragte ihn damit, den zwischenzeitlich geflohenen Erzbischof Eckbert von Bamberg wieder sicher in sein Amt einzusetzen, was auch gelang. Als Gastgeber der Bamberger Hochzeit von 1208 wurde eine gewisse Mitschuld des Bischofs am Königsmord und Verrat vermutet. Wer weiß? Dass Otto I. von Lobdeburg dem bedrängten Bamberger Kollegen, der ansonsten ein nicht immer geliebter Rivale in der Region war, solcherart unter die Arme griff, spricht zumindest nicht ganz gegen die Vermutung. Eckbert jedenfalls amtierte noch sehr lange Jahre bis 1237 und erbaute im Wesentlichen den Bamberger Dom.

Nach Philipps Tod war der Thronstreit zunächst beendet, das Königtum eindeutig. Jetzt sprach auch nichts mehr gegen eine Kaiserkrönung des

Welfen Otto, wie sie im heiligen Bund des deutschen Reiches mit Papsttum und Kirchenstaat Tradition geworden war. In Würzburg wurde 1209 der große Zug nach Italien im Rahmen eines Hoftages vorbereitet, der in seinem Prunk wohl an die Kaiserhochzeit Barbarossas erinnern mochte. Otto von Lobdeburg, der offenbar gewisse Instinkte für die großen politischen Windrichtungen besaß, wie sich auch später noch zeigen sollte, hatte aus seiner Perspektive mit der Parteinahme für den Welfen alles richtig gemacht. Gleichzeitig zelebrierte er Hof und Herrschaft weit über die eigenen wirtschaftlichen Verhältnisse hinaus und brachte damit die lokal unmittelbar Verlierenden gegen sich auf.

Otto IV. wurde von Innozenz im Oktober 1209 zum Kaiser gekrönt, verwarf sich aber nach einem anfänglichen Kreuzzugversprechen sehr rasch mit dem Papst, weil er – sowieso gerade in Italien – alte Territorialgeschichten gegen kirchenstaatliches Interesse verhandelte und vor allem das Königreich Sizilien einforderte, welches Heinrich VI. über seine Frau Konstanze einst gewaltsam in kaiserlichen Besitz gebracht hatte. Sein vornehmliches Argument als Kaiser des Heiligen Römischen Reiches verwies zurück bis in die Tage der Karolinger. Tatsächlich aber richtete sich das wohl gegen einen neuen Gegner, der seine Herrschaft bedrohte: Den letzten überlebenden männlichen Staufer Friedrich II. hatte fern von den deutschen Kernlanden während des Thronstreites für lange Zeit niemand mehr auf der Rechnung gehabt. Im Zuge seiner Kaiserkrönung wurde Otto IV. des nunmehr 15-jährigen jungen Mannes aber gewahr. Und der Bedrohung, die von diesem ausging.

Warum? – Formal war Friedrich sogar ein bereits vor ihm gewählter deutscher König und damit – ebenso wie sein Onkel Philipp von Schwaben – ein Gegenkönig, der im Mannesalter seine Herrschaftsrechte einfordern mochte. Hinzu kam, dass trotz des freien Wahlkönigtums im deutschen Reich Friedrichs Ansprüche als direkter Erbe Heinrichs VI. sehr viel eindeutiger waren als seine eigenen. Gegen Philipp, der als Bruder des verstorbenen Kaisers nicht in der natürlichen Nachfolge stand, hatte es immer eine Möglichkeit gegeben. Gegen diesen letzten Spross der Staufer aber vielleicht nicht, wenn er über die Alpen in das Kernland des Reiches kommen sollte.

Auch ein weiterer Umstand kam zum Tragen. Klein-Friedrich hatte nicht nur den kaiserlichen Vater, sondern 1198 auch die Mutter im Alter von gerade einmal vier Jahren verloren. Die Vormundschaft über den Jungen konnte sich anschließend Papst Innozenz höchstpersönlich sichern, da die staufische Verwandtschaft jenseits der Alpen in die bekannten, veritablen Schwierigkeiten des deutschen Thronstreits verwickelt war. Innozenz unterstützte den Welfen Otto und gab den staufischen Erben natürlich nicht heraus. Außerdem gewann er die Kontrolle über das Königreich Sizilien. Was für ein Gewinn für seine pontifikale Herrschaft! – Die offizielle Vormundschaft endete just kurz nach der Kaiserkrönung noch im Jahr 1209, und damit standen für Papst und Kaiser gleichzeitig viele Machtfaktoren gegenseitig unterschiedlicher Art auf dem Spiel.

Womit aber in diesem Karussell wahrscheinlich niemand gerechnet hatte, das war der junge Friedrich selbst. Seit er denken konnte, war er in seiner sizilianischen Heimat zwischen den Interessen immer wieder wechselnder Ritter, päpstlicher Legaten und sonstiger Erzieher hin und her gestoßen worden. Dabei entwickelte er für sich persönlich eine Haltung und Natur, die sich grundlegend von allen Herrschertypen bis dahin unterschied. Friedrich legte sich für die damalige Zeit ganz eigene Überlebens- und Herrschaftskriterien zurecht. Er sog Bildung in sich auf, wie er nur konnte, sprach etliche Sprachen, vermochte zu lesen, zu schreiben und zu deklamieren, brach jedoch gleichzeitig mit damals ausgeprägtem Standesdenken und Kulturarroganz gegenüber zum Beispiel den Völkern des Morgenlandes. Friedrich II. war aufgrund der Umstände seines Aufwachsens und seines enormen Intellekts eine Figur, die bereits als junger Mann in der Wahrnehmung seiner Zeitgenossen herausragte, und ebenso für uns heute im breiten Reigen des Hohen Mittelalters. – Er trat jetzt genau in dieser Situation auf den Plan der Geschichte und veränderte vieles in ungewöhnlicher Manier, unter anderem, indem er mit den Zumutungen der Machtspiele seiner Kindheit abrechnete.

Otto IV. stieß dagegen mit seinem Verhalten nach der Kaiserkrönung und vor allem auch mit seinen italischen Unternehmungen in Apulien und Kalabrien auf die massive Ablehnung dieser Unterfangen durch eine Vielzahl der Reichsfürsten. Ein solches Vorgehen war nicht abgesprochen und hätte wohl auch keine Billigung gefunden. Otto verspielte in kurzer Zeit die nach dem Tod Philipps von Schwaben zunächst errungene Einheit gegenüber seiner Herrschaft. Hinzu kam, dass der erneute Streit eines Kaisers mit dem Papst dieses Mal beinahe einhellig von den Fürsten wie Bischöfen gleichermaßen abgelehnt wurde. Ein Vorrücken gegen das Sizilien des jungen Friedrich, als dessen Lehensherr der Papst sich sah, war Unrecht. Innozenz III. exkommunizierte Otto IV. Ende 1210, den er kaum ein Jahr zuvor noch zum Kaiser gekrönt hatte; im wiederum darauffolgenden Spätsommer wählte eine Allianz aus Bischöfen und verschiedenen Fürsten Friedrich II. in Nürnberg erneut zum deutschen König und nannte ihn dabei „alium imperatorum", den *anderen Kaiser*.

> Nürnberg als Ort dieser Wahl ist interessant, denn Friedrich II. ist es gewesen, der dem damals noch relativ unbedeutenden Städtchen später die Reichsfreiheit gewährte. Damit begann der Aufstieg Nürnbergs.

Trotz dieser Maßnahmen konnte Friedrich der Macht und dem Heer, das der Kaiser mit sich führte, auf Dauer nicht viel entgegensetzen. Da half auch seine günstige Verbindung mit Konstanze von Aragon und die Unterstützung des Papstes nichts, er würde sein Königreich Sizilien verlieren. Von daher wagte er 1212 ein Unternehmen, wie es in der Geschichte seinesgleichen wahrscheinlich erst noch wird finden müssen. Während Otto IV. sich mit Anhängern und Heer noch immer in Italien mit dem Ziel befand Sizilien einzunehmen, durchquerte der gerade einmal 18-jährige Friedrich allein mit einer kleinen Schar Getreuer und in aller Heimlichkeit erst Italien und dann die Alpen, um im Kernland des Kaiserreiches, das er zuvor noch nie betreten hatte, die Machtbasis des Kaisers zu brechen. So beabsichtigte er in erster Linie sein eigenes Königreich Sizilien vor der Gefahr der Eroberung zu bewahren. Otto IV. sollte dazu gezwungen werden, seine italischen Unternehmungen aufzugeben und über die Alpen zurückzukehren. Natürlich wusste Friedrich II. um seine eigene Geschichte, um seine ihm zustehende deutsche Krone, um diese erneute Wahl zu Nürnberg und eben um den Unmut von Fürsten und Bischöfen in diesem fernen Land. Trotzdem! Der junge Mann war damals gerade eben dem Knabenalter entwachsen, auf eine solche Expedition zur Lösung der eigenen Machtperspektiven muss man erst einmal kommen. Viel Wagemut braucht es, um so etwas ohne jeden Schutz zu riskieren, und dann war da ja auch noch das fremde Land, die fremden Menschen, die fremden Sitten und Gebräuche. Würde man ihn überhaupt an- und aufnehmen wollen, wenn er in Person vor die Fürsten und Bischöfe trat? Die Antwort ist schnell gegeben: Man tat! Friedrich gewann rasch an Anhängern, insbesondere unter den traditionell staufischen Parteigängern, welche geradezu begeistert die Trommel für dessen Sache rührten. Er zeigte sich großzügig und geduldig zugleich, gewährte Privilegien ohne direkten Eigennutz und entschied anerkannt gerecht. Ein neuer Mythos ging durch die Lande. Auch der französische König Philipp II. – eben jener, der einst

> Der Kapetinger Philipp II. hatte ein großes Interesse daran den jungen Staufer Friedrich II. zu unterstützen, denn dieser setzte mit Otto IV. den engen Verwandten und Verbündeten des englischen Königs Johann unter Druck, mit dem er in seinem eigenen Königreich erbittert um Besitzungen und Rechte stritt.

noch mit Richard Löwenherz zum Kreuzzug aufbrach und sich später bittere Auseinandersetzungen mit diesem lieferte – unterstützte den jungen Staufer mit einer bedeutenden Summe Geldes, das Friedrich klugerweise nicht in eine eventuelle Kriegskasse einbrachte, sondern als Wohltaten verteilte. Noch im Dezember desselben Jahres wurde er in Frankfurt noch ein weiteres Mal zum deutschen König gewählt und im nahen Mainz sogleich ge-

> Insgesamt drei Wahlen von Friedrich II. zum Deutschen König sind einmalig in der Geschichte!

krönt, Friedrich II. hatte große Teile des Reiches im Sturm erobert, nicht mit Heer und Panzerreitern, sondern mit höfisch wahrhaft königlichem Auftreten und seinem außerordentlichen Charisma.

Ob Friedrich II. im Zusammenhang dieser Ereignisse auch dem wandernden und landesweit bereits bekannten Lyriker und Sänger Walther von der Vogelweide persönlich begegnete, ist nicht überliefert, aber Walther besang zu dieser Zeit sehr erfolgreich die Großzügigkeit und Weisheit des jungen Staufers, welche er dem Geiz und anderen Charakterschwächen der Welfen gegenüberstellte. Der Einsatz des Minnesängers half dabei, dass dem neuen Gegenkönig im Reich sowohl innerhalb des Adels als auch unter einfachstem Volk ein Ruf vorauseilte wie Donnerhall: *Das Staunen der Welt.*

> Den Beinamen „Das Staunen der Welt" bekam Friedrich II. allerdings erst später, als er sich für die Europäer der Zeit auch mit kaum verständlichen Lebensweisen und Denkrichtungen des Morgenlandes umgab beziehungsweise beschäftigte.

Und Würzburg? Bischof Otto I. von Lobdeburg war ein welfischer Parteigänger. Unter ihm war das traditionell salisch-staufische Bistum zu Otto IV. hin abgefallen. Als der Papst 1210 den Kaiser exkommunizierte und auch als in Nürnberg später der junge Friedrich zum Gegenkönig ausgerufen wurde, kam es unter anderem in Würzburg zu schweren und zum Teil gewalttätig anhaltenden Unruhen. Gründe dafür waren natürlich weniger die Unterstützung des den Menschen völlig unbekannten Staufers Friedrich, sondern die Ablehnung der Entwicklung im Fürstbistum über die vergangenen Jahre zum Nachteil von Handel, Handwerk, Bauernpacht und bezeichnenderweise wohl auch regionalem Landadel. Das demonstrative Auftreten des Bischofs als mächtiger Reichsfürst veränderte Klima und Konstellationen in der Stadt. Der überaus verschwenderisch abgehaltene Hoftag vor dem Aufbruch Ottos IV. nach Italien wird vielen noch in Erinnerung an die materiell schmerzlich erlittenen Verluste im Gedächtnis gewesen sein. Es kam dahin, dass Lobdeburg um den Erhalt seines Amtes ringen musste, denn eine bürgerlich-adelig verbrüderte Allianz unter Führung der Ravensburger – wir erinnern uns, dieses Ministerialengeschlecht ermordete gerade einmal zehn Jahre zuvor den mit Lobdeburg verwandten Bischof Konrad – betrieb die Absetzung Ottos, um einen der ihren zu inthronisieren. Dieser musste zwischenzeitlich sogar fliehen, es gelang ihm jedoch, den Aufstand wieder zurückzudrängen. Als Friedrich II. im September 1212 im Reich erschien, wechselte der Würzburger Bischof, erneut seinem politischen Instinkt folgend, die Seiten und wurde fortan entschlossener Anhänger des Staufers.

Seiner persönlichen Vorgeschichte zum Trotz gelang es ihm in den folgenden Jahren sogar das Vertrauen Friedrichs zu gewinnen, indem er sich bei auch gewaltsamen Auseinandersetzungen mit Parteigängern Ottos IV. entsprechend verhielt. Schließlich wurde er gar zeitweise zum geistlichen Erzieher von Friedrichs Sohn Heinrich VII. mit Konstanze von Aragon bestellt, welcher sich 1211 geboren zu dieser Zeit im besten Knabenalter befunden haben dürfte.

1219 überließ Bischof Otto im Rahmen einer Gründung und Schenkung das in Bistumsbesitz befindliche Areal der linksmainisch gelegenen ehemaligen Kaiserpfalz Friedrich Barbarossas – ein Signal der Treue vielleicht auch an den Staufer Friedrich II.? – dem Deutschen Orden für die Ansiedlung einer Würzburger Kommende, zu dessen Anerkennung als Ritterorden bereits sein Vorgänger und Verwandter Konrad von Querfurt entscheidend beigetragen hatte.

Die gotische Saalkirche des „Deutschen Ordens" sowie das barocke Ordenshaus der Kommende gehören heute dem historischen Schatz der Architektur Würzburgs an.

1221 fällt ebenfalls in Lobdeburgs Pontifikat und noch zu Lebzeiten des Hl. Franz von Assisi die Würzburger Gründung des Minoriten-Klosters der Franziskaner, welches bis heute durch alle zum Teil sehr widrigen Umstände der Geschichte durchgehend für 800 Jahre überdauert hat. Es handelt sich dabei zudem um die erste Niederlassung der Franziskaner nördlich der Alpen. Es mag dies für Otto I., der gerne auch als im Stande verschwenderisch schwelgender Reichsfürst auftrat, ungewöhnlich erscheinen, aber der Mann war eben auch ein geschickt pendelnder Politiker im Sinne seiner abwägenden Interessen.

Kaiser Otto IV. verzockte sich gründlich. Als er von Friedrichs Reise in das deutsche Kernland des Reiches und der materiellen Unterstützung des französischen Königs für den Staufer erfuhr, eilte er nicht etwa über die Alpen zurück in das Land, das Kern und Schlüssel seiner Herrschaft war, oder nahm im Gegenzug und Sturm etwa Sizilien ein, nein, er begab sich mitsamt seinem Heer sowie auch mit der Zeit herbeigerufenen Anhängern aus den eigenen Reichsländern nach Frankreich, um seinem englischen Onkel *Johann Ohneland* im Kampf um die Herrschaft über dortige Gebiete

Es handelt sich bei „Johann Ohneland" um den jüngeren Bruder von Richard Löwenherz, welcher allerdings bereits zu dessen Lebzeiten gegen diesen intrigiert hatte. Beider Mutter – die legendäre Eleonore von Aquitanien – war kein Fan von ihrem eigenen Sohn Johann und unterstützte dessen Ambitionen nicht.

beizustehen. Sein kühner Plan war es wohl, die Kapetinger in Frankreich komplett zu beseitigen und für die Plantagenets wie auch die Welfen eine europäische Machtbasis zu errichten, welche den kleinen Erfolg des staufischen Knaben in Teilen seines eigenen Herrschaftsgebietes erdrücken und hinwegfegen würde. Anschließend könnte er dann unumschränkt herrschen wie niemand vor ihm seit der Antike. Kein Großer der Fürsten oder Erzbischof würde sich ihm mehr in den Weg stellen.

Kühn verzockt ist tatsächlich nur eine schwache Umschreibung für das, was tatsächlich geschah. Kaiser Otto IV. unterschätzte offenbar vollkommen den Erfolg, den Friedrich II. nördlich der Alpen im Kernland des Reiches bei Fürsten, Geistlichen und Volk gleichermaßen erzielte. Entscheidende Grundfesten seines eigenen Reiches gehörten ihm schon längst nicht mehr, als er nach Frankreich zog anstatt dorthin, wo er sein Königtum hätte verteidigen müssen. In der Schlacht von Bouvines nahe der Stadt Lille kam es 1214 zu einer verheerenden Niederlage des Kaisers, die sowohl für ihn selbst als auch für den englischen König gewisse Konsequenzen hatte. Letzterer musste kurz darauf den Großen seines Königreiches die *„Magna Charta"* zugestehen, welche noch heute ihren Einfluss ausübt. Der in der Schlacht geflohene Kaiser verlor dagegen alle verbliebene Zustimmung und Macht. Schließlich blieb ihm nur noch das Kernland seines Hauses zwischen Harz und der Heidelandschaft im Norden Braunschweigs. – Das Heilige Römische Reich gehörte von der Nordsee bis in das Mittelmeer hinein Friedrich II., der es ohne Krieg zu führen gewonnen hatte.

Innozenz III. starb 1216. In die Geschichte ging er ein als schillernde Figur des Hohen Mittelalters im Zenit politischer Macht des Papsttums. Jedoch war er vor allem auch ein unerbittlicher Gegner Andersdenkender. So billigte und beförderte er beispielsweise den Albigenserkreuzzug gegen die südfranzösischen Katharer mit unter anderem dem unsäglichen Massaker von Béziers 1209, als der päpstliche Legat befahl: *„Tötet sie alle. Gott wird die*

> Das Zitat *„Tötet sie alle. Gott wird die Seinen erkennen."* wird dem päpstlichen Legaten Arnaud Amaury auf die Frage hin zugeschrieben, wie man in der Stadt denn abtrünnige Ketzer und Katholiken voneinander unterscheiden solle, gesprochen am 22. Juli 1209. Es steht bis heute stellvertretend für den unsäglichen Zynismus im machttrunkenen Rausch von gewalttätigen Siegern und für die Preisgabe jedweder Werte und Menschlichkeit. – Das Massaker von Béziers gilt als eine der größten Katastrophen des Mittelalters.

Seinen erkennen." Seinem Eifer gegen alles, was – vermeintlich oder nicht – nach Häresie roch, folgte kurz darauf die päpstliche Inquisition nach, bei der es sich gewiss nicht um eine Institution nach christlichen Werten und Geboten handelte. Zudem ist diese, von Innozenz jedenfalls stark voran getriebene Entwicklung wenigstens auch mitverantwortlich für die Kirchenkrise des späten Mittelalters, welche unter anderem zum großen Papstschisma des 14. Jahrhunderts führte und letzten Endes auch zur Reformation.

Spätestens mit Innozenz Tod wurde auch deutlich, dass Friedrich II. keineswegs ein Parteigänger dieses Papstes war, dem er auf den ersten Blick doch so viel zu verdanken hatte, dass er dessen politische Ränkespiele und Machtgelüste beispielsweise in Sachen Sizilien nicht teilte, ebenso wenig dessen Hatz gegenüber der sogenannten Häresie. Zwar vermied Friedrich es, sich offen gegen Innozenz zu positionieren, solange dieser lebte, aber er realisierte wohl eine gewisse Distanz, als ihm dies nach Beendigung der päpstlichen Vormundschaft und dem Erringen seiner eigenen Machtbasis seit 1212 möglich geworden war. Er nahm dem Papst wahrscheinlich persönlich übel, seine Abkunft von Heinrich VI. sowie die Vormundschaft über ihn für seine eigenen Interessen verwendet und missbraucht zu haben, sodass für ihn eine Unfreiheit und Kindheit dabei herauskam, die er in der Rückschau mit Abscheu betrachtete.

Indiz hierfür könnten auch die Spottverse Walthers von der Vogelweide gegen Innozenz III. sein, welche möglicherweise ganz im indirekten Sinne Friedrichs ihren Weg in die Welt fanden.

Walther war bereits zu Lebzeiten ein bekannter Lyriker und Sänger, ein früher Star des Showbusiness an den Höfen des deutschen Reiches, vor allem in den südlicheren Landesteilen. Legendär war seine künstlerische Fehde mit seinem Rivalen Reinmar dem Alten um Deutung und Aufgabe des Hohen Minnesanges. Wolfram von Eschenbach (Parzival), der ihn gewiss persönlich gekannt haben muss, erwähnt dessen Dichtung mit der größten Ehrfurcht und gibt mitunter lustige Details zu Walthers Charakter preis. Gottfried von Straßburg (Tristan) spricht in seinem Werk von Walther als größtem Lyriker der Welt. Auch zeitgenössisch negative Stimmen erklingen, eine Person wie Walther von der Vogelweide spaltete selbstverständlich die Gemüter und Wahrnehmung der Zeit. Das war damals nicht anders als heute, nur die Medienintensität und die Allgemeinbildung unterscheiden sich deutlich.

Bis auf uns wirkt nach, dass Walther von der Vogelweide zu jenen gehörte, die entscheidende und wichtige Impulse zur deutschen Sprachentwicklung gegeben haben. Hierfür sei stellvertretend nur erinnert an *„Unter den Linden…"*

Im Jahr 1220 belohnte Friedrich II. Walther für seine Kunst und wohl auch politisch hilfreichen Dienste an den Höfen seines Reiches mit einem an das Würzburger Neumünsterstift angeschlossenen Lehen. Walther selbst preist öffentlich die Wohltat um ein sicheres Altersauskommen: *„Al die werlt, ich hân mîn lêhen…"* Dafür fängt er sich den Spott vielleicht auch neidender Kollegen ein. Eine seiner letzten Dichtungen befasst sich mit dem Kreuzzug Friedrichs 1228/29. Daher nimmt man seinen Tod um das Jahr 1230 herum an, denn es ist kein Text mehr zum Ausgang dieser Unternehmung überliefert. Walther hätte den Erfolg selbst auf dem Totenbett gewiss noch besungen, denn Friedrich hatte unter wieder einmal sehr widrigen äußeren Umständen – exkommuniziert stritt er sich mit dem Papst – die entscheidenden Ziele ohne Krieg auf dem Verhandlungswege erreicht, darunter Jerusalem wieder in christlicher Hand.

Ob Walther von der Vogelweide nun wirklich in Würzburg zur letzten Ruhestätte gebettet worden ist, wie es das 1930 errichtete Grabdenkmal im Lusamgärtchen rückwärtig zur Neumünsterkirche nahelegt, ist nicht restlos sicher. Der Würzburger Kanoniker des Neumünsterstifts und Leiter der fürstbischöflichen Kanzlei Michael de Leone – wir werden ihm später noch begegnen – berichtet jedoch in der Mitte des 14. Jahrhunderts beschreibend von dem Grab Walthers, das sich in dem sogenannten „Grashof" des Stifts befunden haben soll. Dabei handelt es sich tatsächlich um ungefähr das Areal des heutigen Lusamgärtchens, welches im Nordosten der Kirche einst von einem romanischen Kreuzgang umschlossen wurde, dessen überdauernde Elemente zu einem Flügel zusammengefasst heute ebenfalls in diesem Garten aufgestellt sind. Ein solches Grab im Hof des Kreuzgangs ist für angesehene Mitglieder oder Förderer des Stifts durchaus denkbar und möglich. – Wie und wo auch immer die Wahrheit begraben sein mag, Walther von der Vogelweide hatte so oder so über seine Jahrzehnte lang andauernde Karriere als Sänger und Lyriker Auftritte und Präsenz in Würzburg und der Region, die sein historisches Wirken sehr würdig mit der Geschichte dieser Stadt verbinden.

LOBDEBURG DER JÜNGERE – ODER: WARUM KANN SICH DER LANDESHERR IN DER EIGENEN STADT NICHT MEHR BLICKEN LASSEN?

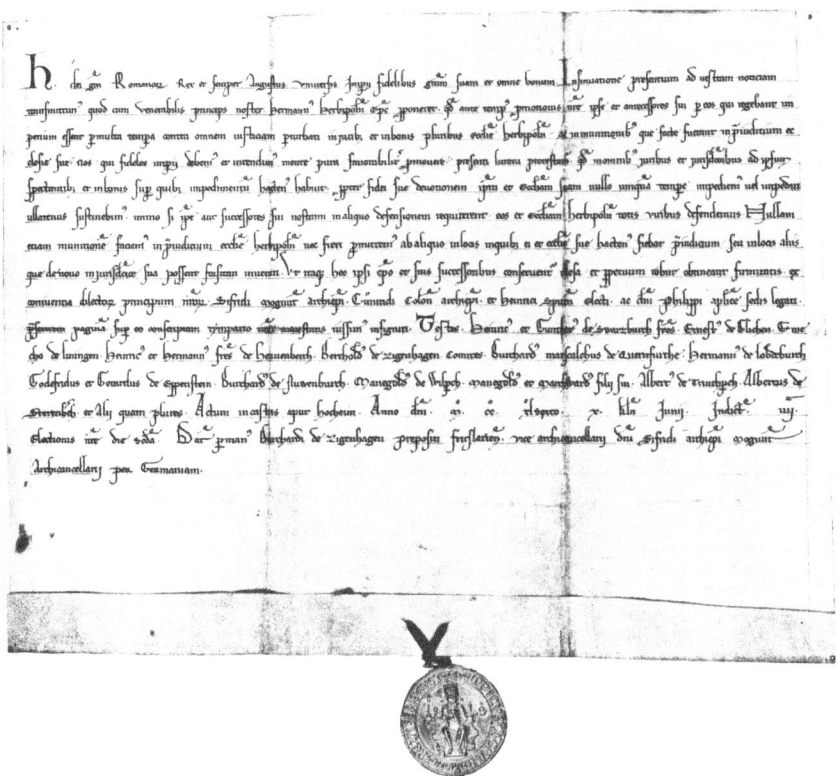

Urkunde des Gegenkönigs Heinrich Raspe für den Würzburger Bischof

Nach dem Tod Ottos I. von Lobdeburg dauerte es gerade einmal zwei Jahre, bis mit seinem Neffen Hermann 1225 erneut ein Lobdeburg auf dem Würzburger Bischofsstuhl Platz nahm. Fürstbischof Hermann I. übte in den folgenden Jahrzehnten ein ungewöhnlich langes Pontifikat von 29 Jahren aus, währenddessen es wohl kaum ein Feld gab, auf dem er nicht mitmischte. Sowohl in Reichsangelegenheiten als auch bezüglich der geistlichen und weltlichen Belange von Bistum und Hochstift hinterließ er seine Handschrift, zum Guten wie wohl auch Schlechten hin. Schließlich fällt in seine Regierungszeit auch ein erster Höhepunkt der Eskalation zwischen Bischof und Bürgertum. Aber immer der Reihe nach.

Wie schon sein Onkel unterhielt Hermann I. ein sehr enges Vertrauensverhältnis zu dem jungen Heinrich VII., welchen der Würzburger Bischof Otto I. obendrein einige Jahre zuvor zum Mitkönig im Deutschen Reich

Fürstbischof Otto I. führte 1222 im Aachener Kaiserdom die Krönungszeremonie für Heinrich VII. durch, wobei es sich auch um eine besondere Auszeichnung und Wertschätzung für den Würzburger Bischof handelte.

gekrönt hatte. Dabei nahm Hermann die Rolle eines engen Ratgebers und Mentors zugleich ein. Er begleitete den jungen König häufig auf Reisen und zu Hoftagen. Als der von Friedrich II. zum Reichsverweser bestellte Ludwig I. von Baiern sich um 1228 mit dem Kaiser überwarf, regierte Heinrich VII. fortan auf eigene Rechnung und aufgrund der ständigen

Abwesenheit Friedrichs auch sehr unabhängig; an seiner Seite nicht selten der Würzburger Bischof Hermann. Ab den 1230er Jahren kam es jedoch zunehmend zu Auseinandersetzungen mit den Fürsten, die sich auf Basis verschiedener Vorgänge in ihren Rechten eingeschränkt sahen, und in der Folge auch zum Zerwürfnis mit dem kaiserlichen Vater Friedrich, der wiederum den Fürsten aus eigenen politischen Gründen den Rücken stärkte. Erst setzte Friedrich II. Maßnahmen seines Sohnes außer Kraft beziehungsweise schränkte dessen Befugnisse ein, dann kam er selbst über die Alpen, da sich die politischen Spannungen nicht legten. Der Sohn rüstete gegen den eigenen Vater, an seiner Seite der Würzburger Bischof.

Der Kaiser jedoch kam – wie einst schon einmal – nicht mit einem Heer im Gepäck, sondern setzte wiederum auf den Einfluss seiner Person und das Vermögen Anhänger zu gewinnen. Und wieder ging die Rechnung auf, rasch versammelten sich die Fürsten unter seinem Banner. Warum Heinrich es Anfang Juli 1235 dennoch auf eine Schlacht ankommen ließ, bleibt so etwas wie ein Rätsel der Geschichte. Das anschließende Unterwerfungsritual vor dem Kaiser und unter den Augen der Großen des Reiches ist hingegen bestens überliefert. Der Vater ließ den Sohn lange zu Boden ausharren, bis selbst die zuvor in Gegnerschaft zu Heinrich stehenden Fürsten den Kaiser baten dies zu beenden. Die kaiserliche Gnade jedoch erlangte Heinrich VII. nicht mehr, stattdessen wurde er seiner königlichen Würden enthoben und verbrachte die folgenden sieben Jahre in Arrest an verschiedenen Orten. Der Grund für dieses ungewöhnliche Verhalten Friedrichs – eigentlich wäre eine Wiederaufnahme in Gnaden nach Ablauf einer gewissen Frist üblich gewesen – mag darin zu finden sein, dass Heinrich an der Lepra erkrankte, wie es die jüngere Forschung aufgrund forensischer Indizien vermutet. Damit war jedweder Weg zurück ausgeschlossen. Heinrich starb 1242 an den Folgen eines Sturzes vom Pferd in einen Abgrund hinein. Von Selbstmord war dabei die Rede.

Eine Folge dieser Vater-Sohn-Auseinandersetzung war noch im selben Jahr 1235 die umfangreiche Neuregelung des Landfriedens mit seinen Gerichtsbarkeiten sowie auch der Reichsregalien, wobei es sich um die königlichen Vorrechte handelte. Außerdem ließ Kaiser Friedrich seinen achtjährigen Sohn Konrad 1237 zum neuen Mitkönig wählen. Er selbst verließ anschließend die Kernlande des Reiches nördlich der Alpen und kehrte nicht mehr zurück.

Als Drahtzieher des Konflikts im Hintergrund galt unter anderem auch der Würzburger Fürstbischof Hermann I. von Lobdeburg, hatte dieser doch im Vorfeld gar einen demonstrativen Bund mit Heinrich VII. gegen den Kaiser geschlossen. Anders als dem Sohn wurde ihm allerdings als Bischof und Reichsfürst vergeben, Hermann unterstützte Friedrich II. anschließend auch aktiv vor Ort in seinen Konflikten mit dem Bund der lombardischen Städte und Papst Gregor IX. Allerdings unterstützte er 1246 wohl aktiv auch die Wahl des Ludowingers Heinrich Raspe als Gegenkönig zu Friedrich und Konrad, indem er diese in Veitshöchheim und somit in unmittelbarer Nähe zu Würzburg ermöglichte. Hintergrund dieses Geschehens war die durch den aktuellen Papst Innozenz IV. ausgesprochene Absetzung Kaiser Friedrichs. Das Pikante daran: Heinrich Raspe war zuvor so etwas wie der die Regierungsgeschäfte führende Erzieher von König Konrad IV., wechselte also die Seiten. Zudem fand diese Königswahl beileibe nicht die Mehrheit der Fürsten. Raspe starb demnach schon 1247 auf der Wartburg an den Folgen einer Verwundung, die er sich im Gefecht gegen die Stauferpartei zugezogen hatte.

In wechselnden Konstellationen und politischen Geschicken fand sich der Bischof über beinahe seine gesamte Regierungszeit im unmittelbaren Zentrum der Macht des Heiligen Römischen Reiches wieder. Dies bestimmte auch sein Auftreten als Landesherr und Bischof in seinem eigenen Herrschaftsgebiet. Der Fürst und das Bürgertum seiner Stadt drifteten deutlicher denn je auseinander – aus Gründen der unterschiedlichen Rechtswahrnehmung, wohl aber auch, weil die Herrschaft dieses Fürstbischofs einfach kein Ende zu nehmen schien.

Mitte der 1230er Jahre wurden vor Kaiser Friedrich öffentlich angebliche Kindesmorde aus dem zu Würzburg benachbarten Bistum Fulda verhandelt, bei denen es angeblich darum ging, dass Juden diese Morde verübten hätten, um das Blut der Kinder zu trinken. Friedrich II. ließ Gelehrte aus ganz Europa – darunter auch prominente Konvertiten vom Judentum zum Christentum – den Fall untersuchen und fällte schließlich das Urteil, dass an dem Vorwurf nichts dran sei. Die Mär war durch das Verfahren aber nun im Umlauf und nahm ihren Weg. Schon seit der Zeit der Kreuzzüge gerieten die Juden immer mal wieder in Misskredit als Verräter an Jesus, obwohl der damals eigentliche Gegner im Heiligen Land die muslimische Welt des arabischen Islam war. Jetzt aber hatte sich das in der öffentlichen Wahrnehmung geändert, der Jude mitten unter ihnen mache sich dämonisch zu schaffen an ihren Kindern und sowieso an der von Gott gegebenen christlichen Ordnung und Kultur. Diese Wahrnehmung traf sich nur zu gut mit den Geschäften, für die die Juden auch in Würzburg hauptsächlich einstanden: Fernhandel, Einkauf, Verkauf sowie Herstellung und Handel mit wertvollem Geschmeide, dazu außerdem die Finanzierung von Geschäftsangelegenheiten von Bürgern und Adeligen, was mitunter zu unliebsamen Abhängigkeiten und schlechten Gefühlen führte. Da kamen Vorwürfe gegen das Judentum gerade recht und mochten stimmungsmäßig wohl ihren Weg gehen.

Zunächst aber war es noch nicht so weit. Bischof Hermann beschäftigte Bistum und Hochstift auf das Intensivste. Kaum ein Nachbar, mit dem er sich nicht um territoriale Hoheiten stritt und in kriegerisch geführte Fehden begab. Mit den Hennebergern, Rieneckern und denen von Castell stritt er um Gebiete und setzte sich überwiegend durch. Zudem gewann er in Auseinandersetzungen mit den Bistümern Fulda und Bamberg neue Lehen hinzu, darunter die Burgen Trimburg und Rauheneck.

Auch im geistlichen Sinne hinterließ Hermann I. seine Spuren. Eine Vielzahl von neuen Klostergründungen geht auf sein Pontifikat zurück, darunter insbesondere die Einrichtung von Frauenklöstern: Kloster Maidbronn und Kloster Himmelspforten mit Zisterzienserinnen sowie Kloster Unterzell mit Prämonstratenserinnen sowie auch die bekehrten Reurerinnen im Quartier der Sanderstadt.

> Bei den *Reurerinnen* handelte es sich ganz ursprünglich um einen zum gläubigen Leben konvertierten Kreis von Prostituierten, die erfolgreich im Quartier Sand ein Konvent gründeten und aufbauten, das noch heute als *„Reurer-Viertel"* bezeichnet wird. – Das Areal fiel später den Dominikanern zu.

Ebenfalls in seine Zeit fallen der Ausbau der Franziskaner in Würzburg, die Niederlassung der Dominikaner und des Ritterordens der Johanniter sowie auch die Niederlassung der Templer im Großen Löwenhof, der damals noch nicht so hieß, aber in der Stadtgeschichte noch eine exponierte Rolle spielen sollte.

1247 kam es dazu, dass die eigentlich der königlichen Gerichtsbarkeit unterstellten Juden Würzburgs im Rahmen eines Kompensationsgeschäfts unter das Gericht und den Schutz des Fürstbischofs fielen. Dieser erließ daraufhin Anweisungen und Gesetze, die sehr auf den Unmut der Bürgerschaft trafen sowie auch Unruhen auslösten. Dass sich diese nun auch gegen die jüdische Gemeinde richteten, mag mit den aufkommend negativen Legenden zum Judentum zu tun gehabt haben als auch mit den Erlassen des Landesherrn, der von seiner kaiserlich überlassenen Kammerknechtschaft über die Juden nebst dem sogenannten Judenschutz zu profitieren gedachte.

Aus dieser Konstellation ergab sich letztlich, dass zwischen Herrschaft und Bürgertum eine extrem strittige Auseinandersetzung für die lange Periode des noch ausstehenden Zeitalters entstand, bis sie mehr oder weniger kriegerisch entschieden wurde, aber bis auf den heutigen Tag noch immer nicht restlos aufgelöst ist. Die Würzburger Bischofschronik des Lorenz Fries aus der Mitte des 16. Jahrhunderts berichtet davon, dass der Unmut der Bürger über die Bevorzugung der Geistlichkeit in Sachen Steuern, Zehnt, Frondiensten, Zinsen, Gerichte und so einiges mehr zu lautstarken Beschwerden, Unruhen, Übergriffen und auch der Weigerung führte, Dienstverpflichtungen oder Abgaben Folge zu leisten. Der Bischof reagierte mit Zunftverboten und dem Verhängen des Interdikts über die Stadt, also dem Verbot jedweder religiösen Handlung. Neben dem Fehlen des Empfangs der Sakramente war für die Menschen hierbei besonders hart, dass sie während eines solchen Interdikts ihre Toten weder in geweihter Erde begraben konnten noch diesen zuvor im Sterben die Beichte abgenommen beziehungsweise die Sterbesakramente erteilt wurden. Ein wirkmächtiges Instrument der Machtdemonstration, ebenso wie die Verweigerung des bürgerlichen Gehorsams, welchen in der Hauptsache die Zunftherren organisiert hatten.

Als nun der Fürstbischof Hermann auch noch die jüdische Gemeinde Würzburgs unter seinen besonderen Schutz stellte, nahmen die Bürger dies als Kampfansage auf und entluden ihren Zorn ab diesem Zeitpunkt zunehmend auch gegen Juden, da diese – anders als der Klerus – gewissermaßen angreif- und erreichbar waren. Ein sehr unglückliches Zusammenkommen von Umständen, aber Menschen haben in ihrer Natur damals nicht anders funktioniert als heute auch.

Es brodelte weiter in der Stadt. Der innere Konflikt zwischen Bürgerschaft und Landesherr schaukelte sich gegenseitig zunehmend auf. Schließlich kam es wohl um 1253 zu einer der berühmtesten Episoden der Stadtgeschichte, indem Hermann I. von Lobdeburg nach einer Strafexpedition voll bewaffneter Panzerreiter schickte, um den gerade wieder einmal entflammten Aufruhr in der Stadt jetzt gewaltsam niederzuschlagen und vielleicht auch, weil er in diesem Moment um seine eigene Sicherheit fürchtete, da er sich in seinem Stadtpalais aufhielt, das möglicherweise ungefähr dort stand, wo wir heute das Kilianshaus mit dem Dommuseum darin finden. Die Bürgerschaft aber hatte davon erfahren und war vorbereitet. Was dann folgte, war ungeheuerliches Geschehen, das in den alten Tagen undenkbar gewesen wäre. Als der schwer bewaffnete Trupp des Bischofs hoch zu Pferd gerade über die Brücke kam, schloss sich das linksmainische Brückentor hinter ihnen wie bei einer Mausfalle. Lorenz Fries berichtet: *„Vnd fielen sie mit werender hand aus der Statt in sy, warffen etliche aus Jnen vber die Bruckhen in den Main, erstachen etliche, Die vberigen fiengen Sy"* (frei übertragen: Und da fielen sie [die Bürger] kämpfend über die Reiter des Bischofs her, warfen etliche von ihnen über die Brücke in den Main und erstachen andere. Die Übrigen fingen sie ein.). Auch der Bischof selbst wurde anschließend gefangen genommen und festgesetzt. Von dieser Stunde an waren die Messer endgültig gewetzt, der offene Aufstand schien möglich und fürs Erste sogar erfolgreich zu sein.

Das nachfolgende Geschehen zeigt aber auch, dass es der aus zum Teil ganz unterschiedlichen Interessen heraus im Aufstand zusammengewürfelten Bürgerschaft entweder an Einigkeit mangelte oder aber der in dieser Eindeutigkeit gewiss unerwartet eingetretene Erfolg sie siegestrunken und leichtsinnig werden ließ. Man muss sich das einmal vorstellen, nach dem so kurzen wie blutigen Gemetzel auf der Brücke wird es überall in der Stadt ein ziemliches und lautstarkes *Hallo* gegeben haben. Man einigte sich darauf, von dem Bischof die vollständige Herausgabe der Festung Marienberg zu fordern, damit dieser die Stadt militärisch nicht mehr kontrollieren konnte. Die Bischofschronik des Lorenz Fries betont, dass die Bürger hierbei dem Landesherrn ausdrücklich mit dem Tod gedroht haben sollen. – Wahr oder nicht, in der Wahrnehmung sollte zumindest berücksichtigt werden, dass die Quelle aus bischöflicher Perspektive berichtet und zudem 300 Jahre nach diesen Ereignissen entstand. – Lobdeburg versprach es, und so zog man mit dem Gefangenen und einer leidlich bewehrten Bürgerschar den Marienberg hinauf vor die Tore der jetzt bereits stark ausgebauten Burg.

Aufgrund der zuvor schon anhaltenden Unruhen befanden sich zu diesem Zeitpunkt neben der Burgbesatzung auch etliche Geistliche und Adelige in der Bischofsfestung, um den Gang der Ereignisse abzuwarten. Letztere übernahmen nun die Wortführung und traten mit weiteren Bewaffneten den Bürgern außerhalb der Festung entgegen. Wie zugesagt soll Bischof Hermann nun dazu aufgefordert haben, die Burg zu räumen und zu übergeben. Dann aber geschah wieder Unerwartetes. Die Adeligen Herren der Festung wiesen dieses Ansinnen von sich. Gefangen und gebunden sei der Fürstbischof nicht mehr ihr Herr und hätte sein Wort kein Gewicht. Auch an seinem Tod träfe sie somit keine Schuld. Man gebe die Festung nicht heraus. Anders jedoch verhielte es sich, wenn der Bischof als freier Mann vor sie träte, dann würde man seinem Befehl Folge leisten. Die an diesem so denkwürdigen Tag erhitzte und aufgebrachte Bürgerschaft sah sich ihrem Ziel bis auf einen kurzen Schritt noch nahe gekommen, löste Hermanns Fesseln und ließ ihn aus ihrer Gruppe etwas heraustreten, damit er das Wort erneut an seine Gefolgsleute richten konnte. Kaum geschehen, stürzten die Bischöflichen jedoch die fehlenden Schritte heran, nahmen Hermann in ihre Mitte und verwickelten die ansonsten verdutzte Bürgerschar in ein auf beiden Seiten verlustreiches Hauen und Stechen. Nachdem der Bischof hinter den Mauern in Sicherheit gebracht worden war, zog man sich auch schon wieder zurück und schloss die Tore. Was blieb, war der bürgerliche Abzug unter Spott und das Lecken der Wunden.

Der ganze Vorfall dauerte wahrscheinlich nur wenige Minuten. An mehr oder weniger ein und demselben Tag – vielleicht waren es auch zwei aufeinander folgende Tage, wer weiß – hatte die Bürgerschaft Würzburgs alles gewonnen und im gefühlt selben Augenblick auch schon wieder alles verloren. Heute würden wir von einem tiefsitzenden Trauma sprechen. Und in der Tat, der Stachel saß tief, wie es sich noch erweisen sollte.

Unmittelbare Folge war, dass der Bischof zum ersten Male seit den Tagen des Bistumsgründers Burkard seinen Sitz auf dem schwer befestigten Marienberg nahm, und dies dauerhaft für ungefähr die nachfolgenden 450 Jahre. Hermann I. von Lobdeburg setzte bis zu seinem freilich baldigen Lebensende sogar keinen Fuß mehr in die Stadt hinein.

Die Unruhen hielten indes weiter an und griffen gar auf ländliche Regionen des Hochstifts über. Von Übergriffen gegen Geistliche und Adelige ist die Rede, von Plünderung, Vergewaltigung und Brandschatzung. Desgleichen wird die Gegenseite zurückgezahlt haben. Neben dem Interdikt folgte auch noch ein päpstlicher Bann. Außerdem ließ sich nach dem Tod Lobdeburgs dessen Kurzzeitnachfolger Heinrich von Leiningen als Gegenbischof des durch das Domkapitel gewählten Iring von Reinstein-Homburg dazu hinreißen, Würzburg im Kampf um das Fürstbistum gewaltsam zu besetzen. Das kann man in der verworrenen Gemengelage alles in allem getrost als eine Art von Bürgerkrieg bezeichnen.

Erst als Iring sich als Bischof ab 1256 endgültig durchsetzte, beruhigte sich die Gesamtsituation der Stadt wieder. Iring suchte im Wesentlichen den Ausgleich mit der Bürgerschaft, was erstmals sogar in miteinander geschlossene Abkommen über Kompetenzen und Zuständigkeiten gipfelte. Gegen Ende seines Pontifikats kam es 1265 dennoch erneut zu Kämpfen und Unruhen, weil der Teufel der natürlichen Gegensätze eben stets im Detail sowie in übergroßen Egos und machtbewussten Eitelkeiten steckt.

1256 war es auch, als sich erstmals und von nun an dauerhaft ein städtischer Rat zusammenfand, dessen Entstehung sich gewiss aus den Eindrücken der vorangegangenen Unruhen und den Geschehnissen um Fürstbischof Hermann I. von Lobdeburg erklären lässt. Über die Zusammensetzung dieses ersten Rates weiß man nicht viel. Die Zünfte werden vertreten gewesen sein, Quartierherren, also Vertreter der Stadtviertel, sicher auch und darüber hinaus noch eine Reihe von Einzelpersonen aufgrund ihres Ansehens. Getroffen hat sich dieser erste Rat der Stadt im sogenannten *„Hof zur Sturmglocke"*, welcher ungefähr dort lag, wo sich heute beim Vierröhrenbrunnen das „Haus zum Hirschen" befindet.

> Nomen est omen. – Der „Hof zur Sturmglocke" wird einen Turm oder eine Plattform besessen haben, von dem aus die Stadt bzw. auch das Flussufer beobachtet wurde. Brach irgendwo ein Feuer aus oder näherte sich eine Gefahr, läutete man die Sturmglocke. Auch das Zusammenrufen der Bürgerschaft hatte diese Glocke zur Aufgabe.
>
> Das „Haus zum Hirschen" wurde von Balthasar Neumann 1726/27 als Bürgerhaus für den allgemein als „Hirschenwirt" bezeichneten Gastwirt an gleicher Stelle neu erbaut. Seine Konzeption ist verwandt mit Neumanns späterem „Kaufhaus am Markt", das in die Architekturgeschichte einging.

Die Bildung des Rates erwies sich jedenfalls aus Perspektive der Bürgerschaft als kluge Erfolgsgeschichte. Nicht mehr viele Partikularinteressen der verschiedenen Zünfte, Viertel, Gruppen oder gar Einzelpersonen versuchten sich Gehör zu verschaffen, sondern fortan war es möglich geworden, mit einer gemeinsamen Stimme zu sprechen. Erstmals trat dem Bischof und Landesherrn ein politisches Gewicht entgegen, das weder ignoriert noch gegeneinander ausgespielt werden konnte.

Dass das funktionierte und dem Fürstbischof Zugeständnisse abnötigte, zeigen die Vereinbarungen über städtische Zuständigkeiten von 1261. Freilich war diese neu gewonnene bürgerliche Einigkeit auch der endgültige Aufgalopp zu einer lang anhaltenden Periode sehr hart, sehr bitter und letztlich auch sehr blutig geführter Auseinandersetzungen zwischen der Bürgerschaft Würzburgs und ihrem Landesherrn.

AUSEINANDERSETZUNG UND KAMPF

Bürger gegen Bischof

Nachdem Friedrich II., das Staunen der Welt, Ende 1250 im Alter von 56 Jahren gestorben war, regierte sein verbliebener Sohn und Mitkönig Konrad IV. das römisch-deutsche Reich bis zu seinem wiederum frühen Tod 1254, verbrachte diese Jahre aber ausschließlich in Italien, wo es ihm um das Königreich Sizilien ging. Zwar hatte auch Konrad einen 1252 geborenen legitimen Sohn namens Konradin im Kleinkindalter, aber es gab – anders als beim Tod von Heinrich VI. – keinen Bruder des

> Manfred, ein mehr oder weniger illegitimer Sohn Friedrichs II., wahrte zwar die sizilischen Ansprüche des kleinen Konradin, ließ sich später aber selbst zum König von Sizilien ausrufen. Er starb in einer Schlacht um französische Ansprüche (Karl I. von Anjou) auf Sizilien. Auch Konradin selbst – noch aufgewachsen unter der Vormundschaft des Herzogs von Baiern – starb 1268 blutjung in der Auseinandersetzung um Sizilien durch Gefangennahme und Hinrichtung. Alle noch verortbaren Staufer, ob männlich oder weiblich, ereilte anschließend das Schicksal lebenslanger Kerkerhaft oder gewaltsamen Todes. Das Geschlecht starb aus.

verstorbenen Königs, der die Ansprüche der Staufer im deutschen Reich hätte verteidigen können wie einst Philipp von Schwaben. Es entstand ein Interregnum von ungefähr 20 Jahren, währenddessen zwar verschiedene Könige und auch Gegenkönige der jeweiligen Parteien gewählt wurden, sich aber nicht durchsetzen konnten.

Das führte auch zu einer Phase großer Rechtsunsicherheit, fehlenden Schiedssprüchen und damit natürlich vermehrt zu Streitigkeiten, Rivalitäten und offen ausgetragenen Fehden zwischen sowohl den Großen des Reiches bis hin zu einfachen Gebietsnachbarn. Mit diesen Reichszuständen, aber auch mit dem sowohl donnerhallenden als auch unter Zeitgenossen zwischen Ehrfurcht und Unverständnis schwankendem Ruf Friedrichs II. mag es zu tun haben, dass sich die Menschen wünschten, der Kaiser kehre zurück und nähme das Reich erneut ohne Schlacht und Heer in Besitz, wie er es einst getan hatte. – Landauf und landab erschienen immer wieder angebliche Friedriche in diesen Jahrzehnten, welche von dem Mythos um diesen so sagenhaften, aber immer auch seltsam auftretenden Herrschers zu profitieren suchten. An das Original reichten sie nicht heran, als Betrüger verewigten sie sich hingegen in der deutschen Geschichte.

Das Ende der staufischen Herrschaft hatte auch für Würzburg deutliche und nachhaltige Konsequenzen. Der Fürstbischof war ein Herzog über das Gebiet seines Hochstifts, aber mitnichten ein solcher im Raum des gesamten Bistums, das mehr und mehr einem Flickenteppich aus Grafschaften und reichsfreien Ritterschaften glich. Die Gründe dafür fanden sich darin, dass die Region niemals beziehungsweise nur sehr kurz Teil eines der historischen Stammesherzogtümer war, sondern bereits seit den Karolingern so etwas wie Königslande. Das führte natürlich immer wieder zu vielfältiger Belehnung einzelner Gebiete mit Getreuen. Auch der Würzburger Bischof war zumeist bemüht, sich Güter und Gebiete in diesem Verfahren und Wettstreit zu sichern. Daraus ergab sich das Hochstift, indem der Bischof als weltlicher Herzog die Herrschaft ausübte.

Bisher war das für den Fürstbischof kaum ein Problem, denn man befand sich überwiegend im inneren Zirkel der Macht direkt an der Seite der Könige und Kaiser. Mit dem Ende der Staufer war dies nun erst einmal vorbei und das Herzogtum Franken plötzlich ein zerfranstes Gebiet ohne wirkliche Bedeutung im Konzert der Großen des Reiches. Auch deshalb erwachte die Bürgerschaft der Stadt zu neuem eigenen Selbstbewusstsein mit dem Ziel, sich irgendwann reichsfrei aus der Herrschaft des Bischofs zu lösen. So wie es Nürnberg unter Friedrich II. gelungen war.

Ab 1262 siedelten sich Augustiner in Würzburg an und errichteten in den folgenden Jahrzehnten ihr Kloster am südlichen Ende der späteren Augustinerstraße in etwa dort, wo sich heute die Polizeidirektion befindet. Nach der Säkularisation am Beginn des 19. Jahrhunderts übernahmen sie als nicht verbotener Orden Kloster und Kirche der Dominikaner am gleichnamigen Platz.

Noch unter Bischof Iring von Reinstein lehrte mit Albertus Magnus der größte Philosoph, Theologe und Naturforscher seiner Zeit für die Periode von ca. zwei Jahren in Würzburg. Der Mann, der zuvor schon in Köln und vor allem an der ehrwürdigen Universität von Paris gelehrt hatte, wo einer seiner Schüler unter anderem ein gewisser Thomas von Aquin war, und der

> Ebenso wie Albertus Magnus war der Dominikaner Thomas von Aquin, um 1225–1274, ein Hauptvertreter der späten Scholastik, welche weit bis in die Neuzeit und unsere Tage hinein nachwirkt. Anzunehmen, dass er die Grundsteine seines Werkes dem 20 Jahre älteren Albertus Magnus verdankt, ebenso ist denkbar, dass beide im jeweiligen Talent zur Erkenntnis voneinander profitierten.

bereits auch schon einmal Bischof von Regensburg gewesen war, tat dies wahrscheinlich an der damals sehr renommierten Domschule von Würzburg und gewiss auch unter den Kanonikern des Neumünsterstifts, Stift Haug sowie den Dominikanern, denen er selbst angehörte. 1265 vermittelte Albertus zwischen erneut gewaltsam ausgebrochenen Konflikten der Bürgerschaft und dem Fürstbischof um städtische Ordnung und Rechte. Offenbar konnte die allgemein anerkannte Autorität seiner Person diese Eskalation tatsächlich zunächst relativ dauerhaft befrieden. Albertus Magnus gilt als der Begründer des mittelalterlichen Aristotelismus und damit als derjenige, der die Rückbesinnung auf antikes Wissen und dessen Studium nun erstmalig in Einklang mit Auffassungen und Lehren der Kirche brachte. Nach seinem Würzburger Aufenthalt nahm er noch einige kleinere Aufgaben wahr und zog sich schließlich im Alter zu den Dominikanern nach Köln zurück.

Nach Bischof Irings Tod trat eine längere Sedisvakanz ein, also die Nichtbesetzung des Bischofsstuhls, da Wahl und Nachfolge umkämpft waren. Im Rahmen einer ungewöhnlichen ersten Allianz zwischen Bürgerschaft, Domkapitel und weiteren Adeligen kam es hierbei 1266 in der Nähe von Kitzingen mit den Grafen von Henneberg, die wohl erneut nach der Macht in Würzburg und dem Herzogtum Franken griffen, zu einer Schlacht, welche die Würzburger gewannen. Zu den Mythen und in gewisser Weise auch Legenden der Würzburger Stadtgeschichte gehört auch, dass man im

Vorfeld der gegen die Henneberger kaum zu bestehenden Bedrohung in kürzester Zeit ein übergroßes Banner zusammenwebte, mit der Ausmalung des Heiligen Kilian gestaltete und auf einem Fahnenwagen sogar zusammen mit den Reliquien der Heiligen in die Schlacht zog. So sollten der eigene Glaube und Mut an die rechte Sache gewonnen und dem Gegner sein Unrecht vor Augen geführt werden. Die Sache ging wundersamerweise auf, der Kilianskult erstarkte für eine Weile erneut und die große Fahne wurde bei Auseinandersetzungen des Mittelalters häufiger mitgeführt. – Sie ist als eines der ganz seltenen Stücke des Mittelalters dieser Art erhalten und im Museum für Franken auf der Festung Marienberg ausgestellt.

Nach der knapp zweijährigen Sedisvakanz des unbesetzten Bischofsstuhls gab es bis zum Ende des Jahrhunderts einige Bischöfe mit zweifach dem Namen Berthold sowie Poppo und Manegold, darunter auch jener Henneberger, der die erwähnte Schlacht 1266 um die Macht in Würzburg mit zu verantworten hatte.

Es waren Zeiten der Ortsbestimmung und Auseinandersetzung im Inneren von Stadt, Hochstift beziehungsweise Bistum und Herzogtum. So kam es nun zum Beispiel auch zu Auseinandersetzungen zwischen dem Rat der Stadt und Gruppen von Handwerkern. Macht und Möglichkeiten führen bei Menschen dazu, dass das eigene Interesse und Blut näher liegt als Aufgabe oder Amt, dem man verpflichtet sein sollte. Die Bischöfe und Landesherrn haben von solch bürgerlichem Zwist jedenfalls nicht profitiert, was durchaus auf eine gewisse Schwäche zumindest im Inneren während dieser Zeit schließen lässt. Erstmalig taucht mit Heinrich Webeler, der als rechtskundig und gebildet beschrieben wird, in den 1270er Jahren nun auch so etwas wie ein Bürgermeister der Stadt auf, später auch ein gewisser Engelhard von Rothenburg in derselben Funktion, der als Jüngerer bezeichnet wird. Wohl nach der Bildung des Rates die ersten Bürgermeister der Stadt, wobei die Bezeichnungen Älterer und Jüngerer tatsächlich etwas mit dem Lebensalter oder der Generation zu tun haben könnten, aber auch mit Erster und Zweiter. Überlieferung kann da auch immer einmal einen Streich spielen.

Um 1280 entsteht zum Mainufer nördlich der Brücke und den dort wichtigen Landungsplätzen das „Holztor" als Zugang zu Stadt und Markt vom Fluss her. Auch „Rotes Tor" genannt, spielt es über mehrere Jahrhunderte hinweg so manches Mal die heimliche Hauptrolle bei Übergriffen, Überfällen und Fehden in die Stadt hinein. Oft diskutiert und verstärkt und extra bewacht, bildete es über längere Zeit einen der schwächsten Punkte der Stadtbefestigung, wenn Eindringlinge es in der Nacht versuchten. – Heute sind rechtsmainisch alle ehemaligen Stadttore abgebrochen, bis mehr oder weniger auf Ort und Situation des Holztores, welches in der Bebauung der Kärrnergasse aufging und darin noch immer den Durchgang zum Mainkai bildet. Ironie der Geschichte.

Zur gleichen Zeit wusste in Region und Hochstift das kleine Geschlecht der Grumbacher seine Möglichkeiten geschickt zu nutzen und stieg nach und nach zu einem deutlichen Faktor um die würzburgischen und fränkischen Geschicke auf. Später wird dies noch den ein und anderen Fußabdruck hinterlassen.

Mit der Wahl von Rudolf I. von Habsburg 1273 endete das königliche Interregnum nach dem Ende der Staufer, indem Rudolf in weiten Teilen die Funktionen und anerkannten Rechte des deutschen Königtums auf sich vereinigen und durchsetzen konnte. Manche Teile des Reiches, vor allem die schwächeren, sehnten sich geradezu nach einem durchsetzungsstarken Herrscher, denn das Fehlen brauchbarer Entscheidungen, gesetzeskräftig tatsächlich allgemein anerkannter Königsurkunden und die entstandenen Wirren beziehungsweise missbräuchlich ausgeuferten Gerichtsbarkeiten gefiel niemandem mehr. Weder dem Herrn noch dem Vasallen, Freien oder leibeigenen Pächter innerhalb eines Lehens. Unfreie und Abhängige, also Diener, Knechte, Mägde, Wanderer, Landarbeiter spielten im Geschehen jedoch keine Rolle und nahmen zum Beispiel auch keinen Einfluss, wenn von der Auseinandersetzung zwischen Bürgerschaft und Fürstbischof die Rede ist. So hart war das und so deutlich muss man es sagen.

Mit dem offenbar ziemlich hochbegabten Rudolf tritt erstmalig auch der Name der späteren Herrscherdynastie Habsburg in die europäische Geschichte ein, welche schließlich bis zum Ausgang des Ersten Weltkrieges bedeutenden Einfluss nehmen sollte. In Würzburg vermittelte Rudolf 20 Jahre nach Albertus Magnus 1285 jedoch zunächst erneut einen zwischen Bürgerschaft, Klerus und Bischof eskalierenden Streit, während er in Österreich und der Steiermark durchaus auch kriegerisch die Grundlagen für den späteren dynastischen Aufstieg seines Geschlechtes legte. Aber das konnte er nicht wissen, denn die Etablierung eines eigenen Sohnes als Nachfolger gelang ihm nicht, ebenso wenig wie das Erringen der Kaiserwürde, um die er sich sehr bemühte.

1291 wird das an der Spitze des Maindreiecks gelegene und dem Würzburger Bischof gehörende Ochsenfurt erstmals als Stadt erwähnt. 1295 verkauft Fürstbischof Manegold das kleine Städtchen an sein eigenes Domkapitel, welches bis zur Säkularisation dort die Herrschaft ausüben wird. Warum tat er das? Geldnot vielleicht? Davon ist in der Geschichte des Fürstbistums oft die Rede, aber zu dieser Zeit geringerer Königs- und Vasallenverpflichtungen vielleicht weniger eine drückende Not. Auseinandersetzungen um Rechte, Besitz und Ordnung von Hochstift und Bistum? Schon eher, denn die städtischen Erfolge der Bürgerschaft aus den vergangenen Jahrzehnten gingen gegenüber dem Landesherrn am Kapitel des Bistums gewiss nicht vorbei, ein Stück des Kuchens gebührte auch ihnen, den eigentlich immerwährenden Trägern von Bistum und Hochstift. So entstand nach und nach nicht nur der Gegensatz von Bürger gegen Bischof, sondern ebenso ein Dreisatz, indem auch das Domkapitel immer wieder einmal dosiert wechselseitige Rollen einnahm.

1296 wird mit der linksmainischen Kirche der Kommende des Deutschen Ordens in Würzburg erstmalig ein Bau im aufgekommenen Stil der Gotik vollendet. Auch anderes ist mithin ungewöhnlich oder einfach nur neu an der Kirche. So ist sie im Ostchor schmal auf einen Felsen aufgesetzt, der an der Zeller Anhöhe aus dem Erdreich hinaustritt und stößt im Westen geradezu in den Berg hinein. Vielleicht auch wegen dieser topografischen Umstände als schmale Saalkirche konzipiert, was zumindest ebenfalls etwas ungewöhnlich erscheint. Das Zugangsportal liegt nicht im Westen, wo sich stattdessen das Ordenshaus mit einem Durchgang anschloss, sondern

> Das Ordenshaus der Deutschhausritter wurde von dem Hofbaumeister Antonio Petrini, 1621–1701, im 17. Jahrhundert barock neu erbaut, sodass unsere Vorstellung von der Ursprungssituation hauptsächlich auf eine Miniatur in der Bischofschronik von Lorenz Fries um 1550 zurückgeht.

im Langhaus nach Süden hin. Schon bald wurde es aufgrund seiner damals sehr filigran erscheinenden Ornamentik in den Steinmetzarbeiten als „Schöne Pforte" bezeichnet, was gewiss auch an der Tatsache lag, dass dieses Portal an der Handelsstraße nach Aschaffenburg, Frankfurt und Mainz lag. An den äußeren Stelen der Mauerpfeiler, welches es begrenzen, lassen sich noch immer Ritzungen im Stein erkennen, wo die Ordensritter in traditionellem Ritus symbolisch ihre Schwerter schärften.

Der Schwibbogen unter dem Westen der Kirche schließlich, welcher den Zugang zum Schottenanger ohne Umweg ermöglicht, ist einer der ersten dieser Art und bedurfte in der Entstehung sogar der urkundlichen Zustimmung des Papstes höchstselbst. Vorausgegangen war ein langwieriger Streit um das komplette Kirchenbauprojekt, indem nicht zuletzt die Bürger ihre einig neu gewonnene Stimme erhoben. Nach der Schlacht von 1266 hatte der schon verblasste Kilianskult mit der Kriegsfahne des Heiligen neuen Auftrieb erfahren und stand zudem für den Erfolg der Bürgerschaft. Der Bau der Deutschhauskirche bedrohte nun den direkten Zugang zu Schottenanger und dem Kloster der Iroschotten, deren Wirken der Verehrung des Heiligen Kilian galt. Das hatte mit der Topografie, der Mauer und sonstigen Bausituation des Mainviertels zu tun. Insbesondere ging es darum, von der eigentlichen Straße, also der heutigen „Zeller Straße", nicht den Zugang zu verlieren. Am Ende stand mit dem Gesteinsdurchbruch unter der Kirche hindurch und dem baulichen Schwibbogen ein wichtiger Kompromiss, der Schule machte, und unterm Strich ein Erfolg für beide Seiten.

Warum aber diese Kirche an genau dieser topografisch so schwierigen Stelle überhaupt errichtet wurde, bleibt wahrscheinlich ein ungelöstes Rätsel der Geschichte. Nur einige Meter weiter nördlich hätten sich für den Bauplatz ganz andere und besser nutzbare Möglichkeiten ergeben, ebenfalls auf Ordensgelände. Der Bau der Kirche nimmt für die Zeit etliche Risiken des Scheiterns in Kauf, die auf den ersten Blick schwer nachzuvollziehen sind. Natürlich muss es einen Grund gegeben haben, so wie es in der Natur immer auch einen Grund gibt. Am auffälligsten ist hier der ältere und im Westen noch romanische Glockenturm des Bauwerks mit der Turmkapelle im unteren Bereich, welche wohl bereits zur Anlage der ehemaligen Kaiserpfalz Friedrich Barbarossas gehörte. War dies der Grund? War die Verehrung gegenüber dem Staufer, auf dessen Kreuzzug die Gründung des Ordens überhaupt ja zurückging, der Anlass dafür Streit und große Baurisiken einzugehen, aber auch neue Innovationen zu wagen? Denkbar wäre es als Erklärung, denn weniger streitbare und riskante Alternativen standen zu Verfügung. Möglicherweise war also die Einbeziehung eines sakral besonders wichtigen Teils der alten Kaiserpfalz der Grund für die Entstehung dieser bis auf den heutigen Tag topografisch noch immer so herausragend und wundersam im Stadtbild Würzburgs platzierten Kirche. – Abschließend weiß man es nicht. Gerne glauben möchte man es aber schon, denn der Gedanke passt zur kulturellen Identität, der unser aller Empfinden und Wahrnehmung je nach Herkunft entspringt.

RINTFLEISCH-POGROM

Rintfleisch-Pogrom 1298

Ende des 13. Jahrhunderts war die Zeit der großen Kreuzzüge vorbei. Das Königreich Jerusalem und die anderen Kreuzfahrerstaaten existierten nicht mehr. Im Wandel der Zeit bestand auch nicht mehr der Wille des christlich geprägten Abendlandes zur Rückeroberung oder Wiedererrichtung durch neuerliche Kreuzzüge in den Nahen Osten. Gewandelt hatte sich nämlich das tief christliche Herrscherverständnis in der Nachfolge der Karolinger und Karls des Großen, das sich als irdischer Arm des Christentums neben oder sogar vor den Stellvertretern Christi sah. Im Reich endete dieses Herrschaftsbild mit dem Aussterben der Staufer. Für die aktuellen Könige war der Machtanspruch nun weitaus profaner angelegt und von sehr pragmatischen Problemen wie Unternehmungen geprägt. Auch die Zeit der bedeutenden Königs- und Kaiserdynastien war vorläufig abgelaufen, bis sich im Vorfeld der Epochenschwelle zur Neuzeit hin wieder dynastische Herrscherhäuser etablieren sollten. Stattdessen begann jetzt nach und nach die große Zeit der Wirtschaftsdynastien und Freien Städte, deren Imperien von den Veränderungen profitierten. Man denke nur einmal an die Hanse oder später an die Fugger oder Medici. Gleichzeitig marschierten Papsttum und Kirche mit Siebenmeilenstiefeln auf das zu, was in der Geschichtsschreibung als „Große Kirchenkrise" bezeichnet wird, womit zumeist das Schisma im 14. Jahrhundert von bis zu drei Päpsten gleichzeitig gemeint ist. Die Gründe aber lagen tiefer und reichten bis in das Gemeindeleben hinein. Reformstau, Albigenserkriege, diverse Ketzerverfolgungen, Auswüchse der Inquisition, ungelöster Gelehrtenstreit und nicht zuletzt vielfältiger Amtsmissbrauch und Selbstvergessenheit von Päpsten über Bischöfe bis hin zu nachrangigem Klerus aufgrund von politischen wie weltlichen Machtfantasien oder einfach nur Bereicherungen hatten das Verhältnis von Kirche und Volk zueinander grundlegend zu verändern begonnen. Auch kam hinzu, dass man sich in Frankreich und England ebenfalls mit ganz anderen Auseinandersetzungen herumschlug, als einen neuen Eid zum Kreuzzug zu leisten. Es lief auf den 100-jährigen Krieg hinaus.

Und dennoch kam nun eine Kreuzzugsvariante gewissermaßen von unten her zum Tragen, mit der von Seiten der ausübenden Obrigkeit vielleicht nicht unbedingt zu rechnen war, sich in der historischen Gesamtbetrachtung jedoch nur als eine Frage der Zeit darstellte, bis der Funke der pogromen Gewalt sich Bahn brach. Die Rede ist von den jüdischen Gemeinden, die sich seit Jahrhunderten in den Städten und Siedlungen stabil und im regen Austausch zueinander wie in einem Netzwerk etabliert hatten. Zunächst ein großer Gewinn für Wachstum und Wohlstand, denn die Juden galten als fleißig, als kunstfertig und solide im Handwerk, sie hielten sich zumeist aus Streit und Hader heraus, sie missionierten nicht. Kurzum, die Juden waren ein überaus positiver Faktor für Aufbau und Wachstum, wie er spätestens seit der Jahrtausendwende seinen Weg genommen hatte. In Würzburg – mit nur kurzen Unterbrechungen eine der absoluten Boomtowns des Hohen Mittelalters – war eine besonders große jüdische Gemeinde entstanden, deren Quartier sich nördlich der Marktstraße (Domstraße) mitten im Herzen der Stadt befand. Vielleicht 1000 Gemeindemitglieder waren es am Ende des 13. Jahrhunderts, eventuell noch etwas mehr. Als die Zeit der Kreuzzüge begann, hatte dies keine Konsequenzen für die jüdischen Gemeinden Europas, einmal abgesehen von den Übergriffen 1147 gegen die Würzburger Juden, als sich das Kreuzfahrerheer hier versammelte. Es ging im Heiligen Land gegen Muslime – man sagte wohl „Muselmänner" wie es noch heute in Frankreich heißt – und eben nicht gegen Juden.

Nun war es mit dem Lauf der Zeit aber auch so, dass Menschen solche Felder des Wirtschaftens besetzen, die der Markt nun einmal anbietet. Innerhalb der jüdischen Gemeinden gehörte gerade in Zeiten des Wachstums, also auch der Investitionen, irgendwann einmal das Verleihen von Geldern hinzu, denn Christen war es explizit verboten Zinsen zu nehmen respektive

> Es gab auch christliche Modelle der Finanzwirtschaft, wie es das Beispiel der Templer zeigt, die ein europaweites Netzwerk aufbauten, das Schätze, Waren und anderes gegen Gebühren oder Sachleistungen wie etwa Güter aufbewahrte, transferierte usw. An einem Ort wurde eingezahlt, am anderen ausgezahlt. Mit solchen Werten im Besitz wurde durchaus auch verliehen oder finanziert, der Erlös war dabei eben nicht der Zinswucher, sondern andere kreative Modelle. – Auch in Würzburg war eine Niederlassung der Templer im *„Großen Löwenhof"* ansässig.

zu wuchern. So kam es mehr und mehr dazu, dass Könige, Fürsten, Grafen und Bistümer – Würzburger Bischöfe finanzierten teure Vasallenpflichten gegenüber dem König bereits im 12. Jahrhundert auch mit jüdischem Geld – sich bei der jüdischen Gemeinde verschuldeten, aber ebenso natürlich auch Zunftherren, Handwerker und Bürgerschaft im Allgemeinen, wenn sie beispielsweise bauten. War zunächst alles gut, so sucht sich der Mensch seiner Natur nach schnell einen Schuldigen, wenn es nicht mehr so läuft wie es sollte. In Würzburg war es so, dass die persönliche Situation und Möglichkeiten der Kaufherren und Zünfte schon länger hinter denjenigen von freien Reichsstädten zurückblieb, wie beispielsweise es Nürnberg, Regensburg und Augsburg nun waren. Freilich lag das nicht an kreditgebenden Juden der Stadt, sondern dem politischen Diktat des Fürstbischofs und Stadt- beziehungsweise Landesherrn, aber schon 1247 hatte sich der Zorn der Bürgerschaft in Übergriffen gegen die jüdische Gemeinde gerichtet, als die eigentlich dem König zugeordneten Juden dem Fürstbischof unterstellt wurden. Die Bürgerschaft sah aufgrund ihrer Verpflichtungen den Juden gegenüber darin einen Affront gegen sich selbst, weil der Bischof ihre Knebel damit nur noch enger ziehen könnte. Völlig unfair und auch unsinnig, denn die Juden Würzburgs waren in dem Vorgang noch viel mehr Spielball der Großmächtigen, als es die Bürgerschaft war, aber so ticken wir Menschen nun einmal. Wenn sich das eigentliche Ziel nicht erreichen lässt, mache ich den Erreichbaren und denjenigen, der sich nicht entsprechend wehren kann, lautstark zum Sündenbock. Man sieht, solcherlei Vorgänge waren vor 700 Jahren kaum anders als heute. Bezeichnenderweise handelte es sich bei der schwachen Gruppe auch damals im weiteren Sinne um Migranten.

Den jüdischen Gemeinden wurden im Rahmen solcher auch anderenorts zunehmend angespannten Gemengelagen nun Verhaltensweisen und

Begründungen untergeschoben, welche zum Beispiel auch den Rechtsbruch gegenüber eingegangenen Zahlungsverpflichtungen kaschieren sollten. Eines der sich populistisch und geradezu viral verbreiteten Argumente dafür war seit diesen Jahrzehnten nun das Wort vom *„Juden als Jesusmörder"*. Hier schließt sich der Kreis hin zu den Kreuzfahrern. Dass

> Die *„Jesusmörder-Legende"* ist vielleicht eine der ersten Verschwörungstheorien unserer heutigen Welt: Nachdem die Juden angeblich den Tod des Erlösers gefordert hatten, unterwanderten sie danach das Christum, wo auch immer es entstand, um es heimlich zu beherrschen. – Auf besonders krude Weise geht über 600 Jahre später sogar noch die sogenannte *„Dolchstoßlegende"* zum Ausgang des 1. Weltkrieges auf diesen leider sehr gefährlichen Unsinn mehr oder weniger direkt zurück.

Jesus nach allem Wissen selbst niemals etwas anderes gewesen ist als ein überzeugter und gläubiger Jude spielt keine Rolle, wenn so eine Geschichte erst einmal in der Welt ist.

Die sogenannten *„Rintfleisch-Verfolgungen"* begannen am 20. April 1298 in Röttingen, das damals zur Grafschaft Hohenlohe-Weikersheim gehörte, und dauerten bis in den Oktober desselben Jahres an. Es handelt sich nach 1147 um das zweite große Pogrom gegen Juden in der Region, das nun jedoch sämtliche Dämme an moralischen Hemmnissen brechen ließ. Die Bezeichnung dieser Ereignisse hat nichts damit zu tun, dass es dabei etwa um Fleisch im weitesten Sinne gegangen wäre, sondern geht auf den auslösenden Verursacher zurück, einen namentlich nicht bekannten Mann, bei dem es sich möglicherweise um einen Fleischhauer gehandelt hat, welcher zugleich auch Henker gewesen sein könnte. Die Chroniken geben ihm den Namen *„Rintfleisch"*. Was genau war geschehen?

> Es wird immer wieder auch behauptet, dass *„Rintfleisch"* ein Kleinadeliger oder verarmter Ritter gewesen sein soll. Dies ist wohl nicht zutreffend und geht möglicherweise auf den Umstand zurück, dass er im Gange der Ereignisse mit einer marodierenden Horde über verschiedenste jüdische Gemeinden herfiel.

Jener Rintfleisch will an Gründonnerstag in Weikersheim beobachtet haben, wie die örtlichen Juden in die Kirche eingedrungen seien und die dortige Altarhostie geschändet hätten, welche daraufhin erbärmlich blutete. Er berichtete dies am darauffolgenden Sonntag womöglich vor einer versammelten Ostergemeinde, an eben jenem verhängnisvollen 20. April. Als Zeuge des Geschehens habe er vom Himmel her den Auftrag erhalten zum Werkzeug Gottes und Scharfrichter aller Juden zu werden. Es muss eine klassische Hassrede gewesen sein, gewürzt mit Elementen des Einpeitschens und Aufwiegelns sowie wahrscheinlich auch mit emotionalen Appellen an die Gemeinde zu vermeintlichen Gründen und den angeblichen Verursachern der eigenen Schwierigkeiten. Und war dies nicht das Osterfest, an dem ihr Heiland von den Toten auferstand, nachdem man ihn unter dem Jubel dieser Juden ans Kreuz geschlagen hatte? Und war der Gründonnerstag nicht auch der Tag des Verrats und des Frevels gegen den Herrn? Was folgte, war ein Blutrausch, indem die 21 Juden der Röttinger Gemeinde im Feuer auf dem Scheiterhaufen endeten.

Die Tat blieb ohne Folgen. Der Hohenloher war entweder nicht in seiner Grafschaft anwesend – dazu etwas später – oder hatte kein Interesse einzugreifen. Für beides konnte es Gründe gegeben haben, denn in der Überlieferung heißt es auch, dass sich der Graf sozusagen hoffnungslos bei den Juden seiner Grafschaft verschuldet hatte und keine Aussicht auf Tilgung sah. Aus Furcht vor möglichen Übergriffen des Grafen hätten die Juden den Würzburger Bischof und Landesherrn Manegold zuvor schon um Schutz gebeten, worauf der Hohenloher dem Fürstbischof einen Eid leisten musste, den Juden nichts anzutun.

War der Beginn der Pogrome also eine lanciert organisierte Verschwörung auf Veranlassung des Grafen, um sich seiner materiellen Verpflichtungen zu entledigen? Sehr gut möglich, obwohl man es natürlich mit Sicherheit nicht weiß, das Motiv jedenfalls ist nicht von der Hand zu weisen.

Auch das Motiv von Rintfleisch und in der Folge von seinem rekrutierten Mob ist einfach nachzuvollziehen. Der Besitz der Ermordeten wurde ohne rechtliche Konsequenzen geplündert.

Mit der Verzögerung von ein paar Wochen machte sich Rintfleisch auf und zog mit einer Horde Anhänger ab ungefähr Anfang Juni gegen die jüdischen Gemeinden anderer Orte aus. Das Muster dabei war immer dasselbe: Brandreden, Hass, Hetze und die Bezichtigung der Verschwörung gegen aufrechte Christenmenschen, deren Beschwernisse nur den Juden geschuldet seien. So kam es zunächst in kleineren Siedlungsorten ab Mitte Juni wieder und wieder zu von den Bürgern gestützten und überaus grausamen Verbrennungen auf dem Scheiterhaufen und natürlich Plünderungen sowie Inbesitznahme zurückbleibenden Gutes. Der Anführer der anwachsenden Horde wurde bald als *„König Rintfleisch"* angerufen. Horde und Anhänger wuchsen, sodass man sich gar in verschiedene Richtungen aufteilte. Auch größere Städte wurden mit wachsender Schar zum Ziel, darunter natürlich auch Würzburg mit wohl bis zu unfassbaren 900 Opfern (!) am 24. Juli.

Aber wie war das nur möglich, warum griffen Grafen und Herren nicht ein, warum nicht der Fürstbischof als Landesherr und Herzog? – Nun, die Schutzherren der jüdischen Gemeinden, welche dies eigentlich dem König gegenüber zu verantworten hatten, waren in dieser Zeit gebunden und zusammen mit ihren Rittern ganz überwiegend in der Region abwesend. König Adolf von Nassau war in einem etwas fragwürdigen Verfahren von einer Fürstenkoalition abgesetzt worden und der Habsburger Albrecht I. sollte sein Nachfolger werden. Es kam zur kriegerischen Eskalation der jeweiligen Anhänger in der Rheinpfalz, wobei Adolf Anfang Juni 1298 den Tod auf dem Schlachtfeld fand und die Angelegenheit zumindest in dieser Hinsicht nicht zum langjährigen Thronstreit geriet wie ehedem zwischen Philipp von Schwaben und Otto IV. Anschließend kam es zu einer weiteren Wahl Albrechts, zur Krönung in Aachen, zu einem ersten Hoftag und eben vielen Angelegenheiten, die es zu regeln galt. Die Ereignisse im Bistum Würzburg und dann auch in den umliegenden Gebieten wurden dabei vielleicht zunächst unterschätzt, weil es erst *nur* kleinere Orte traf, vielleicht erfuhr man spät davon, vielleicht ließ man es auch geschehen, um klammheimlich selbst als Schuldner bei Juden zu profitieren. Das lässt sich schwer einordnen, ist aber insbesondere für eine damals so große und bedeutende Metropole wie Würzburg ein rabenschwarzes Kapitel innerhalb der Stadtgeschichte. Die Bürger der Stadt haben die Ermordung von 900 Menschen inmitten unter ihnen nicht nur zugelassen, sondern sich gewiss auch lebhaft beteiligt; anders ist das Szenario dieses 24. Juli eigentlich nicht zu erklären. Das Motiv auch hier offenbar der Profit und der Anlass ein herbeigeführter Blutrausch als Massenhysterie.

Rintfleisch und seine Kumpane muss man letztlich als Ganoven einordnen, deren Antrieb allein in der persönlichen Bereicherung, der Plünderung und dem Raubzug zu sehen ist. Wenn ursprünglich der Hohenloher etwas mit der Anstiftung des auslösenden Röttinger Pogroms zu tun gehabt haben sollte, so machte sich das Geschehen jedenfalls als räuberisches Modell nachfolgend unkontrollierbar und begünstigt durch die Thronstreitigkeiten selbstständig. Man profitierte dabei von der Absenz zuständiger Obrigkeit und den Begehrlichkeiten, welche sich vor Ort jeweils erwecken ließen. Heute können wir das sicher nicht verstehen oder nachvollziehen, aber man muss es unter den Voraussetzungen und kulturell völlig unterschiedlichen Wertvorstellungen der Zeit begreifen sowie einem religiösen Verständnis, das sich von dem unserem sehr unterschieden hat. Kaum zu begreifen, aber der Wert des Lebens und die Gewalt oder das Urteil gegen dasselbe wurden auf eine Weise interpretiert, welche den Einsatz oder das Opfer eines Lebens rechtfertigte, sobald eine spirituelle oder zum Beispiel gottgewollte Begründung im Spiel war. Rintfleisch nutzte dies geschickt aus und kannte eben keine Skrupel, als gewöhnlicher Verbrecher massenweise Menschenleben auf grausame Weise zu Tode zu bringen.

Bemerkenswert ist, dass Freie Städte wie zum Beispiel Regensburg oder Augsburg, welche ebenfalls von den Ausschreitungen erreicht wurden, ihre Juden im Sinne des städtischen Rechts erfolgreich schützten. – Wenn die Bürgerschaft Würzburgs, die für sich ja ebenfalls eine solche Reichsfreiheit ersehnte, nach solchem Recht und eigenem Selbstbewusstsein gehandelt hätte, dann wäre vielleicht auch manches Folgeereignis anders zustande gekommen. Zwar nicht die Reichsfreiheit, denn der Besitz dieser Stadt war für den Fürstbischof als Machtbasis ein entscheidendes Gut, aber eventuell doch die Kultur der Auseinandersetzungen bis hin zu den hart geführten Kämpfen, die noch folgen sollten.

Was schließlich mit Rintfleisch selbst geschah, ist nicht ganz klar. Es wurde darüber spekuliert, dass er mitsamt Kumpanen verbannt wurde, andere Interpreten berichten von einer Festnahme und Hinrichtung.

Nachdem die Schwäche der im Thronstreit abwesenden Obrigkeit offenbar gezielt gegen die Juden ausgenutzt worden war, bis diese Zeit nach dem Entscheid für Albrecht I. nach und nach ihr Ende nahm, neigt man dazu anzunehmen, dass sich die Verbrecher mitsamt erbeutetem Gut aus dem Staub gemacht haben könnten. – Von einem „*Rintfleisch*" hat man jedenfalls nie mehr etwas gehört.

TELLTOR, SONNENTURM, GRAFENECKART UND BÜRGERSPITAL

Das Areal des Bürgerspitals um 1600

Das neue Jahrhundert begann mehr oder weniger wie das alte endete. Als Andreas von Gundelfingen 1303 zum neuen Fürstbischof von Würzburg gewählt wurde, erließ er gleich einmal ein umfassendes Zunftverbot, um bürgerlichen Unruheherden den Nährboden zu entziehen. Allerdings ließ er gleichzeitig die Duldung von Zunftleben zu seinen Bedingungen zu. Gemeint ist ein entsprechendes Wohlverhalten der Zünfte im Sinne des Landesherrn. Wenn es allerdings so einfach gewesen wäre, hätte sich gewiss schon der ein oder andere Vorgänger dieser Maßnahmen bedient. Vorangegangene Verbote einzelner Zünfte hatten jedoch bereits gezeigt, dass es zumindest im Verborgenen stets weiterging wie bisher und zudem sich die Bereitschaft zu Radikalisierung und Aufstand gar noch erhöhte.

Freitag, den 13. Oktober 1307 ging der französische König Philipp IV. im Rahmen einer gut vorbereiteten, landesweiten Aktion und mit Zustimmung des von Philipp abhängig in Avignon residierenden Papstes gegen sämtliche Niederlassungen und Mitglieder des Templerordens vor, deren er bis auf wenige Ausnahmen auch habhaft werden konnte. Anschließend urteilte die Inquisition in Schauprozessen und Kirchenverfahren ab und 1312 wurde der Orden schließlich aufgelöst. Der letzte Großmeister, Jacques de Molay, starb 1314 auf dem Scheiterhaufen in Paris.

Die tatsächlichen Gründe dieses auch heute noch von Geheimnissen umwitterten Geschehens sind vielschichtig und werden die Forschung auch in Zukunft immer wieder beschäftigen, aber sehr vereinfacht lässt sich wiedergeben: Die Templer waren innerhalb der Kirche zu einer ebenso mächtigen wie auch unabhängigen Organisation aufgestiegen, auf die weder Papsttum noch Könige wirklichen Zugriff besaßen. Eher schon umgekehrt. Über ihr weit verzweigtes Transfernetzwerk, welches Könige und Kaiser, Herzöge und Fürsten ebenso nutzten wie Päpste, Kirchenfürsten und Klerus, verwahrten und kontrollierten sie Schätze, Nachrichten und Geheimnisse, sodass dem ein oder anderen – obwohl er Dienste und Möglichkeiten der Templer nutzte – gewiss mulmig zumute werden konnte ob der Macht des Wissens und des Reichtums, die sich daraus ergab. Ein Staat im Staate sozusagen. Bezüglich König Philipp IV., genannt der Schöne, ergeben sich hier zweierlei Motive. Einmal wollte er als Ordensritter selbst aufgenommen werden – möglicherweise aus Gründen der Kontrolle oder um in den Besitz geheimen Wissens zu gelangen – und war zurückgewiesen worden. Zum anderen war er schlicht pleite und mit Ausgaben für Auseinandersetzungen sowie auch einer Hofhaltung konfrontiert, die er sich gar nicht leisten konnte und zudem auch gerade bei den Templern hoffnungslos überschuldet. Da konnte so ein Monarch schon einmal auf die Idee kommen, ausstehende Verpflichtungen und gleichzeitige Bereicherung mit einem konzentrierten Schlag zu verbinden. So geschehen also an jenem Freitag den 13., welcher auch als einer der möglichen Urheber dafür gilt, dass dieser Tag als Unglücksdatum angesehen wird. Neben Philipp profitierte in kirchlicher Rechtsnachfolge hauptsächlich der Ritterorden der Johanniter von den Gütern und Besitztümern der Templer.

Erstaunlich ist jedoch, dass daraufhin auch außerhalb Frankreichs in kurzer Folge gegen praktisch alle Niederlassungen und Mitglieder der Templer überall in Europa vorgegangen wurde. Es muss also massiv entsprechende Befürchtungen, Begehrlichkeiten oder Misstrauen gegenüber Macht, Reichtum oder Wissen der Templer gegeben haben.

Noch im selben Jahr 1307 lässt auch der Würzburger Fürstbischof Andreas die örtliche Niederlassung der Templer auflösen, welche sich im „*Großen Löwenhof*" in der heutigen Dominikanergasse befand. Der Hof ging auch hier zunächst in den Besitz der Johanniter über und wurde spätestens 1332 von dem Neumünster Stiftsherrn und Kanoniker Michael de Leone erworben, den wir schon von seinem Bericht zum Grab Walthers von der Vogelweide her kennen und der uns etwas später noch einmal begegnen wird. Immer wieder taucht der Löwenhof in der Würzburger Stadtgeschichte auf. So bewohnt ihn beispielsweise im 16. Jahrhundert Lorenz Fries, der Chronist des Bauernkrieges und Biograph der Würzburger Bischöfe. Das eigentliche Hauptereignis des Ortes sei an dieser Stelle aber noch nicht verraten.

Das Zunftverbot zahlte sich für den Fürstbischof nicht aus. Im Gegenteil. Spätestens seit der Bischof mit Kontingent und Vasallen König Abrecht I. in dessem Kriegszug gegen Böhmen gefolgt war, eskalierten die Auseinandersetzungen mit den *„Bischöflichen"* erneut, anschließend kehrte keine Ruhe mehr ein. Rechteentzug gegenüber dem Rat, Schlüsselübergaben zu den Stadttoren wechselten sich mit Zahlungsverweigerungen und immer wieder auch gewaltsamen Auseinandersetzungen mit den Männern des Bischofs ab. 1308 kam es schließlich zu einem weiteren Höhepunkt dieser Auseinandersetzungen, indem die Bürger die Tellsteige stark befestigten

„*Tell*" bezieht sich nicht auf einen Namen, wie man ihn zum Beispiel mit einem eidgenössischen und interessanterweise gleichzeitigen Nationalhelden assoziieren möchte, sondern eher schon auf die urfränkische D/T-Verwirrung. Der Begriff bezeichnet eine *„Delle"* im ansonsten zum Flusstal hin massiv heraustretenden Felsgestein des Marienberges.

und an ihrem oberen Ausgang sogar ein Tor errichteten, über das sie den Personen- und Warenverkehr zwischen Stadt und der Burg des Bischofs nun kontrollierten. Kann man seinen Willen zur offenen Konfrontation noch entschlossener zeigen? Wohl kaum. Die Sache mit dem „Telltor" war umso brisanter, da dieser Weg damals den einzigen, zum Beispiel auch für Fuhrwerke befahrbaren Zugang zur Bischofsburg bildete. Die Bürgerschaft Würzburgs kontrollierte nun für eine Weile, wer hineinkam und wer hinaus. Sie besaßen theoretisch sogar die Macht dazu, den Bischof und die Seinen auf dem Berg auszuhungern, ohne diesen auch nur zu belagern. Das blieb logischerweise nicht ohne Folgen. Gundelfingen ließ das Tor berennen, die Spirale der Gewalt eskalierte und König Albrecht vermittelte höchstselbst zwischen den Parteien.

So stark die Position der Bürgerschaft und auch der militärische Erfolg mit der Errichtung des Telltores zunächst gewesen sein mochten, alles war nichts wert, wenn damit die Stadt zudem auch außerhalb des Königrechts stand, denn Markt, Handel und einfach alles, was Erfolg und Ziele der Stadt ausmachten, würde auf der Stelle in sich zusammenbrechen. Insofern war der offene Aufstand mit Abriegelung der Burg von vorn herein zu kurz gesprungen und diplomatisch sozusagen schlecht vorbereitet, denn es hätte der Bürgerschaft eigentlich bewusst sein müssen, dass der König in ihren Maßnahmen auch einen Angriff auf die Ordnung innerhalb seines Königtums sehen würde, zumal der aktuelle Fürstbischof ein treuer Vasall und Mann des Königs war. So gesehen hätte man aus Perspektive der Bürgerschaft zumindest abwarten müssen, bis andere, für sie politisch günstigere Verhältnisse herrschten, und zudem mit Wissen und stiller Zustimmung des Königs handeln sollen, zum Beispiel in einer Situation, in welcher der König gewillt war, dem fränkischen Landesherrn eine Lehre zu erteilen. – Geduld jedoch ist insbesondere in unruhigen Zeiten so eine Sache und sowieso nicht immer möglich.

Der Aufstand scheiterte mit dem Eingreifen des Königs. Das Telltor und alle weiteren, gegen die Burg gerichteten Aufbauten wurden wieder geschliffen. Nun waren es umgekehrt zunächst wieder die *Bischöflichen*, welche die Kontrolle an sämtlichen Toren der Stadtmauern übernahmen. Außerdem musste die Bürgerschaft dem Bischof an der südöstlichen Seite seiner Burg einen mächtigen Turm, den „Sonnenturm" erbauen, der fortan

---

Der „Sonnenturm", den man heute zumeist *„Randersackerer-Turm"* nennt, wurde in der damaligen Rekordzeit von gerade einmal zweieinhalb Jahren errichtet. Er ist der älteste der heutigen Türme und besaß zunächst keine direkte Verbindung zur Burganlage, da die Flügelbauten der späteren Kernburg erst zum Teil schon bestanden. Seine Entstehung dürfte daher einen wichtigen Einfluss auf die anschließende Entwicklung der Festung genommen haben.

---

sowohl über eine Kerkerzelle verfügte als auch eine hohe Wacht, von wo aus sich alles Geschehen in der Stadt nun bestens beobachten ließ. Für die Bürger sollte der Turm ein nur allzu sichtbares Symbol darstellen, dass sie nunmehr Frieden halten und den Gehorsam achten mochten. – In der historischen Abfolge der Stadtgeschichte Würzburgs jedoch stehen *Telltor* und *Sonnenturm* nur am Beginn eines Jahrhunderts immer wiederkehrender Auseinandersetzung im Ringen der Bürgerschaft um eine Loslösung ihrer Stadt von der fürstbischöflichen Herrschaft.

Für Fürstbischof Andreas von Gundelfingen hatten die hart geführten Kämpfe aber ebenfalls nachteilige Folgen, denn sein Verhältnis zu Papst Clemens V. und dessen Kurie kühlte rasant ab. Diesem schuldete er eigentlich einen *Kreuzzugszehnten*, den aufzubringen er durch fehlende Einnahmen und zusätzliche Ausgaben im Ringen mit der Bürgerschaft entweder nicht aufzubringen vermochte oder es gar nicht wollte. Der Papst plante zu dieser Zeit nach dem Verlust Jerusalems einen weiteren Kreuzzug unter der Führung Philipps von Frankreich, wusste da aber wohl noch nicht, dass dieser niemals vorhatte, einen solchen auch tatsächlich zu unternehmen. Der Würzburger Bischof blieb die Abgabe jedenfalls schuldig, woran auch seine Aufwände als Gefolgsmann des Königs ihren Anteil gehabt haben mochten. Er war dafür zwar mit neuen Lehen und unter anderem auch dem Königsort Heidingsfeld entschädigt worden, aber man kann sich gut vorstellen, dass die Finanzen des Bistums in diesen Jahren prekär gewesen sein dürften. Andreas von Gundelfingen bezahlte mit der päpstlichen Exkommunikation 1309.

Nach der Niederlage von 1308 war den Bürgern neben neuerlichem Zunftverbot und dem Sühnebau des *Sonnenturms* außerdem ein sogenannter „Oberrat" vor die Nase gesetzt worden, dessen Mitglieder fürstbischöflich ernannt wurden. Ihre Aufgabe war es, Kontrolle über die Handlungen, Beschlüsse und städtischen Ordnungsaufgaben des eigentlichen Rates auszuüben, der fortan als „Unterrat" bezeichnet wurde. Nicht selten handelte es sich bei diesem Oberrat um Mitglieder des Domkapitels, aber auch um Kanoniker der Stifte sowie Vertreter des sonstigen Klerus je nach Rang und Ansehen. Auf bischöflicher Seite versprach man sich gewiss auch einen zukünftigen Informationsvorsprung aus der Stadt heraus, wenn sich wieder einmal Unruhe und Aufstand anbahnen sollten.

Die Bürgerschaft indes schüttelte sich kurz und baute neu auf.

Als der Rat 1316 den Geschlechterturm „Grafeneckart" zusammen mit dem Anbau erwarb, den man später „Grünbaum" nannte, markiert dies

---

Turm und Anbau des Grafeneckart besaßen im frühen 14. Jahrhundert noch nicht ganz das Erscheinungsbild von heute, kamen diesem aber wohl schon recht nahe. Der markanteste Unterschied drückt sich in der Erhöhung des ursprünglichen Zinnenturmes mit der sogenannten Türmerstube und dem kegelartigen Laternendach aus, das die Warnglocke trägt. Der Ratssaal im 2. Stock des Grünbaums gehört zu den wichtigsten erhaltenen Profansälen der Romanik.

---

einen Wendepunkt in der Ratsgeschichte. Von diesem Zeitpunkt an wurden verstärkt nun institutionelle Infrastrukturen und städtische Ordnungseinrichtungen geschaffen, wie beispielsweise die Einrichtung einer Ratskanzlei. Die bis dahin eher lose zusammengesetzten Organe des Rates erhielten Gesicht und Struktur.

Was wie ein natürlicher Fortschritt in der Stadtentwicklung aussieht, hatte aber auch ernsthafte und zum Teil sicher gegensätzlich gehandelte Hintergründe, deren Einordnung – wie so oft – mithin auf Vermutung und Spekulation angewiesen ist.

Ein Versuch: Der Rat hatte sich ursprünglich Mitte des 13. Jahrhunderts aus den Zunftköpfen und anderen bürgerlichen Gruppen heraus gebildet, um gemeinsame Beratungen gegenüber den Auseinandersetzungen mit dem Fürstbischof besser umzusetzen und um gemeinsam einheitlich zu verhandeln und aufzutreten. Außerdem gewiss auch dazu, um städtische Aufgaben und Hoheiten, die man immer mal wieder durchsetzte, zu klären und gerecht zu verteilen, ebenso entstehende Kosten und Lasten. Der politisch maßgebliche Faktor der Bürgerschaft blieb jedoch bei den Zünften, der Rat nur ein Behelf. Daran änderte auch die Benennung von älteren und jüngeren Bürgermeistern einige Zeit später nichts. Diese waren angesehene Sprecher, Organisatoren, Moderatoren, jedoch sicher nicht die obersten Inhaber der bürgerlich ausgeübten Macht, wie es beispielsweise Kontrollaufgaben an den Stadttoren oder das Eintreiben des Brückenzolls, Marktaufsichten usw. sein mochten. Mit der Einrichtung des bischöflich kontrollierten Oberrates hatte sich dies nun in vielen Aspekten geändert, denn jetzt gingen Organisation, Ausübung, Kontrolle, Durchsetzung tatsächlich in die Hände des Rates über, sodass die Zünfte und mit ihnen die bürgerlich mächtigsten Köpfe der Stadt mittelbar an Einfluss verloren. Erinnern wir uns. Mit der Niederlage von 1308 ging zunächst einmal wieder ein totales Zunftverbot einher, keine zehn Jahre später befand man sich allenfalls im Neuaufbau der Strukturen beziehungsweise dem Etablieren alter Rechte. In genau diese Phase fällt nun der Umbau des Rates mit neuen Zuständigkeiten, neuer Infrastruktur, neuen Organen. Der Erwerb des Grafeneckart ist darin schließlich das entscheidende Glied zur Umsetzung dieser Maßnahmen. Was nach einer Stärkung der bürgerlich städtischen Strukturen aussah, war eigentlich das Gegenteil davon. Zumindest zu einem gewissen

Anteil. Der Fürstbischof hatte jetzt seine Finger im Spiel der gemeinsamen Plattform der Bürgerschaft und zugleich den für ihn so unangenehmen Zünften die Instrumente ihrer Aufsässigkeit genommen. Mochten die Bürger also fortan Aufgaben und Zuständigkeiten erhalten, dem Bischof war es recht, er besaß die Kontrolle und partizipierte in Steuern und Abgaben.

So ungefähr mag das bischöfliche Kalkül in den Jahren nach 1308 ausgesehen haben, aber Sie ahnen es natürlich längst, es wäre nicht die Würzburger Bürgerschaft, wenn es nicht anders gekommen wäre. Was also geschah? Man arrangierte sich zunächst mit den neuen Strukturen, nutzte Organe, Mittel, Kanzlei, Aufgaben und Zuständigkeiten. Zünfte bauten neu auf und der Austausch begann – wie einst schon – auf informellen Wegen an den Organen vorbei beziehungsweise gewiss auch mittels platzierter Kandidaten. Letztlich hatte der Bischof auch Plattformen geschaffen, welche sich für die Bürgerschaft zur ganz eigenen Nutzung anboten. Hinzu kam aus der Sicht des Landesherrn noch ein besonderer Konstruktionsfehler in der Aufwertung des Rates gegenüber den Zünften. Durch die Einsetzung des Oberrates wurden nun Personengruppen in politischer Auseinandersetzung zusammengebracht, zwischen denen zuvor wahrscheinlich deutlich weniger Austausch bestand. Das war schlecht bedacht. Nicht jeder im Oberrat eingesetzte Domherr, stadtadelige Ritter oder gelehrte Kanoniker war mit allem Tun des Fürstbischofs zu jedem Zeitpunkt einverstanden. So erreichte der Landesherr zwar Einfluss und Kontrolle über das jetzt wichtigste Instrument der Bürgerschaft, sicher auch gegenseitiges Misstrauen, weil Loyalitäten nunmehr nicht eindeutig sein mochten, aber er bekam auch bis dahin ganz undenkbare und neue Allianzen gegen sich. Und obwohl der Oberrat für die Bürgerschaft über Jahrhunderte hinweg immer auch ein Problem darstellte, schufen die Strukturen rund um den Erwerb des Grafeneckart und die Schaffung einer durchorganisierten Stadtverwaltung neue Plattformen und bürgerliche Möglichkeiten, mit denen der Bischof sicher nicht gerechnet haben dürfte.

Eine dieser Möglichkeiten war ab 1317 die Neuerrichtung des „Bürgerspitals" durch Johannes von Steren, welcher einem wohlhabenden Ministerialengeschlecht entstammte, das man auch als Stadtadel oder Patrizier bezeichnen könnte, obwohl letzteres eigentlich nur für den Adel reichsfreier Städte galt. Von Steren hatte zusammen mit seiner Frau Margardis auf einer Pilgerfahrt nach Rom das Spital Santo Spirito in Sassia besucht und war tief beeindruckt von dem, was dort geschah. Kranke und in verschiedenen Stadien der sogenannten Pestilenz – Krankheiten allgemein waren gemeint – oder des Aussatzes und sonstwie dahin Vegetierende wurden nicht in sich ergebenden Verhältnissen meist schlechter Hygiene gerade einmal so eben in ihrem ein bisschen noch vorhandenen Leben erhalten, wie es üblich war, sondern je nach Krankheit und bestem Wissen behandelt und außerdem in Würde und Nächstenliebe versorgt. Besonders ungewöhnlich: Ein jeder erfuhr unabhängig von Stand, Herkunft, Ansehen oder Mitteln die gleiche Fürsorge. Von Steren und seine Frau widmeten den Rest ihres Lebens dem Aufbau einer ebensolchen Einrichtung in ihrer Heimat Würzburg. Und das gelang.

Im Nordosten des rechtsmainischen Stadtgebietes entstand unmittelbar außerhalb von Stadtmauer und Stadtgraben gegenüber des Tores, das man schon damals „Semeler Tor" nannte, dieses für die Zeit sehr ungewöhnliche Spital, das Menschen nicht nur zum Dahinsiechen in den Tod hinein aufnahm, sondern erstmalig auch jedermann und jedefrau behandelte oder zumindest in Würde pflegte. Nördlich der Alpen wahrscheinlich auch diesmal das erste Projekt dieser Art in Würzburg. Der Komplex des Spitals hat sich baulich durch die vergangenen sieben Jahrhunderte sehr verändert und präsentiert sich im Innenhof heute überwiegend in seiner barocken Erscheinungsform, aber der Ort ist durch die Zeit derselbe geblieben. Die kleine Saalkirche des Bürgerspitals ist heute der älteste, noch aus der Gründungszeit des 14. Jahrhunderts erhaltene Teil der Spitalanlage und erinnert in ihrer geradlinigen Schlichtheit ein wenig an die Pfarrkirche St. Gertraud im Viertel der „Inneren Pleich". Dort bei dem Spital gab es übrigens zu dieser Zeit weiter außerhalb der Mauern bereits ein herkömmliches sogenanntes Siechenhaus, das zwei Jahrzehnte später in die Anlage und das Konzept des Bürgerspitals integriert wurde.

Der Fürstbischof, inzwischen hieß dieser Gottfried III. von Hohenlohe, bestätigte im Sommer 1319 urkundlich die sicher als etwas seltsam empfundene Gründung von Sterens im Rahmen einer rechtlichen Ausnahmestellung gegenüber der zuständigen Pfarrei des Stifts Haug, das nannte sich „Exemtion". Auch der Papst bestätigte eineinhalb Jahre später im Herbst 1320 die Rechtmäßigkeit der Gründung des neuen Spitals.

Als von Steren 1329 starb, hinterließ er sein Lebenswerk mitsamt ausstattenden Gütern nicht etwa der Obhut des Hochstifts, sondern gab es an die nach 1308 geschaffenen Institutionen der Stadt. Damit schuf er nicht nur einen neuen und erstmaligen Präzedenzfall, der Herrschaft und Landesherr außen vor ließ, sondern nahm Stadt und Rat gleichzeitig in die Verantwortung, sein Werk sowohl institutionell fortzuführen als auch zu schützen. Das gelang, und dies wunderbarerweise bis auf den heutigen Tag.

Das Bürgerspital stellt nicht nur einen wichtigen Wendepunkt in Umgang und Pflege mit unseren Schwachen, Kranken oder einfach nur Alten dar, sondern es veränderte und entwickelte auch die Rolle städtischer Institution und Aufgaben in Würzburg. Ohne seine Gründung wäre die Geschichte der Stadt jedenfalls in Teilen anders fortgeschrieben worden, und ohne die geschaffenen Ratsstrukturen um den Grafeneckart herum hätte der gedanklich dem Oberrat sozial gewiss eher nahestehende Johannes von Steren seine Gründung wahrscheinlich niemals der Stadt hinterlassen können.

1:1 stand es zwischen Bürgerschaft und Fürstbischof auch nach dem königlich-diplomatischen Durchsetzungskampf am Telltor und dem nur vermeintlichen Nachgeben der Bürgerschaft. Die Sache und der Konflikt waren noch lange nicht entschieden.

EISZEIT

Kleine Eiszeit Anfang des 14. Jahrhunderts

Wenn von der kleinen Eiszeit die Rede ist, so bezeichnet dies eine Kälteperiode, die um 1300 herum begann und letztlich bis ins 19. Jahrhundert hinein andauerte. Die Gründe dafür finden sich in einem Mix verschiedener Phänomene, die sich gleichzeitig ereigneten beziehungsweise auch gegeneinander bedingten. Zu nennen sind zum Beispiel global verstärkt aufgetretener Vulkanismus; gewaltige Eruptionen beförderten Asche, Schwefelgase und so einiges mehr bis weit in die Stratosphäre hinein, wo sie die solare Strahlung regelrecht absorbierten. Auch nahm die Sonnenaktivität selbst zu dieser Zeit spürbar ab, was immer wieder einmal der Fall ist. Ebenfalls variiert die Umlaufbahn der Erde um die Sonne periodisch um Positionsgrade und Entfernungen, damals in einer für die Klimaentwicklung ungünstigen Weise. Und als möglicherweise unselige Folge aus all diesen Ereignissen nahmen wahrscheinlich auch noch Intensität und Temperatur des Golfstromes etwas ab, bei dem es sich um so etwas wie die Zentralheizung Europas handelt. Gäbe es ihn nicht, so würde zumindest die nördliche Hälfte des Kontinents unter einer dicken Eisschicht liegen und die südliche Hälfte nähme ein völlig anderes Aussehen ein, denn Europa liegt für sein mildes Klima eigentlich viel zu weit nördlich. Zum Vergleich: New York City befindet sich auf demselben Grad nördlicher Breite wie das mediterrane Rom.

Die ökologischen Folgen dieser relativ plötzlich eintretenden Klimafaktoren zeitigten besonders in der ersten Hälfte des 14. Jahrhunderts verheerende Auswirkungen. Verschobene Jahreszeiten, häufig und gewaltig auftretende Unwetter wie Hagel, Sturm, Starkregen führten nicht selten zu

Hochwasser und Flutkatastrophen. Ganze Erntejahrgänge gingen immer mal wieder verloren und die Kapriolen der Natur beförderten zudem die Ausbreitung von Schädlingen und Krankheiten, wobei auch die Unkenntnis beziehungsweise das gerade erst aufkeimende Wissen um die Zusammenhänge der Hygiene natürlich ein bedeutende Rolle spielte. Seit langer Zeit setzten verteilt über Jahrzehnte Hungersnöte wieder ein und damit auch soziale Verteilungskämpfe. Erträge sanken zeitweise auf wenig mehr als die Hälfte des Notwendigen, Preise für Lebensmittel stiegen in astronomische Höhen. Salz, dessen Gewinnung aus den Meersalinen Venedigs und Südfrankreichs beinahe zum Erliegen kam, wurde als wichtigstes Gewürz und Konservierungsstoff zwischenzeitlich das neue Gold. Wein, dessen Anbau und Ertrag im Hohen Mittelalter die heutige Produktion um ein Vielfaches überstieg, geriet vom alltäglichen Genussmittel zum kaum mehr erschwinglichen Gut, denn die Trauben verfaulten vor der Reife oder wurden das Opfer von Hagel oder Frosteinbruch, nicht selten alles zusammen. Ein Aspekt der Entwicklung umso tragischer, da der Wein gegenüber dem nun allzu oft kontaminierten Wasser einen gewissen Schutz darstellte.

Mit dem Hunger verbreiteten sich Mangelerscheinungen und Pandemien auf brutale und schonungslose Art und Weise, deren Opferschätzungen für Europa allein im 2. und 3. Jahrzehnt des 14. Jahrhunderts in die Millionen gehen. Nicht nur der Mensch war betroffen, selbstverständlich trafen die unregelmäßig stattfindenden Ereignisse ebenso das Vieh auf Hof und Gut wie auch die Wildtiere draußen in den Wäldern und auf den Feldern. Rinder- und Schweinepest, um die auftretenden Krankheiten einmal so zu nennen, sind kein neuzeitliches Phänomen. Dass sich in diesen Jahrzehnten die Lage zwischenrein immer mal wieder auch etwas entspannte, mag zum einen an den nicht durchgängigen, sondern wechselnden Klimaereignissen gelegen haben und zum anderen an der deutlich zutage tretenden Dezimierung der Bevölkerung. So hart muss man dies schildern.

Den Menschen aller Schichten und Stände waren die natürlichen Umstände der äußerlichen Veränderungen gegenüber einem Leben, wie es noch die Älteren vielleicht schilderten, nicht bewusst, sie konnten es nicht sein. War die Apokalypse nahe, das Jüngste Gericht? Oder zürnte Gott den Seinen aus anderen Gründen? Hatte man Frevel begangen gegen den

Herrn, vielleicht das heilige Jerusalem verloren gegeben? Wurden nicht die Juden und Wucherer inmitten dieser von Gott geschickten Prüfung unter der Christenheit geduldet, und profitierten diese Jesusankläger nicht von der grassierenden Not der Gläubigen? War dies gar nicht einmal eine Prüfung Gottes, sondern das elendige und gar teuflische Werk des Juden? – Solche und der Fragen noch mehr stellte man sich in einer Zeit, in der natürlich erklärende Antworten zur Gänze fehlten. Für uns heute kaum zu verstehen, aber man muss versuchen es im mystisch dekorierten Kontext der Zeit nachzuvollziehen.

In Würzburg beschädigte schon 1306 ein ungewöhnlich stark in die Stadt einbrechendes Hochwasser die bald 200 Jahre alte Steinbrücke und etliche Substanz der flussnahen Stadt. Ab 1312 kam es wieder und wieder zu Missernten, Krankheiten beim Vieh und in weiten Teilen zu verlorenen Jahrgängen des so wichtigen Weines. Auch hier entwickelte sich die Versorgungslage zum mehr und mehr Schlechten hin. Kein Wunder, dass nicht nur gegenüber den Auseinandersetzungen mit dem Bischof, sondern auch aufgrund der wirtschaftlichen Nöte die Stimmung im Lager der Bürgerlichen mit der Zeit zunehmend nicht nur einen, sondern gleich mehrere Tiefpunkte erreichte. 1342 zerstörte schließlich das sogenannte Magdalenen-Hochwasser nicht nur die steinerne Mainbrücke, sondern spülte mit Gewalt auch noch flussnahe Teile der rechtsmainischen Stadt hinweg. Viele Menschen starben, und in den Folgejahren ergab sich sowohl eine anhaltende Reihe von Missernten rund um Würzburg als auch Krankheit und Tod aufgrund der schlammig gewordenen Brunnen und Wasser. – In solcher Gemengelage traf auch in Würzburg die Nachricht ein von dem sich vom Mittelmeer und Süden her zunächst in die Seestädte und dann auch nach Norden über Land verbreitenden Schwarzen Tod. Und zusammen mit der Angst vor dieser furchtbaren Krankheit als Flächenbrand auch die angeblich sich zur Gewissheit verdichtenden Gerüchte um Ursache und Verursacher. Es hieß, das parasitär sich einnistende Volk der Juden beschwor das Unheil der Natur herauf und vergiftete nun auch noch die Brunnen der guten Christenmenschen mit dem Tod. Vielleicht sagten die Leute, dass Rintfleisch einst in der Region schon gewusst habe, welches Unheil durch die Hebräer heraufzog, aber er sei von der verdammten Obrigkeit gestoppt worden.

Heute nehmen wir anders wahr. Natürlich beziehungsweise hoffentlich, denn weder damals noch heute sind Minderheiten, bestimmte ethnische Gruppen oder Flüchtlinge für tatsächliche oder vermeintliche Umstände verantwortlich, unter denen Menschen aus den verschiedensten Gründen leiden oder einfach nur unzufrieden sind. – Das zur Verantwortung ziehen von Minderheiten oder Außenseitern einer Gesellschaft für vermeintliche Umstände zieht sich wie ein roter Faden durch die Menschheits- und Zivilisationsgeschichte. Es zeigt auf, dass wir trotz aller Wissenschaft, Technik und erworbenem Wissen um die Gesetze von Physik und Kosmos als Spezies nach wie vor noch sehr begrenzt sind, wenn es um Lehren aus der eigenen Geschichte geht. Eklatante Fehler und schlimme Katastrophen des Menschlichen lassen sich bislang einfach nicht beseitigen. Im Gegenteil, sie wiederholen sich periodisch mit beinahe diabolisch vorhersagbarer Gesetzmäßigkeit. – So auch damals in Würzburg, das leider auch hier in den dunkelsten Aspekten der deutschen Reichsgeschichte einen Spiegel solcher Entwicklungen repräsentiert.

Die nachfolgenden Ereignisse werden zeigen warum und im Kontext hoffentlich auch, worauf wir in unseren aktuellen Tagen mehr achten und uns deutlich mehr Mühe und Menschlichkeit geben sollten.

RASEREI, POGROM UND LÜGE

Das Judenpogrom von 1349

Um 1320 entstand im Süden der Stadt weit draußen vor den Mauern ein neues Siechenhaus in dem „Sand" genannten Gebiet, das zu dieser Zeit überwiegend der Beweidung des Viehs diente, da sich der sandige Untergrund aus Flusssedimenten dort nicht so recht zur Bebauung eignete, es war Überschwemmungsland. Nur an den günstigen, sonnenbeschienenen Hängen im Osten hatte sich bereits der Weinbau festgesetzt. In späteren Zeiten kamen zahlreiche Nutzgärten hinzu und schließlich vereinzelte Höfe und Bebauungen wie das Huttenschlösschen oder auch der Neumann-Pavillon des Fürstbischofs, bis nach Aufhebung der Festungseigenschaft im 19. Jahrhundert dann die Sanderau als neues Stadtquartier erstehen durfte. Nun aber erst einmal dieses für sich allein stehende Siechenhaus, wie es zwar bereits im Osten vor den Toren der Stadt in der Nachbarschaft zum jungen Bürgerspital eines gab, aber dieses hier war besonders, denn es diente der verschärften Isolation gegenüber jetzt vermehrt seuchenartig auftretenden Krankheiten, hervorgerufen durch Unwetter- und Flutkatastrophen, Klimaschwankungen mit Kälteeinbrüchen sowie Missernten, schlechtes Wasser mit Hygieneproblemen und Hunger in der Folge. Die besondere Isolation bestand darin, dass hier jedweder Kontakt zu den *Siechenden* ausgeschlossen wurde, indem die direkt an den Komplex angebaute Kapelle St. Nikolaus als Schleuse bei der Versorgung diente. Später wurde die Anlage ab dem 16. Jahrhundert als sogenanntes *„Ehehaltenhaus"* genutzt, also als eine Art Spital beziehungsweise Pflegeheim im Alter. Diesen Zweck erfüllt sie noch heute.

> Ein „Ehehaltenhaus" gab es nicht nur in Würzburg, sondern auch anderenorts, ist aber eine fränkische Besonderheit. Es bot ab dem 16. Jahrhundert ehedem dienstbaren Geistern die Möglichkeit der Altersversorgung im Sinne eines Spitals.

Es gab aber auch Lichtblicke des Frohsinns in diesen schwierigen Zeiten. Für das Jahr 1328 ist erstmals ein bunter Jahrmarkt entlang der Marktstraße (heutige Domstraße) verzeichnet. Zwar mag auch dies als Maßnahme im Rahmen schwieriger, dunkler und für die Menschen anstrengender Jahre zu sehen sein, aber immerhin in der Form einer positiv den Widrigkeiten trotzenden Reaktion. Diesen Rummel kann man durchaus als eine Art „Ur-Kiliani" ansehen, das als Volksfest und Jahrmarkt seit bald 200 Jahren seinen festen Platz im Kalender Würzburgs hat. Bis dahin waren Jahrmärkte mit zum Beispiel Gauklern und Schaustellereien an fürstliche Feste, Turniere und besondere Ereignisse gebunden. Bei dem historischen „Kiliani", das es bereits seit dem 11. Jahrhundert schon gab, handelte es sich dagegen um eine reine Verkaufsmesse von Gütern im Rahmen der Feierlichkeiten und Prozession zum Kilianstag am 8. Juli eines jeden Jahres. Die sehr viel später im 19. Jahrhundert erfolgte Verbindung des Jahrmarktes mit diesem Anlass ist dennoch eine kluge Kombination, die zu den Ursprüngen der Idee von „Kiliani" um 1030 herum zurückkehrte.

Auf Andreas von Gundelfingen folgen nach ein paar Jahren der Sedisvakanz ab 1317 einige Fürstbischöfe, welche nicht so überdeutliche Spuren in Stadt- und Bistumsgeschichte hinterlassen haben. Dies kann man durchaus positiv notieren, denn nicht selten hatten wir es bei starken oder extrovertierten Persönlichkeiten auch mit ausartenden Machtkämpfen und überproportional eskalierender Gewalt zu tun. Hierbei stellte sich Gottfried III. von Hohenlohe im Machtkampf um die deutsche Krone auf die Seite des Habsburgers Friedrich des Schönen, während sein kurzzeitiger Nach-Nachfolger Hermann II. Hummel von Lichtenberg gar als Kanzler von dessen schließlich erfolgreichem Gegenspieler Ludwig IV. von Baiern fungierte. Wieder deutlich herauszuheben ist für die Zeit bis zur Mitte des 14. Jahrhunderts dann aber Fürstbischof Otto II. von Wolfskeel, dessen Pontifikat von 1333–1345 nicht nur in spezifische Ereignisse des Stadtgedächtnisses fiel, sondern bis heute sichtbar auch seine Spuren hinterließ.

So geht beispielsweise die Errichtung des mittelalterlichen und die späteren Barockanlagen überdauernden Mauerrings um die jetzt vierflügelig nahezu geschlossene Anlage der Kernburg auf ihn zurück, die Wolfskeelsche Ringmauer. Auch gelangen ihm auf dem diplomatischen Parkett vor-

> Die von Wolfskeel erbaute Ringmauer mit ihren charakteristischen Wachtürmen ist die älteste durchgehend erhaltene Wehranlage der Festung Marienberg. Ihre für das Hohe Mittelalter typische Festungsarchitektur trägt heute gemeinsam mit dem späteren Renaissanceschloss entscheidend zum Flair der Anlage hoch über Maintal und Stadt bei. Fälschlicherweise wird diese Mauer oft auch als *„Scherenberg-Ring"* bezeichnet, da jener Bischof über 100 Jahre später das Tor zur Hauptburg weiter ausbaute und mit einer sogenannten Torburg ausstattete. Wahrscheinlich 1347 nahm eine der frühesten pulverbetriebenen Kanonen ihren Wachdienst im *„Wolfskeelschen Ring"* auf.

teilhafte Bünde und für das Hochstift attraktive Gebietszugewinne, darunter die Märkte Iphofen und Frickenhausen sowie die Stadt Röttingen. Im geistlichen Bereich kamen etliche neue Pfarreien für das Bistum hinzu, von 13 ist die Rede, und während vieler Wirren, Machtkämpfe und Auseinandersetzungen liegengelassene Reformen – erinnern wir uns an die Kirchenreformen des 11. Jahrhunderts, den Kampf gegen die Simonie und die aufkommende Scholastik – wurden wieder in Angriff genommen. Wolfskeel brachte so etwas wie ein kleines, eigentlich unmögliches Kunststück fertig, indem er sowohl das Domkapitel als auch – noch bemerkenswerter – die Bürgerschaft in weiten Teilen für sich einnahm. Ersterem versprach er die Entschuldung des Bistums nach der wirtschaftlich desaströsen Politik etlicher Vorgänger, was ihm natürlich nicht vollends, auch aufgrund fehlender Lebenszeit, gelang, aber das Hochstift mittels Gebiets-, Güter- und Steuergewinnen sowie durch Reformen, Haushaltung und nicht zuletzt einem Schuldenschnitt bei den Würzburger Juden – dazu später mehr – sichtbar voranbrachte. Letztere, also die Bürger, überzeugte er ebenfalls im Rahmen seiner Reformen von sich, da er möglicherweise erstmalig auch Geistliche in Teilen besteuerte, wobei deren fiskalische Sonderstellung für die Bürgerschaft seit Beginn der Auseinandersetzungen immer schon ein besonders rotes Tuch darstellte. Wenn das so hinkommt – wir können heute in Vielem eben nur erschließen, vermuten, interpretieren – dann hatte Wolfskeel mit relativ einfachen Mitteln und

Instrumenten sehr viel erreicht. Und dies unter widrigen klimatischen und damit auch wirtschaftlichen Verhältnissen, wie wir es im Kontext der damals herrschenden *Kleinen Eiszeit* bereits betrachtet haben, aber ebenso auch im Lichte schwierigster Ereignisse – dazu kommen wir gleich – innerhalb von Stadt und Hochstift. Warum gelang es also nur wenigen Bischöfen und Landesherrn, so wie Otto II. von Wolfskeel, im Sinne des Nachlebens für Bistum und Hochstift erfolgreich zu regieren? Warum lief es in dem Konflikt mit der Bürgerschaft so häufig aus dem Ruder, wenn es doch offenbar recht einfach war befriedende Signale zu setzen wie unter Wolfskeel?

Die Antwort darauf findet sich zunächst in den zu dieser Zeit herrschenden, besonderen Verhältnissen. Nach der verheerenden Niederlage der Bürgerschaft von 1308 mit der Errichtung des mächtigen und natürlich auch teuren Sonnenturms für den Bischof auf der Festung sowie des kontrollierenden Oberrates, den Zunftbeschränkungen und den neuen, übrigen städtischen Einrichtungen war die Bürgerschaft zunächst dauerhaft in der Defensive. Sie musste sich erst einmal schütteln. Dazu kamen die mit dem Klimawandel verbundenen wirtschaftlichen Einbrüche allerorten bis hin zu Hunger, Not und Tod. Alle Seiten waren betroffen und geschwächt!

Aber das erklärt es nicht allein. Während Wolfskeels Pontifikat war sein Pronotar und Vorsteher der fürstbischöflichen Kanzlei der Kanoniker des Neumünsterstifts und möglicherweise auch Mitglied des Oberrates ein gewisser Michael de Leone, welcher den prächtigen *Großen Löwenhof* in der Dominikanergasse bewohnte und uns mit der zweibändigen Schrift seines *Hausbuches* ein lebhaftes Zeugnis aus dem spätmittelalterlichen Würzburg hinterlassen hat. – Es mag sein, dass es dieser Mann war, der in den Jahren von Wolfskeel den Unterschied ausmachte.

Michael de Leone war ein hochgebildeter, begabter und kulturell weithin interessierter Mann, der in den 20er-Jahren des 14. Jahrhunderts die Jurisprudenz an der schon damals altehrwürdigen Universität von Bologna studiert hatte. Nach der Rückkehr in die Stadt am Main ließ in seinen Tätigkeiten der wirtschaftliche Erfolg nicht lange auf sich warten. Schon nach wenigen Jahren war er in der Lage den auch seinerzeit schon etwas geheimnisumwitterten *Löwenhof* von wahrscheinlich dem Johanniterorden zu erwerben. Er nannte sich von diesem Zeitpunkt an nach diesem

Nachdem es zuvor schon eine Schule des Rechts gab, gilt die Universität von Bologna ab dem frühen 13. Jahrhundert als die wahrscheinlich älteste der Welt. Im Mittelalter war sie vor allem für die Lehre der Rechtswissenschaften berühmt. – Dass heute im Zuge der europäischen Homogenisierung der Universitätslehre von den „Bologna-Reformen" gesprochen wird, ist kein Zufall, sondern der historisch bewusst gewählte Ort zum Beschluss dieser Reformen.

Hof, indem er residierte: *de Leone*, zum Löwen. Zudem trat er in leitender Funktion in die Dienste des Fürstbischofs ein. Wie und wann genau er zum Pronotar und Leiter der fürstbischöflichen Kanzlei aufstieg, ist nicht ganz klar, aber in dieser Funktion war er für Otto II. von Wolfskeel der gewiss wichtigste politische Begleiter und Ratgeber dessen Pontifikats. – Im Kontext zur Stadtgeschichte, Beurteilung und Einordnung der Ereignisse, die eintreten sollten, ein etwas delikater Umstand, denn Michael de Leone war in einem für die Zeit sehr wichtigen Aspekt nicht der Mann, der er vorgab zu sein: Michael war einer durchaus möglichen Vermutung nach nämlich ein Sohn wohlhabender jüdischer Konvertiten ursprünglich möglicherweise aus Köln, welche diese Herkunft verheimlichten und deshalb mittels Stationen in Frankfurt und der Umgebung von Mainz sich schließlich unerkannt in Würzburg niederließen und daher „von Mainz" nannten. Der ursprüngliche Familienname könnte jedoch „Jud" gelautet haben. Eine sehr gefährliche Geschichte im Angesicht der sich gewaltig in sozialen wie wirtschaftlichen Schwankungen und Nöten hochschaukelnden Verteilungskämpfe, sowohl für Michael als auch für den Fürstbischof. Denn die Auseinandersetzung ökonomischer Nöte richtete sich zunehmend gegen tatsächliche oder auch nur vermeintliche Mitbewerber im Inneren des Land- und Stadtgeschehens, gegen die jüdische Gemeinde.

Eine kurze Chronik, gipfelnd im Unsäglichen und der vielleicht dunkelsten Stunde der Würzburger Stadtgeschichte:

Ausgelöst durch wiederholte Missernten, einsetzenden Seuchen und Hunger kam es 1336 an verschiedenen Orten des Hochstifts zu gewalttätigen Übergriffen gegen Juden, die man aufgrund ihrer Geschäfte und des Handels, den sie trieben, für Preistreibereien und anderen Wucher verantwortlich machte. Wahrscheinlich kam diesen historischen *Wutmenschen* dabei auch das spätestens seit den Rintfleisch-Verfolgungen

> Der sogenannte „Wutbürger" von heute findet in der Geschichte immer wieder seine Entsprechungen in den verschiedensten Kontexten und Zielen. Ihnen allen gemein ist, dass der Pfad rational geführter Auseinandersetzungen oder verhandelter Lösungen dabei verlassen wird. An ihre Stelle treten Polemik, Populismus oder gar Schlimmeres.

von 1298 in der Region latent umhergehende Gerücht von den Juden als Jesusmörder und Hostienschänder gerade recht und passte ins Bild ihrer aktuellen Nöte. Es kam zu einer Zusammenrottung, welche sich nach mehreren Übergriffen an verschiedenen Orten schließlich auch auf

> Für Kitzingen ist im Rahmen der sogenannten „Armleder-Pogrome" von 1336 sogar belegt, dass mehrere Bürger der Stadt entgegen dem Beschluss des Rates den sogenannten „Judenschlägern" ein Stadttor öffneten und diese sich von daher trotz städtischen Schutzes über einige der Kitzinger Juden hermachen konnten.

Würzburg zubewegte mit dem Ziel, die Juden der Stadt zur Rechenschaft zu ziehen. Man nannte sie damals „Judenschläger" und bezeichnete sie später nach einem ihrer Anführer als „Armleder-Verfolgungen". Diesem

> Arnold von Ussigheim, genannt „Rex Armleder", gehörte einem kleinen, reichsfreien Geschlecht an und war möglicherweise zunächst der Hauptagitator der Pogrome von 1336, welche auch in den Folgejahren immer wieder einmal aufflammten. Er wurde nach seiner Gefangennahme vom bischöflichen Zentgericht in Kitzingen abgeurteilt und am 14. November 1336 enthauptet.

Zug trat der Bischof mit seinen Vasallen, der stehenden Burgbesatzung und auch den Knechten der Stadt entgegen, wobei auch hier der noch junge Oberrat den Ausschlag gegeben haben dürfte. Die rationalen Gründe dafür lagen auf der Hand, die Juden waren gerade in diesen schweren Zeiten ein wirtschaftlich stabilisierender Faktor der Stadt, dazu wichtige Geldgeber und Investoren sowie nicht zuletzt auch dem königlichen Schutz anbefohlen. Gegenüber von Ochsenfurt auf der rechten Mainseite wurde die Landrotte gestellt, zerschlagen, auseinandergetrieben und in die Heimatorte verjagt.

Damit war das Problem aber keineswegs aus der Welt, sondern im Gegenteil neu aufgefrischt wieder in den Köpfen und den Sinnen der Menschen angekommen, deren Sorgen und Nöte wie in einem Druckgefäß anstiegen, das jederzeit zu platzen drohte. Nicht nur auf dem Land, sondern auch in den Städten und Würzburg selbst. So erließ der Stadtrat 1337 mehrere Gesetze, welche Übergriffe gegen Juden unter schwere Strafe stellten, indem sowohl die Natur des Übergriffs als auch die grausige Strafe beschrieben wurde. Allgemein galt, dass die Schädigung von Juden eine immerwährende Verbannung aus der Stadt mit Frau und Kind nach sich zog.

1339 führte eine Heuschreckenplage – so etwas kennen wir heute praktisch nicht mehr – zum wohl beinahe kompletten Ernteausfall rund um Würzburg und damit zu akutem Hunger, Verteilungsnotständen und in der Folge auch zu epidemischen Krankheitsausbrüchen und Tod. Die sozialen Schieflagen, insbesondere im gemeinen Volk der Knechte und Mägde, verschärften sich und begannen von nun an auch vermehrt die Schicht der freien Handwerker, Gesellen, Zunftmitglieder und sogar bisher wohlhabenden Händler zu erreichen. Im Übrigen auch die jüdische Gemeinde Würzburgs, welche den Naturereignissen natürlich ebenso ausgesetzt war wie alle anderen.

1342 schließlich geschah das Unfassbare. Mitten im Sommer riss am 22. Juli, dem Magdalenentag, ein gewaltiges Main-Hochwasser nicht nur mehrere Bögen der ehrwürdigen Steinbrücke mit sich in die Fluten, sondern auch bedeutende Teile der dichten, flussnahen Bebauung insbesondere der rechtsmainischen Stadtseite mit Dom und Marktstraße. Dem Ereignis aus Zerstörung und Tod vorausgegangen war sintflutartiger tagelanger Starkregen, der in ganz Mitteleuropa die Flüsse zerstörerisch über die Ufer treten ließ, jedoch kaum irgendwo so gewaltig wie entlang des Mains. Der Pegel der Flutwelle stieg bis auf später nie mehr erreichte 10,3 Meter an und kam erst an den Treppenstufen des Kiliansdomes zum

Eine beliebte Legende Würzburgs besagt, dass der Heilige Kilian selbst den Wassermassen damals an den Stufen des ihm geweihten Gotteshauses Einhalt geboten habe. – Diese Geschichte zeigt vor allem deutlich auf, wie sehr die Stadt doch tatsächlich in Not geraten war und welche Erleichterung es gewesen sein musste, als der Flutpegel nicht mehr weiter anstieg.

Stillstand. Man mag sich nur einmal vorstellen, wie sehr das damalige Kernstadtgebiet und alles darin unter Wasser stand beziehungsweise dem Druck der Flut ausgesetzt war. Es war die bis dahin größte Katastrophe und verzweifelste Stunde, welche Würzburg zu durchleben hatte. Ein Nährboden für Verschwörungstheorien und das Verantwortlichmachen vermeintlich Schuldiger. Aber noch hielten im Aufräumen und in der Not das Gesetz und die Ordnung stand. Das jüdische Quartier hatte die Flut immerhin beinahe ebenso hart getroffen wie das Gressen- oder das Sanderviertel.

Im Jahr darauf, 1343, beging der spätere Kaiser Karl IV. das Pfingstfest in Würzburg. Dies gewiss aus wohl kalkulierten Absichten, um einerseits der stark gebeutelten Stadt und Region sowie dem einflussreichen Fürstbischof Otto II. von Wolfskeel seine Unterstützung darzulegen, andererseits aber auch seine Ambitionen auf höhere Berufungen zu unterstreichen, denn gerade in dieser Zeit zeichnete sich ab, dass für Karl vielleicht mehr möglich wäre als nur die königliche Nachfolge seines Vaters in Böhmen. Der Stabilität im städtischen Gefüge von Würzburg mag dies in diesen schwierigen Jahren äußerer Ereignisse und Naturkatastrophen zwar ein wenig geholfen haben, auflösen ließen sich aber die horrenden Probleme der Stadt- und Umlandbevölkerung auf diese Weise nicht. Der Frieden unter den Ständen und Schichten war brüchig wie nie zuvor.

1347 brachen sich nach weiteren Missernten und verlustreichen Weinjahrgängen nun auch innerhalb der Stadtmauern Würzburgs der Zorn und die Not Bahn. Allen Gesetzen und vorangegangenen Strafandrohungen zum Trotz. Es traf im Besonderen wieder einmal die jüdische Gemeinde. Dies war jedoch nur so etwas wie ein Vorspiel zu den fatalen Ereignissen, die noch folgen sollten. Neben Rintfleisch-Pogrom, der Zerstörung Würzburgs zum Ende des 2. Weltkriegs und dem Elend des 30-jährigen Krieges wahrscheinlich eine der tragischsten und im wahrsten Wortsinne dunkelsten Stunden der Stadt.

Ebenfalls 1347 erreichte die ursprünglich aus Asien stammende schwarze Beulenpest Sizilien per Schiff und kurze Zeit darauf bereits Südfrankreich. Von dort aus breitete sich die Krankheit nun rasch und pandemisch nach Norden über den Kontinent aus. Noch schneller als die Pest selbst waren freilich die furchtbaren Schrecken, die ihr nachgesagt wurden. Horrorgeschichten, Gerüchte und wildeste Spekulationen sprossen wie Pilze aus dem Boden. Nahte die Apokalypse heran, das Jüngste Gericht? Wieso breitete sich der Tod rascher aus als ein Ochse vor sich hintrottete? Ging das mit rechten Dingen zu oder waren dunkle Mächte im Spiel? Würde der eigene Ort verschont bleiben? Ließ sich etwas gegen das drohende Unheil unternehmen? – Es bedarf nur wenig Fantasie, um sich vorzustellen, wie es im Rahmen solcherlei Ängste und vorauseilender Hysterie relativ rasch zu neuen Verschwörungstheorien gegen das Judentum als solches und die jeweils eigenen Juden im Besonderen kam. Die Juden unterhielten ein Fernhandelsnetz, das schnell reiste. Die Juden frönten angeblich gotteslästerlichen Ritualen in einer fremden Sprache, die des Teufels sein mochte. Vielleicht geboten sie gar über den Schwarzen Tod, den sie selbst ins Abendland brachten, und vergifteten die Brunnen der Christenmenschen, wie man es schon häufig während der vielen vorausgegangenen Seuchen und Jahren der Not vermutet hatte. War dies nun die Gewissheit? Was musste eigentlich noch geschehen, um den Teufel endlich beim Namen zu nennen?

So ungefähr muss man sich vielleicht die kursierenden Gerüchte und Volkes Stimmung zur paneuropäischen Ausbreitung der Pest vorstellen. Bürger, Zünfte, Unfreie und ganz allgemein eben die bildungsferneren Schichten, zu denen gleichsam auch weite Teile des niederen Adels noch zu rechnen waren. Für sie alle waren die Juden in ihrer Wahrnehmung häufig nur Wucherer und als Kreditgeber zudem nicht selten der Sargnagel zur eigenen Existenz. Höherer Adel, Fürsten und Klerus schlossen sich den fliegenden Gerüchten und der zunehmend aufkommenden Raserei dagegen nicht oder zumindest weniger an. Ihr Verhältnis zu den jüdischen Gemeinden und auch ihre Verantwortungen waren weitaus komplizierter, obwohl auch hier bedeutende Verschuldungen bestanden. Im Unterschied zur Bürgerschaft bedrohten diese aber zumeist nicht die Existenz, sondern waren im Gegenteil nützlich. Allerdings sahen sich 1348/49 Grafen, Fürsten, Landesherren und Könige außerstande, sowohl auf die Ausbreitung der Beulenpest als auch die um sich greifenden Bürgerpogrome gegen jüdische Gemeinden zu reagieren. Etwas Vergleichbares hatte es bis dahin nicht gegeben, man sah im Grunde nur hilflos zu oder suchte nach der eigenen Sicherheit beziehungsweise Gesundheit.

Zunächst zog die Pogromwelle in etwa gleichem Tempo mit der Pest nach Norden, dann aber überholten die Übergriffe gegen ganze jüdische

Gemeinden die Krankheit zum Teil deutlich. Anfang 1349 erreichten die Pogrome auch die deutschsprachigen Reichsgebiete. Nach einem innerstädtischen Umsturz kam es in Straßburg am 14. Februar zu einem furchtbaren Massaker, das geschätzten 2000 Juden das Leben kostete. Weitere Pogrome folgten nach, die Sicherheitslage der jüdischen Gemeinden gestaltete sich je nach lokaler Herrschaft sehr unterschiedlich.

Würzburg musste trotz seiner Vorgeschichte an Pogromen damals aufgrund der festen Bischofsherrschaft als ein relativ sicherer Hafen für Juden gegolten haben. Dann aber kamen im April 1349 gleich mehrere Umstände zusammen, die alles änderten. Zuerst traf Mitte des Monats aus dem zum Bistum gehörenden Meiningen die Nachricht ein, dass dort die Pest ausgebrochen sei, weil die Juden des Ortes die Brunnen damit vergiftet hätten. Die Meininger Bürger aber hätten die Juden nun allesamt gefangen genommen, gegeißelt und ihre Synagoge zerstört. Dies sorgte unter den Würzburgern für helle Aufregung und heizte die Stimmung gegen die Juden der Stadt gewaltig an. Und nur wenige Tage später kam es ungefähr am 19. April auch noch zu einem späten, heftigen und mehrere Tage anhaltenden Frosteinbruch, dessen unerwartetes Eintreten den Weinbau und überhaupt die Landwirtschaft der Region erneut bedrohte. Das ging nun zu weit. Der Schwarze Tod und die Bedrohung der Grundpfeiler ihrer Existenz zur gleichen Zeit konnten einfach kein Zufall sein. So mancher hatte vor dem Hintergrund der größten Kälte, Unwetter und Seuchen seit nunmehr Großvaters Zeiten auch schon davon gesprochen, dass Gott sie strafe, weil sie die Juden direkt in ihrer Mitte duldeten.

Innerhalb von nur 48 Stunden schwoll in Würzburg die vormalig sich als Lauffeuer verbreitende Empörung zur regelrechten Raserei der Bürger an. Was genau geschah, ist nicht wirklich belegt und überliefert, aber ein sehr großer Mob muss am 21. April das jüdische Viertel rund um *„Rigol"*,

„Rigol" ist ein altes Wort, welches wohl so etwas wie *innerer Siedlungsrand"* bedeutet, wobei es sich hier um ein Sumpfloch mit Wasser- und Untergrundproblemen handelte. Die Bebauung des Areals war im 14. Jahrhundert noch auf tief in den Grund getriebene Holzpfeiler angewiesen.

Synagoge und die angrenzend jüdischen Grundstücke beziehungsweise Höfe eingeschlossen, überfallen und in Brand gesteckt haben. Die Würzburger Juden starben einen qualvollen Tod durch Erschlagen und im Feuer, niemand wurde herausgelassen. Mit Sicherheit arbeitete man gleichzeitig auch intensiv daran, dass der horrende Großbrand nicht die angrenzenden Höfe von Bürgern oder auch das Dietricher Spital beziehungsweise den schon damals unter diesem Namen bekannten Falkenhof erreichte, welcher natürlich ein gänzlich anderes Gesicht aufwies als heute. Es war ein durch und durch grausames und grausiges Ereignis, zurück blieb verkohlte Erde, die bis auf Randgeschichten nie wieder bebaut wurde, was zum einen an dem „Rigol" genannten Sumpf dort lag, über dem viele Häuser gestanden hatten, und zum anderen gewiss auch mit Aberglauben und Ängsten vor möglichem Unheil zu tun hatte. Eine zum Stadtgebiet vergleichsweise riesige und plötzlich entstandene Freifläche inmitten der spätmittelalterlichen Stadt, heute der *Untere* und *Obere Markt*. Ende des 15. Jahrhunderts wurde der *Untere Markt* gepflastert und das Marktgeschehen der Stadt zog von der zum Dom führenden Marktstraße – heute Domstraße – an diesen Ort um.

Nach rasendem Wahn und dem Rausch der Gewalt wurde schnell deutlich, wie unfassbar gewaltig das begangene Verbrechen war. Einjeder Beteiligte hatte sich zudem an König und Fürstbischof vergangen, unter deren Schutz die Juden standen. Der Stadt drohte nicht nur das Interdikt, sondern vielleicht auch Strafen an Leib, Leben und Wohlstand, wie es sie zuvor noch nicht gegeben hatte. Wie aber straft man ein kollektiv begangenes Verbrechen, das so unerhört jenseits aller Vorstellung stattfand, wie sühnt man es? Eine Antwort darauf war nicht zu finden, zumal das Wüten in Würzburg nicht für sich allein stand und weitere Pogrome zum Beispiel in Mainz, Worms, Koblenz oder Köln erst noch nachfolgen sollten. – So kam es daher im Nachgang zu der frei erfundenen Version der Schilderung der Ereignisse, dass die Juden der Stadt ihr Viertel und damit sich selbst in Brand gesteckt hätten, als die vereinte Bürgerschaft sich näherte, um sie für ihre begangenen Untaten der Brunnenvergiftung mit der Schwarzen Pest, eigentlich ging es in Würzburg jedoch um den späten Frosteinbruch, zu geißeln. Eine im Angesicht der Tat unfassbar dreiste Lüge, die obendrein logischerweise allen bekannt war, ihren politischen Zweck aber dennoch erfüllte. Mit dieser Erklärung durfte man sich juristisch zufrieden geben. Fragte sich nur, wie sich auch damit leben ließ. Zwar kam die Pest auch nach Würzburg, aber als größerem Ausbruch erst 1354/55 mehr als fünf Jahre später.

In Würzburg gab es nunmehr keine jüdische Gemeinde mehr. In der Folge wurden offenbar auch die Grabsteine des jüdischen Friedhofs vor den Mauern der Stadt abgetragen, um sie für die Fundamente eines Neubaus des Klosters der Dominikanerinnen zu verwenden, das sich am nördlichen Rand der Vorstadt Pleich ganz in der Nähe befand. Dies belegen die fast 1500 jüdischen Grabsteine, die man 1987 dort fand. Später wurde dieser ursprünglich auf dem Gelände des heutigen Juliusspitals gelegene Friedhof jedoch wieder genutzt, bis Fürstbischof Julius Echter die Juden im 16. Jahrhundert aus dem Gebiet des Hochstifts vertrieb. Bei dem Bau des Spitals ab 1576 könnte sich die Geschichte dann erneut wiederholt haben, indem die dortigen Grabdenkmäler vielleicht wieder für den Untergrund eines Bauwerks genutzt wurden.

Dass sich überhaupt wieder Juden in Würzburg nach und nach ansiedelten ist damals wie heute geradezu ein Wunder und nur zu verstehen, wenn man sehr viel tiefer in die Kulturgeschichte dieses Volkes einsteigt, was wir hier an dieser Stelle leider nicht tun können.

Das Fehlen der wirtschaftlichen Tätigkeit der Juden hat Würzburg in der Folge zwar nicht ruiniert, aber im Wettbewerb mit anderen Orten doch einiges an Boden gekostet. Es sollte – auch im Kontext weiterer Auseinandersetzungen – mehr als 100 Jahre andauern, bis man sich in etwa dort wiederfand, wo man hinzugehören glaubte. Dies gilt für die Bürgerschaft ebenso wie für den regierenden Fürstbischof, die ihren Strauß noch längstens nicht abschließend miteinander ausgefochten hatten.

Wie mag Michael de Leone diese furchtbaren Pogromereignisse wahrgenommen haben? Hatte er ein Motiv oder persönliches Interesse, den Mob des 21. April aufzuhalten oder seine Entstehung zu verhindern? Man weiß es nicht. Seine Einlassungen zu dem Ereignis sprechen dagegen. Vor dem Hintergrund der letztlichen Untätigkeit seines Bischofs und Landesherrn mag er sich gegenüber der eskalierenden Stimmung in jenen Apriltagen zurückgenommen haben. Vielleicht stand er während des Pogroms im Löwenhof an einem Fenster und beobachtete mit Schmerzen und Seelenqualen das Unbegreifliche. Im Nachfolgenden jedenfalls, und obwohl sein Landesherr sich als Bischof gerade gegen einen Konkurrenten endgültig durchsetzte, zog Michael sich aus der Politik endgültig zurück und wirkte fortan als Scholaster am Stift Neumünster, dem er sowieso schon lebenslang verbunden war. Im Gedächtnis der Stadt verbleibt er nicht nur wegen seines Hausbuches mit der darin im zweiten Band wiedergegebenen Liederhandschrift zu vor allem Walther und Reinmar, sondern auch wegen seines aktiven Förderns der literarischen Künste im 14. Jahrhundert. Seine Literaturkreise im Löwenhof waren unter Zeitgenossen ebenso berüchtigt wie begehrt, er sammelte und redigierte darüber hinaus diverse Bücher sowohl gegenwärtiger als auch vergangener Autoren wie etwa Konrad von Würzburg oder Hugo von Trimberg. Dies darf man sich freilich nicht in

Konrad von Würzburg wurde um 1225 in Würzburg als Spross eines Bürgers geboren und zählt ebenso wie Walther von der Vogelweide oder auch Wolfram von Eschenbach als Dichter und Epiker zu den „12 Alten Meistern". Er starb 1287 in Basel.

einer Druckauflage vorstellen, sondern als neu zusammengestellte und aufwendig von Hand hergestellte Kopien, die im erlauchten Kreis von Michaels Kulturzirkel bis möglicherweise hin zu seiner Fernkorrespondenz Verbreitung fand. Jenseits geistlicher Werke lässt sich eventuell gar von einer sehr frühen Verlegerschaft sprechen. Für die Zeit sehr innovativ als auch wichtiges Kulturgut erkennend waren seine vielfältigen Unternehmungen und Tätigkeiten allemal. Nicht immer korrekt wiedergegeben und manchmal auch irreführend behandelt, was ihm jedoch von Herzen verziehen sei. Er war es schließlich, der sich als erster der Sammlung und Weitergabe eines kulturellen und nicht geistlichen Erbes widmete. Ein Verleger und Bewahrer in gleichsam tragischen Zeitumständen.

Michael de Leone starb Anfang 1355 am 3. Januar. In dieser Zeit war auch die Pest gerade nach Würzburg gekommen. Ob darin ein Zusammenhang besteht, ist zumindest dem Autor dieser Zeilen nicht bekannt, aber eine gewisse Symbolik lässt die zeitliche Parallelität erkennen: Das Pogrom von 1349 und vorläufigem Ende des jüdischen Lebens in Würzburg als persönliche Tragik auch für den unerkannt wirkenden Politiker und Kulturmäzen.

Sein Neffe und Erbe Jakob de Leone führte den Großen Löwenhof durch die langen Jahrzehnte der zweiten Hälfte des 14. Jahrhunderts fort. Persönlich fern des inneren Bischofszirkels engagierte er sich dabei im Unteren

Rat der Bürger und war schließlich auch maßgeblich an der stadtgeschichtlich finalen Auseinandersetzung um die Reichsfreiheit beziehungsweise Unabhängigkeit der Stadt gegenüber dem Fürstbischof beteiligt. Dies kostete ihn nach der berühmten Schlacht von Bergtheim nicht nur die Freiheit, sondern mittels Verurteilung und Hinrichtung auch das Leben. Der Löwenhof selbst trat anschließend jedoch in eine ganz neue und weitere Phase seiner Geschichte ein. – Zu beiden Ereignissen wird an nachfolgender Stelle noch zu berichten sein.

Das vorläufige Ende der jüdischen Gemeinde gerade in Würzburg war ein besonders schlimmer Schlag gegen jüdisches Leben und jüdische Kultur, denn die ansässige Gelehrten- und Rabbiner-Schule, Jeschiwa genannt, war europaweit für das verstreute Judentum führend in Fragen des Studiums von „Talmud und Tora", führend auch in der verbindlichen „Halacha", der jüdischen Rechtsprechung, und ebenso wenn es um alte jüdische Gebräuche und Traditionen, also um das „Minhag" beziehungsweise das Judentum selbst ging. Ein Beispiel dafür ist die Art und Weise, wie und wann eine „Kippa" als Kopfbedeckung zu tragen ist. Viele Anfragen jüdischer Gemeinden quer durch den Kontinent richteten sich über wohl annähernd zwei Jahrhunderte immer wieder an die Gelehrtenschule nach Würzburg und wurden hier durch „Responsen" sowohl beantwortet als auch entschieden. Stellvertretend für eine große Schar an Talmud-Tora-Gelehrten sei an dieser Stelle nur Rabbi Meir ben Baruch genannt, welcher in der Mitte des 13. Jahrhunderts lebte, in Paris studiert hatte und mitunter von Würzburg aus europaweit sehr nachhaltig wirkte.

All das ging verloren, als am 21. April 1349 ein rasender Mob der Bürger das Judenviertel von Würzburg in Brand setzte beziehungsweise ihre Mitbürger jüdischen Glaubens erschlug und alles jüdische Leben in der Stadt auslöschte.

EINE BÜRGERKIRCHE

Die Marienkapelle

Michael de Leone zog sich als Scholaster des Stifts Neumünster zurück, im Nachgang schrieb er über das Pogrom von 1349, dass *die Juden der Brunnenvergiftung schuldig und ihre Strafe gerecht gewesen sei*. Es mag sich um eine Schutzbehauptung gehandelt haben, denn fortan zog er es vor keine Verantwortung mehr für das Hochstift zu tragen.

Albrecht II. von Hohenlohe regierte dagegen über mehr als 20 Jahre noch bis 1372. Im Juli 1349 – mehr als zwei Monate nach dem Massaker von Würzburg, aber noch inmitten dieses Pogromsommers – ließ er die festgesetzten Juden von Meiningen aburteilen und hinrichten. Das erklärt dann auch, warum er die Würzburger Juden nicht vor dem Bürgermob geschützt hatte. Es wäre ihm in der Tat ein Leichtes gewesen, indem er ihnen zum Beispiel inklusive der wichtigsten Habe Zuflucht in seiner jüngst erst stark ausgebauten Bischofsfestung gewährt hätte, bis sich die Lage wieder beruhigt haben würde. Er wollte es nicht und das, obwohl er diesbezüglich als Schutzherr und sowieso Profiteur an den Juden in der Pflicht stand! Erklärungsversuche führen auch hier wieder in das Reich der Spekulation. Unter den Wetterkapriolen und Ernteausfällen dieser Jahre litten nicht nur das einfache Volk und die Bauern, ebenso waren indirekt auch der Adel, die Klöster und Stifte sowie er selbst als Landesherr und Bischof betroffen. Wichtige Steuereinnahmen und vor allem die Erträge aus Gütern brachen ein oder fielen zur Finanzierung des Herzoghofes gleich ganz weg. Nun raste auch noch diese furchtbare Seuche scheinbar unaufhaltsam durch die Lande und mähte die Menschen nieder. So mag es gut sein, dass auch das

> Der Zugang zur „Schule" hatte sich über Klerus und Adel hinaus seit längerer Zeit auch dem Bürgertum geöffnet. Anbieter waren zumeist Klöster und Stifte, später auch Pfarrgemeinden. In der Mehrheit ging es hierbei um den männlichen Nachwuchs, früh gab es aber auch schon Schulen für Mädchen.

gerade aufkommende „Bildungsbürgertum", Adel und Klerus tatsächlich ebenfalls die einmal aufgekommene Mär von der jüdischen Verschwörung als Brunnenvergifter glaubten und sozusagen in Angst und Schrecken davor lebten. Schließlich handelte es sich um die Mörder Jesu Christi und die Hostienschändungen der Vergangenheit waren ja allgemein bekannt. Das wusste jeder. – Sie schütteln den Kopf über so viel Unwissen, Verdrehung und Leichtgläubigkeit? Das sollten Sie vielleicht nicht tun, denn auch heute werden – populistisch geschickt – vermeintliche Fakten in völlig fremde Kontexte verdreht in die Welt gesetzt, und viele Menschen halten es für die reinste Wahrheit. Ein Mittel der politischen Abkürzung, das häufig an den extremistischen Rändern und in totalitär geführten Regimen zum Einsatz kommt. Die falsche Behauptung der „jüdischen Brunnenvergiftung" des 14. Jahrhunderts unterscheidet sich im Kern nicht so sehr von solchen des 21. Jahrhunderts, wenn zum Beispiel im Kontext zu Kriegsflüchtlingen von „Überfremdung" oder ähnlichem die Rede ist.

Es ist keine Entschuldigung, aber immerhin ging es bei der Pest, dem Hunger und den Ernteausfällen um ganz reale Nöte, die die Menschen tatsächlich bedrohten. Vielleicht war es auch gerade deshalb möglich gewesen, sich in diese kollektiven Rasereien der Gewalt hineinzusteigern. Papst Clemens VI. verbot ausdrücklich das Erschlagen der Juden ohne Gerichtsverfahren, er wies darauf hin, dass die Pest ebenso das jüdische Volk treffe. Erfolg hatte er damit nur wenig bis gar keinen. Wie in Meiningen richtete man die Juden dann eben nach Foltergeständnissen und Prozess, sofern Obrigkeit und Herrschaft die Lage im Griff behalten hatten.

Auch in schwärzester Stunde geht das Leben aber weiter. Ob das jüdische Viertel am Rigol überhaupt gebrannt hatte oder der Bürgermob „nur" mordend und plündernd eindrang, ist nicht mehr zu klären, und nicht so entscheidend. Möglich ist, dass die Geschichte vom Brand auf der wiederum unwahren Legende der Selbstverbrennung der Juden beruht. In jedem Fall aber begann das Aufräumen und Verteilen. Der Fürstbischof setzte so etwas wie eine Kommission ein, welche den Verkauf von jüdischen Grundstücken und Gütern regelte, die mithin in der Stadt verstreut lagen. Es hatte zwar das jüdische Viertel am Rigol gegeben, aber kein für sich abgegrenztes Ghetto. Dort am Rigol jedoch wurde die jüdische Synagoge geschliffen, und mit ihr wohl auch die zuvor in ganz Europa innerhalb des Judentums gerühmte Jeschiwa der Würzburger Talmud-Gelehrten. Gewisse Freiflächen entstanden. Bausubstanz wurde ebenfalls eingerissen oder einfach dem Verfall preisgegeben. Noch in Berichten des 15. Jahrhunderts ist von Unrat die Rede. Neubebauungen wird es nur vereinzelnd und vorübergehend gegeben haben, bis der Untere Markt schließlich als einer der ersten Plätze Würzburgs ein frühes Steinpflaster erhielt. Aus dem einst sumpfigen und von Abwässern stinkenden Morast, dem die Juden allerdings mittels der Art und Weise ihrer Bebauung und Wasserabführung Herr geworden waren, wurde 125 Jahre nach dem Pogrom ein urbanes Schmuckstück der Stadt.

Zunächst aber war es noch nicht soweit. Ungefähr über der zerstörten Synagoge errichtete man in den Jahren nach 1349 der Jungfrau Maria eine kleine Kapelle aus Holz. Nicht um Buße für die begangenen Gräuel zu tun, sondern um den Schutz der Mutter Gottes vor Pest, Missernte, Hunger und Not zu erbitten. Der Platz am Ort der ehemaligen Synagoge mag dabei dennoch bewusst gewählt worden sein und gibt in seiner Symbolik eher einen Hinweis auf die Abwesenheit von Schuldbewusstsein denn umgekehrt. Man denke nur einmal an die damals ebenfalls sehr verbreitete These, dass Unwetter, Ungezieferplagen und Missernten die Strafe Gottes dafür seien, dass sie die Juden in ihrer Mitte duldeten. Die Kapelle an genau diesem Platz und die intensivierte Verehrung der Mutter Gottes drückten demnach schon so etwas wie Buße aus, aber im gänzlich anderen Sinne. Wann genau sie errichtet wurde, ob in der Folge des Pogroms oder dem in Würzburg dann erst späten Ausbruch der Pest 1355, ist wieder einmal nicht ganz klar.

Diese Kapelle aus Holz erfreute sich aber in jedem Fall rasch einer großen Beliebtheit unter Bürgern und einfachem Volk aus Bauern, Knechten, Mägden. Selbst aus der Ferne pilgerten die Menschen mehr und mehr heran, um hier zur Jungfrau Maria, der Mutter Gottes und Schutzpatronin der Franken, zu beten. Wundersamerweise wurden die Zeiten besser,

Wetter und Jahreszeiten beruhigten sich, Ernteausfälle nahmen ab, das Vieh gedieh wieder besser, verschiedenste Krankheiten und die Kindersterblichkeit gingen zurück. Zwar kam die Pest auch nach Würzburg und Franken, wütete aber bei Weitem nicht so verheerend, wie es anderen Ortes geschehen war. Was die Menschen natürlich nicht wussten, das war, dass um die Mitte des 14. Jahrhunderts die durch vermehrte vulkanische und geringere Sonnenaktivität verursachte Klimaänderung sich zunächst wieder auf einem deutlich günstigeren Niveau einpendelte, sodass Leben und Natur fruchtbar zurückkehrten. Den vor allem einfachen Menschen muss es unterm Strich wie ein Wunder ihrer Fürbitten erschienen sein. Die in Würzburg schon sehr alte Anbetung der Mutter Gottes erfuhr in diesen Jahren einen gewaltigen, nochmaligen Anschub, welcher unter anderem dazu führte, dass die Region noch heute als ein Zentrum der Marienverehrung im gesamten römisch-katholischen Raum gilt.

Mit der Zeit kam es dahin, dass die Kapelle dem Pilgeransturm und ihren Aufgaben baulich nicht mehr gewachsen war. Eine neue Lösung musste her. Und wie das so ist, rufen solche Umstände auch politische Interessen verschiedenster Motive auf den Plan. Den beiden Räten der Stadt – und hier wohl vor allem dem bürgerlichen Unterrat – schien ab den 1370er Jahren das Projekt des Neubaus einer großen und raumgreifenden Bürgerkirche einen enormen Prestigegewinn und damit den Zugewinn an Zustimmung und Einfluss auch weit über die eigenen städtischen Grenzen hinaus zu versprechen – etliche Zunftherren mit Ratsverbindungen dürften auch an den eigenen Profit gedacht haben –, während wohl die fürstbischöfliche Partei unter dem neuen, seit 1372 regierenden Landesherrn Gerhard von Schwarzburg eher die Bindung von Mittel und Möglichkeiten der Bürger und des Rates in der Errichtung einer solchen Kirche sah. Der letzte Bau lag mit der Kirche des Deutschen Ordens schon längere Zeit zurück. Wusste der Bürgerrat überhaupt, worauf er sich da einlassen wollte? Dem Bischof mochte es recht gewesen sein, wahrscheinlich gedachte er von dieser selbst gewählten Belastung der Bürgerschaft zu profitieren.

Brisant: Schwarzburg war nicht der gewählte Kandidat des Domkapitels, sondern wurde von Papst Gregor XI. über die Köpfe der Würzburger Domherren hinweg bestimmt und hatte diesen Anspruch mittels des Einsatzes von Gewalt durchgesetzt. – Unterrat auf der einen Seite und Domkapitel sowie Zünfte auf der anderen Seite fanden daher nun im Projekt des Neubaus der Marienkapelle womöglich erstmals wirkliche Interessensgleichheiten, wie sie später immer einmal wieder noch so ihre Rolle spielen sollten.

Die im Gedächtnis von Würzburg oft rezitierte Ansicht, dass es sich bei der Marienkapelle um einen sogenannten Sühnebau handelt, den der Fürstbischof den Bürgern zur Buße wegen des Pogroms an den Juden auferlegt habe, entbehrt hingegen jeder historischen Grundlage. Es ist einfach nur eine Geschichte, die sich vielleicht festsetzte, als man ab dem 18. und 19. Jahrhundert gezielt in der Vergangenheit suchte, und in dieser Zeit eher schon einmal leichtfertig mit Interpretationen und Erklärungen zu dem Gefundenen umging. – Manchmal ist solches dann kaum noch aus den Köpfen zu bringen oder braucht seine Zeit, bis wieder einmal genau hingeschaut und verbreitet wird.

Der Fürstbischof legte im Mai 1377 gewissermaßen so etwas wie den Grundstein. Zu dieser Zeit hatten sich in den Jahren davor bereits wieder erste Juden erneut in Würzburg angesiedelt. Unglaublich, aber tatsächlich wahr.

Die heutige, beinahe unveränderte Marienkapelle wurde ab diesem Zeitpunkt als mehrschiffige und hoch aufragende gotische Saalkirche errichtet, wobei sie in den filigranen Verzierungen und schlanken Verstrebungen sehr freundlich und trotz einer relativ langen Bauzeit architektonisch geschlossen erscheint.

Der Altarbezirk der Marienkapelle wurde 1392 geweiht, der Bau des Langhauses hingegen erst 1440 abgeschlossen. Anschließend dauerte es noch einmal bis 1476, bis auch der Glockenturm mit der darin befindlichen Turmkapelle vollendet werden konnte. – Die Gründe für die lange Bauzeit von etwa 100 Jahren sind naheliegend: Da die Errichtung dieser Bürgerkirche aus den Mitteln des Rates getragen werden musste, wurde immer dann gebaut, wenn das Geld dafür vorhanden war.

An der Außengliederung fallen vor allem die selbst für eine gotische Kirche über die komplette Mauerhöhe sehr hoch bis direkt unter das Dach gezogenen Fenster von Langhaus und Chor auf, wodurch die einzelnen Joche stark betont werden. Die Gliederung der Fenster beschränkt sich dabei auf schmale Streben sowie ein einfaches Maßwerk mit Rose im Spitzbogen. Die im Grunde ebenfalls schlanken und vielleicht daher nur wenig verblendeten Pfeiler tragen in ihrer Mitte die Heiligenfiguren der 12 Apostel. Balustrade und mit Blendwerk versehene Pfeilerhauben schließen den Bau zum einfachen Satteldach hin ab, welches alle drei Schiffe gleichermaßen einheitlich überspannt.

Nord-, West- und Südportal thematisieren in ihren Tympanonfeldern „Maria Empfängnis", das „Weltengericht" sowie „Maria Krönung". Dabei findet sich gerade bei dem oft weniger beachteten – weil baulich vom Markt abseits gelegen – Nordportal eine sehr interessante, mittelalterliche Interpretation der Möglichkeit zur jungfräulichen Empfängnis: Gott nämlich bläst der Jungfrau durch einen Schlauch den Samen des Jesus-Kindes, welches damit zum besseren Verständnis den Schlauch persönlich auch hinabrutscht, in das linke Ohr hinein. Sehr anschaulich. Ein wenig anachronistisch zum ansonsten filigranen Eindruck des Gesamtbaus wirkt der wuchtige, quadratisch geschlossen aufgemauerte und nur durch Scharten durchbrochene untere Teil des Glockenturms (insgesamt 70 Meter hoch) bis zur Dachhöhe neben der Westfassade. Das liegt vor allem daran, dass er in seinem Inneren eine kleine Turmkapelle beherbergt. Im oberen Bereich geht er dann in den eigentlich erwarteten oktogonen und mit vielen Zier- und Blendelementen versehenen gotischen Stil über, abgeschlossen von einer ebensolchen Haube mit einer von Jakob von der Auwera im 18. Jahrhundert geschaffenen Marien-Figur (Kupfervergoldet) an ihrer Spitze.

> Die Spitze des Glockenturms der Marienkapelle wurde im Lauf der Zeit mehrfach von Blitzeinschlägen in Mitleidenschaft gezogen. Die Lösung von 1713 mit dem kupfernen Helmabschluss und der ebenfalls kupfernen Maria von Jakob van der Auwera besteht bis heute fort, und obwohl die Erfindung des Blitzableiters erst Benjamin Franklin um das Jahr 1752 zugeschrieben wird, besitzt Würzburg hier einen erfolgreichen Vorläufer.

Wie schon beim Dom und seit 2017 bei der farblichen Neugestaltung des Grafeneckart sind Zweifel angebracht, was die Authentizität der etwas grell

> Anlass der äußeren Neugestaltung des Grafeneckart waren sowohl notwendig gewordene Restaurationsarbeiten als auch das durchgängig 700-jährige Bestehen als Rathaus von Würzburg.

erscheinenden Farbgebung betrifft. Ein sehr authentisches Stück Mittelalter finden wir dagegen in den an die Südseite angebauten Ladenhäusern zum Markt hin. So und noch ein wenig lebhafter darf man sich das auch für die „alte Zeit" vorstellen.

Das Innere der Marienkapelle besticht mit einer lichten und irgendwie auch wieder freundlich hellen Atmosphäre. Das liegt an der umfangreichen Beleuchtung mit Tageslicht bereits auf Kopfhöhe und den besonders hoch aufragenden Seitenschiffen, die es überall hin durchlassen. Es macht sowieso den Eindruck einer räumlich fast einheitlichen Saalkirche. Die Kreuzgratbeziehungsweise das Netzgewölbe im Hauptschiff geben dem Raum nicht nur einen Himmel, sondern auch ein wenig Mysterium und Meditation wenige Schritte entfernt vom Trubel des mittelalterlichen Stadtgedränges.

Die Einrichtung und Ausstattungen der Innenarchitektonik sind sechs Jahrhunderte später im 2. Weltkrieg komplett zerstört worden, sodass heute der Raum schlicht und weitgehend unverziert beziehungsweise mit zeitgenössischer Kunst ausgestaltet ist. Das bekommt ihm sehr gut und lässt noch Platz für weitere Werke und ein Fortschreiten der Geschichte. An den Wänden sind verschiedene Gedenktafeln und Grabplatten angebracht.

Wie, kein Wort zu den berühmten Figuren „Adam und Eva" des Meisters Tilman Riemenschneider am Südportal der Kirche? – Nein, an dieser Stelle nicht. Davon wird zu gegebener Zeit und an anderem Ort dieses Berichts noch ausführlich die Rede sein. Versprochen. Stattdessen sei zum alternativen Trost und der lesenden Geduld darauf verwiesen, dass die Marienkapelle später zur Lieblingskirche des sich in der deutschen Architekturgeschichte einzigartig heraushebenden und kongenialen Baumeisters Balthasar Neumann wurde. Hier ließ er sich auf eigenen Wunsch hin auch begraben, eine Gedenktafel erinnert daran. Neumann, welcher natürlich nicht nur die Würzburger Residenz in wesentlichen Teilen erschuf, sondern aus eigenem Entwurf auch bedeutende Kirchenbauten hinterließ, wie etwa die Abteikirche des Benediktinerklosters Neresheim, genoss bereits

Die Pläne der Abteikirche Neresheim (zusammen mit dem Treppenhaus der Würzburger Residenz) wurden unter anderem auf der Rückseite des letzten 50-DM-Scheines abgebildet, welcher Balthasar Neumann und damit auch ein wenig der Stadt Würzburg gewidmet war.

zu Lebzeiten größte Wertschätzung weit über Würzburg hinaus. – Dies allein schon reichte aus, um die Würzburger Bürgerkirche als großen Wurf der überlieferten Baukunst deutscher Gotik zu adeln, aber darüber hinaus lässt sich natürlich mit eigenen Augen selbst erkennen, warum der große Balthasar Neumann auf diese Weise urteilte und empfand: Die Marienkapelle zu Würzburg ist ein absoluter Hingucker ohne weitere Entsprechung in der Kirchenbaugeschichte ihrer Zeit; ebenso wie es weitere Baumonumente Würzburgs damals schon waren und spätere noch werden sollten.

FINALE BEI BERGTHEIM

Die Schlacht von Bergtheim

Auch die zweite Hälfte des 14. Jahrhunderts war eine unruhige Zeit. Zwar gingen Wetterkapriolen und Missernten vernehmbar wieder zurück, dafür aber war mit der Beulenpest eine neue, todbringende Krankheit über das Land gekommen, deren Ausbrüche auch nach der europaweiten Pandemie zur Mitte des Jahrhunderts immer einmal wiederkehrten. Beides, die „kleine Eiszeit" der Jahrzehnte zuvor und die neue Krankheit führten dazu, dass sozial unruhige Zeiten noch rauer und roher wurden, als sie es ohnehin schon waren. Menschen, die ihren familiären Überbau oder mittels Naturkatastrophe die existenzielle Grundlage verloren hatten, zogen vermehrt umher, rotteten sich zusammen, überfielen diejenigen, die etwas hatten beziehungsweise deren Geschäfte gut liefen, denn diese gab es ebenso. Es ist auch die Zeit des Aufstiegs mittelalterlichen Geldadels und der städtischen Patrizierfamilien, wie zum Beispiel die Medici oder etwas später die Fugger dies stellvertretend für viele repräsentierten. Was hier auf den ersten Blick wie ein Widerspruch aussieht, bedingt sich in Wirklichkeit jedoch gegenseitig. Zeiten der Not und des Mangels sind immer auch Zeiten der großen Lücke und der Möglichkeiten, die sich wahrnehmen lassen. Hat dabei der eine nichts mehr zum Leben, aber dennoch zu viel zum Sterben, so nutzt der andere gerade diesen Mangel aus, um gewaltige Geschäfte zu machen. So tickt der Mensch in seiner Masse – Ausnahmen inklusive – nun einmal, das war nicht anders als heute, wenn wir davon sprechen, dass die soziale Schere sich unnatürlich weit öffnet. Und genau das ist damals passiert.

Ländlich ungeschützte Güter, Dörfer, Klöster, reisende Handelskarawanen und natürlich auch reiche Städte wie Würzburg wurden nun vermehrt zum Ziel gewalttätiger und plündernder Bandenübergriffe, auch ehedem stolze Reichsritter spielten dabei so manches Mal eine Rolle, indem sie – aus eigener Kraft nicht mehr in der Lage ihren Unterhalt zu bestreiten – im Wortsinne zu Raubrittern wurden.

Es kam mehrfach zu Übergriffen auf die Vorstädte Pleich und Haug, ja sogar durch beispielsweise das „Rote Tor" am Main auf Würzburg selbst. Dies führte dazu, dass man ab ungefähr 1350 im Norden von Würzburg

> Bei dem „Roten Tor" handelt es sich um das spätestens seit dem 17. Jahrhundert „Holztor" genannte Tor, das noch heute in freilich veränderter Bausituation von der Kärrnergasse zum Unteren Mainkai führt.

damit begann eine weitere Stadtmauer vorgeschoben zu errichten, welche nun die aufgrund der Fleischhauer, Gerber, Färber und weiterer Gewerbe wirtschaftlich wichtige Vorstadt Pleich sowie längerfristig auch das städtische Bürgerspital und einige vor der Stadt gelegene Mühlen und Güter direkt in das Stadtgebiet mit einbezog. Dabei blieb im Unterschied zur früheren Erweiterung im Süden der Stadt die alte Mauer mit auch dem vorhandenen Graben nun erhalten, welche auf diese Weise einen sozusagen zusätzlichen, inneren Verteidigungsgürtel bildete. Die Hauger Vorstadt mit vor allem dem Stift Haug und seinen Wirtschaftsgebäuden lag offenbar zu weit vorgeschoben, als dass man sie hätte mit einbeziehen können oder auch wollen, denn nach wie vor klafften die Interessen von Bürgern und Bischof himmelweit auseinander. Daran änderten auch Missernte, Hunger, wirtschaftliche Not oder äußere Bedrohungen nichts, im Gegenteil, Konflikte verschärften sich.

Wie notwendig solche Maßnahmen zum Schutz des urbanen Gefüges waren, zeigt sich am Beispiel des linksmainisch unmittelbar vor den seinerzeit schon sehr alten Mauern der dortigen Siedlung gelegenen und zu den Benediktinern gehörenden Schottenklosters, das 1398 von einer marodierend durch das Land ziehenden Gruppe überfallen, vollkommen ausgeplündert und in Brand gesteckt wurde. Zu dieser Zeit hatte die Gemeinschaft der iroschottischen Mönche ihre beste Zeit aufgrund des längst abgeflauten und unter anderem der Marienverehrung weichenden Kilianskultes bereits hinter sich und daher gewiss nicht mehr allzu reiche Schätze zu bieten. Entscheidend waren die drückende Not und gewiss auch die Wut auf das Verhalten der fürstbischöflichen Herrschaft mit ihren gerade damals in der Last sehr ungerecht verteilten Steuern und Abgaben. Das Schottenkloster gehörte zu den Benediktinern von St. Stephan und diese waren eine sehr einflussreiche Größe im politischen Gefüge des Fürstbischofs. So mag es sein, dass das Kloster mit der Kirche St. Jakob überfallen wurde, während Bürger und Städtische von der Mauer aus vielleicht ungerührt und achselzuckend das grausige Spektakel sogar beobachteten.

Zu der Mauer aus dem späteren 14. Jahrhundert gehörte auch der „Schneidturm", welcher sowohl den Fluss beherrschte als auch das benachbarte Stadt-

Den „Schneidturm" nannte man früher auch „Faulturm", weil darin zum Tode verurteilte Verbrecher der sogenannten „Eisernen Jungfrau" übergeben wurden und in dieser anschließend buchstäblich verfaulten.

tor innerhalb der Anlage. Der wuchtige, 30 Meter hohe Turm ist heute der einzig überdauernde Zeuge dieser Mauer, weil später die barocke Stadtbefestigung des 17. und 18. Jahrhunderts ihren Platz einforderte.

Eine Stadtmauer bekam jetzt auch ab ungefähr 1367 der Königsort Heidingsfeld, welcher, nachdem er für einige Zeit dem Würzburger Fürst-

TIPP: Die Heidingsfelder Mauern des Mittelalters haben sich – anders als diejenigen Würzburgs – in weiten Abschnitten des Altortes, zum Teil auch mit Toren, gut erhalten und sind einer Begehung durchaus wert.

bischof zur Verwaltung und Nutzung der Einnahmen überlassen worden war, unter Kaiser Karl IV. sich nun wieder selbständig beziehungsweise direkt dem Königtum verpflichtet verwaltete. Mehr noch, Heidingsfeld erhielt zu dieser Zeit auch das Stadtrecht verliehen und trat in mancherlei Hinsicht in Konkurrenz zu Würzburg, beispielsweise in Angelegenheiten der Besteuerung und Abgaben. Einem Würzburger Kaufmann oder Handwerker mochte es schon zusetzen, wenn die Heidingsfelder Konkurrenz unter günstigeren Rahmenbedingungen zu handeln oder zu arbeiten vermochte. So kam es in der Folge gegenseitig immer wieder zu Maßnahmen wie etwa Strafzöllen oder Sonderabgaben, welche durchaus auch an sogenannte Handelskriege der jüngsten Neuzeit erinnern. Gebracht haben solche Handlungen – wenn überhaupt – nur sehr kurzfristig etwas. Über die Zeit ergab sich mehr Verlust als Segen beziehungsweise bestenfalls ein Patt. Das „Zollhaus" am Ausgang des Steinbachtals erinnert bei der ehemaligen Territorialgrenze daran.

In Würzburg selbst war es zu dieser Zeit, als würde nach der schwierigen ersten Hälfte dieses 14. Jahrhunderts mit der kleinen Eiszeit und den verbundenen wirtschaftlichen Nöten sowie natürlich den schwierigen Auseinandersetzungen zwischen Bürgerschaft und fürstbischöflicher Obrigkeit alles wieder auf null gesetzt. Das Pogrom an den Juden von 1349 wirkte nach wie ein Ereignis der Veränderung, mitten im Herzen der stolzen Stadt lag ein ganzes Viertel brach und verfiel in Trümmern und Sumpf am Rigol. Auch die Brücke

> Bei dem „Rigol" handelt es sich um die wesentlichen Teile der Freifläche des heutigen „Unteren Marktes" und in Teilen wohl auch des „Oberen Marktes". Dies war ein durch den Bach Kürnach, Abwässer, regelmäßige Überschwemmungen und den dortigen geologischen Untergrund bedingtes Sumpfloch, das jedoch wahrscheinlich mit soliden Pfahlbauten von der jüdischen Gemeinde ab dem 11. Jahrhundert nach und nach überbaut worden war.

lag seit der großen Magdalenenflut schon danieder und die Pest verrichtete zwar spät, aber doch auch nach Würzburg kommend, ihr grausiges Werk.

So kam es vielerorts gewissermaßen zu Neuanfängen, sowohl demütig als auch trotzig nach vielleicht dem Motto *„Jetzt erst recht"*. Mit der Kartause Engelgarten siedelte sich ab 1348 seit längerer Zeit wieder eine neue Ordensgemeinschaft an, im Nordosten vor den Toren der Stadt in Richtung des Frauenkonvents St. Afra. Bürgergeschlechter errichteten eine erkleckliche Zahl an Höfen, die Eingang in die Geschichte der Stadt fanden, wie zum Beispiel den „Ulmerhof" oder auch den „Hof zu Kaulenberg".

1354 endeten die direkten Ansprüche derer zu Henneberg in Würzburg, indem Albrecht II. von Hohenlohe die Burggrafschaft – ein ehedem königlich verliehenes Recht – käuflich erwirbt, … wohl auch, um seinen Kontroll- und Herrschaftsrechten über die Stadt noch einmal deutlich Ausdruck zu verleihen. Die Vermutung ist nicht so weit hergeholt, dass gerade diese Maßnahme im auslösenden Kern auch der Auftakt für eine neue Phase der Eskalation zwischen Bürgertum und bischöflichem Landesherrn gewesen sein mochte. Aber noch war es nicht soweit.

Zunächst baute der Rat im Norden des Grafeneckart 1359 eine kleine gotische Kapelle mit stark gegliedertem Kreuzgratgewölbe und großen, im

> Die ursprünglich freistehende „Ratskapelle" wurde im 16. Jahrhundert zunächst für neue Räumlichkeiten überbaut und nach weiteren Umbauten im 17. Jahrhundert dem Rathauskomplex vollständig angegliedert, wobei ihre Kapellenfunktion schon länger aufgegeben worden war. – Im 19. Jahrhundert wiederentdeckt und später restauriert, ist sie heute Teil der Gastronomie des „Ratskellers".

Maßwerk spitzbogig unterteilten Fenstern zwischen den Jochen, welche den Ratsmitgliedern zur Messe insbesondere vor ihren Sitzungen diente.
1365 ernannte Kaiser Karl IV. aus dem Hause Luxemburg den Abt des einflussreichen Benediktinerklosters St. Stephan zu Würzburg, Friedrich III. von Münster, zu seinem persönlichen Kaplan und stellte das Kloster unter den kaiserlichen Schutz. – Der Vorgang zeigt insbesondere auf, dass Würzburg, obwohl schon lange nicht mehr im Zentrum der allumfassenden Dynastien der Salier und Staufer gelegen, auch während des begonnenen Spätmittelalters auf politischer Reichsebene noch immer eine sehr besondere Rolle und Wichtigkeit für die Könige und Kaiser des Deutschen Reiches dieser Zeit einnahm.
Für das Jahr 1392 ist schließlich eine Gemeinschaft schon belegt, welche sehr viel später im 19. Jahrhundert dann zur „Königlich Privilegierten Hauptschützen-Gesellschaft Würzburg" wurde, und damit zum gewiss nicht nur ältesten Sportverein der Stadt, sondern vielleicht des Landes überhaupt. – Mit was man wohl damals auf welche Art von Zielen geschossen haben mag? Schon mit ersten Büchsen oder „Schlangen", wie man sagte, auf vielleicht Hasen oder Wachteln? Vermutlich wohl mehr mit Bogen und Armbrust ganz sportlich auf Scheiben oder sonstige Ziele, wie es den Gepflogenheiten und Werten des Turnierwesens mit stumpfen Waffen entsprach.
1385 übertrug das Stift Neumünster der Bürgerschaft von Würzburg ein großes Gut mitsamt Einnahmen im nahen Bergtheim. Hintergrund dafür mochte ein schon länger schwelender, jetzt eskalierender Konflikt der Kanoniker mit dem ungeliebten und von außen durch den Papst vorgesetzten Fürstbischof Gerhard von Schwarzburg gewesen sein, denn schon im Jahr darauf, also 1386, rebellierte das Stift offen gegen seinen Bischof, als dieser

eine Weinabgabe neu einführte, die das Zentrum des Wirtschaftsgefüges von Stadt und Hochstift auf das Empfindlichste berührte. – Ein erster Moment der Kollaboration zwischen Bürgerschaft und Klerus, welcher bis zum Ausklang der Epoche des Mittelalters wiederholt sich noch wiederfinden sollte.

Dieses Bergtheim ist noch heute ein kleiner Weiler, der nordöstlich und unscheinbar kaum 10 Kilometer jenseits der Stadtgrenze Würzburgs liegt, aber zufällige Unwägbarkeiten legten fest, dass genau dieser Flecken für alle Zeiten unauslöschbar in die Geschichte der Stadt eingebrannt wurde.

Es begann damit, dass 1396 gegen den Bischof und Herzog von Franken im Hochstift der „Elfstädtebund" gegründet wurde, welcher für die betei-

> Mitglieder dieses Elfstädtebundes gegen den Fürstbischof waren neben Würzburg: Arnstein, Bischofsheim/Rhön, Ebern, Fladungen, Gerolzhofen, Haßfurt, Iphofen, Karlstadt, Königshofen, Meiningen, Mellrichstadt, Neustadt a. d. Saale, Seßlach sowie Stadtschwarzach.

ligten Orte die unmittelbare Reichsfreiheit zum Ziel hatte, wie sie etwa Augsburg, Regensburg und Nürnberg bereits besaßen. Man kann sich sehr gut ausrechnen, dass einer so entschiedenen Positionierung entsprechende Jahre der Entwicklung vorausgingen. Auf der Seite der bürgerlichen Interessenslagen war man gewillt, entschlossen und bereit eine Entscheidung herbeizuführen, notfalls auch mit aller Gewalt. Der erreichte Bund der 11 Städte stärkte ihre Position, Würzburg nahm logischerweise die Rolle des Wort- und Verhandlungsführers ein. In dieser Situation – angespannt und explosiv – entsandte man im Oktober 1397 eine Abordnung zu König Wenzel, dem Sohn Karls IV. Diese erwirkte eine Königsurkunde, welche den

> König Wenzel, genannt der Faule, wurde nur wenige Jahre später von den Fürsten als deutscher König 1400 abgesetzt, blieb aber König von Böhmen. Bezeichnenderweise wegen Unzuverlässigkeit und Untätigkeit. 1419 war er auf recht unglückliche Weise kurz vor seinem Tod dann noch einmal in den ersten Prager Fenstersturz verwickelt, der die Hussitenkriege auslöste.

11 Städten die Reichsfreiheit und königlichen Schutz zusicherte, dafür wurde die Summe von 4000 Gulden übergeben. Die Städte sollten in ihren Rechten den übrigen Reichsstädten gleichgestellt sein. Jubel brach aus! Man muss die Feste feiern wie sie fallen. Und die Würzburger Bürger feier-

ten das Ereignis im Rausch der glücklichen Fügung, indem man sogleich den Reichsadler an den Toren der Stadt sowie auch am Rathaus anbrachte. Und sie feierten König Wenzel, welchem bei seinem umjubelten Würzburg-Besuch im darauffolgenden Dezember überschwängliche Huldigungen und Feierlichkeiten zuteilwurden. – Endlich am Ziel! Nach knapp 150 Jahren seines Bestehens und ungezählten Auseinandersetzungen mit den jeweiligen Fürstbischöfen hatte der Rat die Reichsfreiheit erreicht und konnte im Handel und Warenverkehr nun wieder in einen ausgeglichenen Wettbewerb mit den übrigen Reichsstädten treten.

Doch wie so oft im Leben, nach dem Rausch folgen Kater und Ernüchterung. Kaum hatte der König Würzburg und Hochstift verlassen, so widerrief er aus sicherer Entfernung in Frankfurt seine Zusagen auch schon wieder und bestätigte ausdrücklich noch einmal sämtliche Rechte des Fürstbischofs. Dabei berief er sich auf einen kleinen Passus der ausgestellten Urkunde, welcher im Sinn besagte, dass der Bischof dennoch alle bis-

Wörtlich stand in der Wenzel'schen Urkunde: „[…]eynem bischoff von Wirczpurg reichen alle reht die er von alders von rehtes […]." Einem Bischof von Würzburg sind also alle bisherigen Rechte zu geben. Es ist indirekt als Bestätigung der fürstbischöflichen Gewalt zu verstehen. Rechtlich sehr clever formuliert.

herigen Rechte des Landesherrn weiterhin innehabe. – Wie konnte das geschehen? Hat man die Formulierungen nicht genauestens geprüft und verhandelt? War vielleicht der Übermut so kurz vor dem gewaltigen Triumph ein blind und taub machender, oder hatten beschwichtigende, uns nicht mehr bekannte Worte Zweifel und Nachfragen der Bürgerabordnung verfliegen lassen? Wir wissen es nicht. Da dieser Sperrpassus jedoch nun einmal in der Urkunde zu finden ist, darf man vermuten, dass Wenzel die 11 Städte von Anfang an hereinzulegen suchte. Vielleicht war er auch nur scharf auf die angebotenen oder geforderten 4000 Gulden, indem er schlicht dachte, dass er diese einfach mal mitnahm und es den geneppten Bürgerschaften anschließend eine rechte Lehre sein würde. Wer weiß? Jedenfalls erinnerte der Vorgang doch stark an die Praxis der *Simonie*, also den Kauf von kirchlichen Ämtern oder Titeln. Nur dass es hier um einen sehr ungewöhnlichen Vorgang im weltlichen Bereich ging. Heute würden wir im politischen Betrieb wahrscheinlich von Korruption sprechen, deren

> Es war dies Ende des 14. Jahrhunderts die Zeit des großen abendländischen Schismas mit zum Teil drei Päpsten gleichzeitig. Leicht nachzuvollziehen, dass diese Periode trotz gewisser, aber vergangener Reformbemühungen der „Simonie" erneut Tür und Tor öffnete, obgleich es hier natürlich um einen nur vergleichenden Vorgang geht.

Bestechung zudem das Opfer eines geplanten Betruges wurde. Dass Wenzel sich jedoch anschließend in Würzburg auch noch huldigen und feiern ließ, setzt der ganzen Sache aber wirklich noch die unverschämte bis dreiste Krone auf. Man fragt sich tatsächlich, was in so einem Mann wohl vorgegangen sein mag, und ob ihm die Folgen seines Handelns einfach egal waren oder er eben nur korrupt-naiv und politisch kurzsichtig war. Die betroffenen bürgerlichen Parteien konnten es nicht auf sich beruhen lassen, in einer solchen existenziellen Angelegenheit vom König für dumm verkauft worden zu sein.

> Am hölzernen Portal des alten romanischen Ratssaales erinnert eine spätere Darstellung an den Besuch König Wenzels in Würzburg. Der gezeigte Reichsadler ist zweiköpfig wiedergegeben und das Zepter in seiner Kralle zerbrochen. Symbolik für Doppelzüngigkeit, Falschheit, Verrat und schließlich Feindschaft.

War es bis dahin also eine hart geführte Debatte, ein Stellen von Forderungen und deren scharfe Zurückweisung, nur um gleich wieder ein neues Fass aufzumachen, so schaukelte sich der Konflikt jetzt zunehmend aggressiv und gewalttätig hoch, sodass es nur eine Frage Zeit war, bis es zu kriegerischen Handlungen kommen würde. Denn für die Bürger der Stadt, für die Mitglieder der Zünfte und des Rates machte der Vorfall mit König Wenzel vor allem eines überdeutlich: Wenn sie als Stadt die Unabhängigkeit von der Herrschaft des Fürstbischofs erlangen wollten, so würden sie sie selbst erringen müssen. Kein König und keine Fürsten des Reiches würden jemals bereit sein, den Verlust feudaler Herrschaft zu unterstützen, und sei es auch nur eine Stadt. Es kam in der Folge zu diversen Scharmützeln, Brandschatzungen von fürstbischöflichen Wirtschaftsgebäuden hier und Überfällen auf zum Beispiel Kaufmanns-Karawanen dort. Auch König Wenzel meldete sich wieder zu Wort, mal von den Bürgern Gehorsam fordernd, mal die zugesagten, reichsfreien Rechte im Grunde doch bestätigend, machte alles aber nur noch schlimmer.

Ende 1399 war es dann soweit. Fürstbischof Gerhard von Schwarzburg hatte im Zuge der Spannungen und bürgerlichen Gehorsams- und Steuerverweigerungen die Stadt mit Interdikt und Bann belegt. Die Bürger brachten daraufhin mehrere Verwandte des Bischofs in ihre Gewalt und vertrieben sämtliche „Bischöfliche" aus der Stadt, insbesondere Ritter und Knechte. Schwarzburg selbst brachte sich auf der Festung Marienberg in Sicherheit oder hielt sich sowieso dort auf, wurde aber von den Bürgern belagert.

Kurze Zeit später jedoch verschob sich die Kriegslage wieder, als Günther von Schwarzburg, der Bruder des Fürstbischofs, mit einem Heer heranzog, das den Bischof aus seiner Zwangslage befreite und nun seinerseits die rechtsmainische Stadt abriegelte beziehungsweise belagerte. Truppen des Burggrafen von Nürnberg, Ludwig des Bärtigen von Baiern und der Grafen von Henneberg schlossen sich an, obwohl sich Letztere mit dem Würzburger Bischof in der Vergangenheit noch befehdet hatten. Gegen aufständische Untertanen hielt man eben zusammen, damit so etwas gar nicht erst Schule machte. Schwarzburg selbst war wohl schon krank und zog sich nach Werneck bei Schweinfurt auf die dortige Wasserburg zurück. Eine letzte Rolle sollte er indes noch spielen.

Anzunehmen, dass man mit dieser entschlossenen Belagerung nicht gerechnet hatte. Zumindest war man nicht ausreichend vorbereitet, denn von allem Nachschub abgeschnitten, verschlechterte sich die Versorgungslage innerhalb der Stadt rasch und dramatisch. Der Hunger kehrte nach Würzburg zurück wie damals, als Kälteeinbrüche und Unwetter Missernten, Hunger und Krankheit verschuldeten. Auch war es jetzt Winter, was die Notlage der Eingeschlossenen zusätzlich verschärfte. So kam es dahin, dass man Anfang Januar 1400 einen Ausfall zur Kirchenburg von Bergtheim erwog, innerhalb derer angeblich große Getreidevorräte des Domkapitels beziehungsweise des Bistums lagern sollten. Die Mächtigen der Zünfte waren wohl dafür, mit einem Großteil der verfügbaren Streiter bis zu diesem Ort, der zu Fuß etliche Stunden entfernt lag, durchzudringen und die naturalischen Schätze des Bischofs in die Stadt zu bringen, der vielleicht politischer denkende Rat hingegen soll dem Vorhaben gegenüber eher skeptisch gewesen sein. Dies mag daran gelegen haben, dass die Zünfte eine wirtschaftlich grundsätzlich noch stärkere Motivation mitbrachten, den Konflikt städtisch erfolgreich für sich zu entscheiden, als es vereinzelt bei Vertretern des Rates der Fall war, welche in ihrer Funktion und miteinander auch damals schon sehr viel stärker den politischen Wirkkräften aus Debatte, Diplomatie und Kompromiss unterworfen waren. – Im Ergebnis kam es jedoch um den 11. Januar 1400 herum zu dem heimlichen nächtlichen Ausfall nach Bergtheim, an dem auf städtischer Seite rund 3000 Mann beteiligt gewesen sein sollen, darunter etliche angeworbene Söldner – die Rede ist von 100 Mann – aus den Tagen der heraufziehenden Eskalation.

Das Ausfallheer erreichte Bergtheim und die dortige Kirchenburg, belud die mitgeführten und vielleicht vor Ort auch akquirierten Karren mit den für die Stadt dringend benötigten Naturalien, wurde aber mit Beginn des Rückzuges außerhalb des Ortes von einer zahlenmäßig fast ebenso großen, jedoch viel besser ausgerüsteten Streitmacht des Bischofs unter dem Kommando des bischöflichen Dompropstes Johann von Egloffstein plötzlich und zu diesem Zeitpunkt unerwartet gestellt, bei der es sich um bestens ausgerüstete und wohl auch erfahrene Kriegsknechte sowie ungefähr 60 Panzerreiter handelte, denen mit den Mitteln des einfachen Kämpfers nicht beizukommen war und die praktisch wüteten wie sie wollten.

3000 bürgerliche Kämpfer gegen 2500 Bischöfliche in einer Schlacht auf Leben und Tod. Die Bürgerlichen zogen mit dem fränkischen Rennfähnlein ihres Bundes voran in die Schlacht, die Bischöflichen mit der schon damals legendären Kiliansfahne. Das Ergebnis der eigentlich so unerwarteten wie auch letztlich unvermeidlichen Schlacht fiel eindeutig aus. Egloffstein siegte mit den bischöflichen Truppen vollständig. Je nach Quellenlage ist auf bürgerlicher Seite einmal von 1100 Toten und 400 Gefangenen die Rede, im zeitnahen Lied des Würzburger Städtekrieges jedoch sogar von 1200 Toten und 2000 Gefangenen. Dagegen sollen unter den 636 Rittern auf bischöflicher Seite gar nur fünf ums Leben gekommen sein. Glaubhaft oder nicht, das Ergebnis der grausamen Auseinandersetzung fiel eindeutig aus und wirkt in manchen Aspekten der würzburgischen Gemütslage sogar noch bis heute fort.

Auch andere Mitglieder des Städtebundes hatten sich in dieser Zeit gewehrt und ebenso wie Würzburg letztlich verloren. Wiederum andere, wie etwa Meiningen, waren zuvor schon abgesprungen. Würzburg musste seine Tore öffnen, musste den Widerstand aufgeben. Demütigende und für die Bürger extrem kostspielige Sühneverträge mussten unmittelbar in den Tagen nach der Schlacht bei Bergtheim schon abgeschlossen akzeptiert werden. Der aktuelle Bürgermeister Jakob de Leone, der Neffe und Erbe von Michael de Leone, sowie drei weitere anerkannte und geschätzte Ratsmitglieder – darunter ein Rebstock (!) – wurden öffentlich hingerichtet, indem man sie durch die Stadt schleifte, qualvoll vierteilte und ihre Leichenteile an den verschiedenen Stadttoren zum Verwesen aufhängte.

Dieses Ereignis, die Schlacht von Bergtheim, brennt noch heute sehr ambivalent nach im Gedächtnis der Stadt Würzburg und lässt so manches ungeklärt zurück. Wer war moralisch denn nun im Recht, die Bürgerschaft mit ihren Freiheitsbestrebungen oder etwa doch der Fürstbischof in seinen von alters her eingesetzten Rechten, die den Aufstieg dieser so einmalig wirkenden Stadt überhaupt erst begründet hatten? – Nun, die Antwort wurde von vielen überlebenden Bürgerfamilien und Handelsherren darin gegeben, indem sie Würzburg verließen und woanders einen Neustart versuchten, von dem solche Orte dann profitierten und Würzburg zu Beginn des 15. Jahrhunderts deutlich in allen wirtschaftlichen Belangen verlor.

Das Durchgreifen der bischöflichen Folgemaßnahmen war dergestalt groß, dass das einflussreiche Zunftgefüge komplett aus dem politisch städtischen Leben verschwand und zudem der Rat der Stadt erst einmal unter vollkommen bischöfliche Kontrolle gestellt wurde, indem der klerikale Oberrat fortan die verwaltende Kontrolle ausübte und der bürgerliche Unterrat nur noch bischöflich bestätigt amtieren durfte.

Die Auseinandersetzung zwischen feudaler Herrschaft und bürgerlich-wirtschaftlichem Anspruch war nun entschieden. Es kam – bis auf die von außen herbeigeführten Ereignisse des Bauernkrieges – nie mehr zu politischen Herrschaftsauseinandersetzungen zwischen feudalem Anspruch und urbanen bürgerlichen Interessen. Als bedeutendes städtisches Gebilde seiner Zeit hatte Würzburg gegenüber den später großen Reichstädten wie Regensburg, Augsburg oder dem nahen Nürnberg an Boden verloren, aber wirtschaftlich auch gegenüber mächtigen Stadtstaaten, wie sie zu dieser Zeit vor allem in Italien wirtschaftlich potent ihre Kraft und Kreativität entfalteten. Die Welt- und Kunstgeschichte singt noch immer ein betörendes Lied von der einsetzenden Frührenaissance im italienischen Raum, während alte Herrschaftsorte wie Würzburg zunächst im politischen Chaos regelrecht versumpften, was am ehedem jüdischen Rigol inmitten der Stadt wohl immer noch auch der Realität im Wortsinne entsprach.

Es mag verwundern, aber die spätmittelalterlichen Ereignisse um die bürgerlich verlorene Reichsfreiheit haben wahrscheinlich gleichzeitig die Grundlage dafür gelegt, dass Würzburg später ein so bedeutender Repräsentant des absolutistischen Zeitalters in der Politik sowie vor allem auch in der Kunst werden konnte.

Bleibt noch zu klären: War die Information zum Kornvorrat in der Kirchenburg von Bergtheim eine der belagerten Stadt gestellte Falle oder wurde das Vorhaben der Bürger dem in Werneck krank daniederliegenden Bischof verraten, wie es das Lied zum Städtekrieg behauptet, ... zum Beispiel durch einen heimlich loyalen Domherrn?

Man weiß es einfach nicht. Information und Desinformation müssen an irgendeinem Punkt aber verräterisch stattgefunden haben, denn anderenfalls hätte kein bischöfliches Heer vor Bergtheim gebracht werden können.

UNIVERSITÄT NR. 6 IM GROSSEN LÖWENHOF!

Die Ermordung des Johann Zantfurt

Dem Sieger die Beute. Nach der Schlacht von Bergtheim, welche auf bürgerlicher Seite in eine vollständige Niederlage mit möglicherweise bis zu 1200 Toten und 2000 Gefangenen mündete, wurde hart durchgegriffen. 40000 Pfund Heller waren als Sühne zu zahlen.

240 Heller = 1 Pfund. Die der Stadt auferlegte Strafe betrug demnach 10,8 Millionen Heller. Eine gewaltige Summe! Acht Heller ergaben vier Pfennige.

Vier der Anführer der Bürgerlichen wurden nur wenige Tage nach der Schlacht öffentlich hingerichtet. Der Rat wurde nun vollständig durch den Fürstbischof kontrolliert. Die knapp 40 Zünfte, welche in den Jahren zuvor noch entscheidenden Anteil an den Entwicklungen hatten, verschwanden zunächst vollständig aus dem städtischen Leben Würzburgs und kehrten in alter Weise und Machtentfaltung so auch nicht mehr zurück.

Viele Händler, wohlhabendere Handwerksmeister und ehemalige Zunftmitglieder verließen jetzt die Stadt und suchten den Neuanfang anderenorts. Praktisch jeder Bürger, der es sich materiell leisten konnte, ging. Die Bevölkerung von Würzburg nahm zur Jahrhundertwende 1400 deutlich ab, zurück blieben die Ärmeren und Schwächeren, deren Belastungen durch Steuern und Abgaben damit nicht leichter wurden. Auch die in der Vergangenheit so erfolgreichen Grundlagen von vorhandener Arbeit und damit der Existenz wurden durch den Exodus der reicheren Bürger für die Zurückgebliebenen mithin in ihrem Wesen bedroht. Es dauerte viele Jahre, bis man nach der Schlacht von Bergtheim in Würzburg wieder von so etwas wie einer urbanen Normalität sprechen konnte. Letztlich würden beinahe zwei Drittel des kommenden 15. Jahrhunderts von einer stets vorherrschenden wirtschaftlichen Schwäche sowie notorischen Überschuldungen geprägt sein, welche aufgrund sinkender Steuereinnahmen und sonstigen Erträgen aus Gütern das Hochstift und den Klerus ebenso trafen wie die Bürger. Anhaltend oder in kurzen Abständen wiederkehrend schlechte Stimmung auch innerhalb der jeweiligen Fraktionen war die begleitende Folge. – Man kann durchaus davon sprechen, dass die Ereignisse rund um die Schlacht von Bergtheim neben den Folgen des Dreißigjährigen Krieges und der Bombennacht vom 16. März 1945 zu den schwierigsten Kapiteln im Überleben der Stadt gehörten, während es sich bei den Pogromen von 1298 und 1349 sowie natürlich wiederum in der Zeit des Nationalsozialismus um die wohl dunkelsten Momente der Stadtgeschichte handelt.

Schon zum Ausgang des Städtekriegs hin war Gerhard von Schwarzburg schwer krank gewesen. Er starb schließlich Ende des Jahres 1400 und hinterließ nach 28-jähriger Regentschaft ein in sich tief gespaltenes Hochstift und Bistum sowie in den Städten eine geschlagene und vollkommen desillusionierte Bürgerschaft beziehungsweise das, was davon übrig geblieben war. Dazu einen Berg von Schulden, den auch die Strafzahlungen der Bürger nicht zu schmälern vermochten. Sein Pontifikat hatte mit der gewaltsamen Einnahme von Stadt und Bischofsstuhl begonnen und mit der gewaltsamen Auseinandersetzung der Bürger des Elfstädtebundes um alles oder nichts ebenso auch geendet.

So verwundert es gewiss nicht, dass man den Sieger von Bergtheim, den vormaligen Dompropst Johann von Egloffstein, nun zum Nachfolger als Fürstbischof wählte. Nicht etwa, weil dieser im Siegesrausch die logische und begeisternde Wahl gewesen wäre, sondern wohl eher, weil es in diesen tristen, schlimmen und harten Zeiten einen entschlossenen und starken Mann brauchte und Egloffstein diese Hoffnung wahrscheinlich am stärksten ausfüllte.

Der neue Fürstbischof tat auch einiges, um die schwierige Situation für Hochstift, Bistum und nicht zuletzt sich selbst zu verbessern, eckte dabei allerdings immer wieder im eigenen Klerus, allen voran dem Würzburger Domkapitel, an sowie bei seinen weltlichen Nachbarn und Gläubigern, mit denen er unter anderem um Gerichtsbarkeiten, also auch um Einkünfte stritt und mithin in handfeste Fehden geriet. Mehrmals, so 1403 und 1408, stellte er konzertiert Ansiedlungsprivilegien für Juden aus, um auf diese Weise wieder Fernhandel, neues Handwerk und natürlich frisches Kapital nach Würzburg und in seinen Herrschaftsbereich zu holen. Anders als zu früheren Zeiten blieb der Erfolg diesmal mäßig, da jüdische Händler und Handwerker in Würzburg zum einen jetzt wahrscheinlich nicht mehr den Ort kultureller und wirtschaftlicher Entwicklung sahen, und zum anderen – auch wenn es anderswo ebenso schlimm gewütet hatte – die furchtbaren Ereignisse aus dem vergangenen Jahrhundert nicht vergessen hatten, welche eine der religiös wichtigsten Kultusgemeinden ihres Glaubens vernichtet hatten. 1410/11 spielte Egloffstein eine wichtige Rolle bei den Verhandlungen des sogenannten ersten „Friedens von Thorn", nachdem bei der „Schlacht von Tannenberg" mit der verheerenden Niederlage des Deutschen Ordens gegen das polnisch-slawische Heer unter König Wladislaw II. praktisch alle Repräsentanten des Ordens ums Leben gekommen waren. Dafür reiste er in das heute in Polen liegende Grenzgebiet, denn die Würzburger Kommende des Deutschen Ordens war seit beinahe 200 Jahren eine der politisch wichtigsten und einflussreichsten Niederlassungen. Egloffstein war hierbei einer von mehreren Vertretern des Ordens, dessen Delegation von dem neuen Hochmeister Heinrich von Plauen angeführt wurde. Für die Ergebnisse dieses, die deutsche Expansion im Osten vorerst beendende Ereignis, ist der Würzburger Bischof nur am Rande verantwortlich. In der Folge verlor der Ordensstandort Würzburg an Bedeutung, wie auch nach und nach der Orden selbst. Die Kommende wurde jedoch zu einer mit Gütern recht wohlhabend ausgestatteten Einrichtung für zum Beispiel nicht erbberichtigte, weil nachgeborene Söhne aus adeligen Häusern und auch hochgestellten Bürgerfamilien.

Untrennbar mit dem Gedächtnis der Stadt Würzburg ist Egloffstein jedoch nicht wegen seiner Anführerschaft der Bischöflichen bei Bergtheim verbunden, sondern aufgrund einer Maßnahme, die er 1402 durchführte, um Würzburg nach der jüngsten Katastrophe und dem Exodus seiner Bürger für den Zuzug von Eliten wieder attraktiv zu machen. Er gründete mit der Unterstützung des römischen Papstes Bonifatius IX. – das große abendländische Schisma war in vollem Gange – eine Universität, welche ihren

Sitz im „Großen Löwenhof" des 1400 hingerichteten Jacob de Leone hatte und zudem eine „Hohe Schule" im Hof Katzenwicker unterhielt, der sich ehedem im Besitz des Staufers Barbarossa befunden hatte und Gastgeber von dessen Hochzeit mit der ebenso bildschönen wie blutjungen Beatrix von Burgund gewesen war.

Diese Würzburger Universität war zu diesem Zeitpunkt die erst sechste Einrichtung ihrer Art im deutschsprachigen Raum und auch in ganz Eu-

> Vor der Universitätsgründung in Würzburg 1402 gab es im deutschsprachigen Raum lediglich bereits fünf andere Hochschuleinrichtungen dieser Art in Prag, Wien, Heidelberg, Köln und Erfurt. Auch diese Universitäten waren alle erst in den Jahrzehnten zuvor während der zweiten Hälfte des 14. Jahrhunderts entstanden.

ropa ein noch sehr früher Bildungstempel. Allerdings waren längstens nicht alle in der Stadt einverstanden mit dieser Maßnahme zur Wiedergewinnung der kulturellen Bedeutungshoheit, denn sie verursachte über alle schon bestehenden Schulden neu belastende Kosten. So blieb zum Beispiel das Domkapitel mehrheitlich ein Gegner und Agitator gegen diese Universität.

Wenig ist nur bekannt über die universitären Lehrinhalte dieser Gründung: Im Angebot standen mit einiger Wahrscheinlichkeit die jeweiligen Fächer der Fakultäten *Theologie*, *Philosophie* sowie der *Jurisprudenz*, wobei allein die philologische Grundausbildung sich jedoch mit vertieften Studien zu *Latein* somie *Grammatik*, *Rhetorik* und der *Dialektik* beschäftigt haben dürfte. In Anspruch und Aufwand des Studiums sicher nicht zu unterschätzen. In welcher Weise der „Große Löwenhof" als Ort dieser ersten Würzburger Universität in der damaligen Zeit sehr schwieriger Gemengelage der Stadt wahrgenommen wurde, lässt sich im Abstand der Zeit und aus Mangel an Quellen kaum wiedergeben, aber man darf doch vermuten, dass die Menschen es in einem Kontext zu dem Vorbesitzer Jacob de Leone gesehen haben werden, der nach der verlorenen Schlacht von Bergtheim vor aller Augen qualvoll hingerichtet worden war. Sein dadurch über zunächst einige Umwege in Bischofshand gelangter Besitz wurde nun also zur Heimstatt dieser Universitätsgründung eben jenes Bischofs. Das konnte einfach nicht auf Gegenliebe stoßen. Solange Egloffstein lebte, verteidigte er seine Gründung, jedoch starb der Bischof bereits 1411 außerhalb von

Würzburg, manche sprachen von einem Giftanschlag. Und so wurde in den Folgejahren das Fortbestehen der jungen Bildungsanstalt zunehmend schwieriger, denn hauptsächlich das im Bistum maßgebliche Domkapitel wollte diesen zusätzlichen Klotz am Bein der Belastungen wieder loswerden. Es kam im Zuge der Bemühungen gegen die Universität beispielsweise zu massiven Anschuldigungen gegen den angeblich ausschweifenden und unzüchtigen Lebensstil ihrer Studenten. Eine Kampagne mit der Absicht des Rufmordes würde man heute sagen. Der seit 1410 amtierende und aus Erfurt von der dortigen Universität gekommene Rektor Johann Zahnfurt hielt seinen Laden und den Lehrbetrieb allerdings über weitere Jahre hinweg offenbar so geschickt und erfolgreich zusammen, dass es Ende 1413 schließlich zu seiner Ermordung durch den eigenen Kammerdiener kam. Man kann dabei leider nur vermuten, dass ein politisches Motiv zu Buche gestanden haben mag, denn ebenso ist auch ein privates, persönliches Motiv denkbar. Die Tat, das Motiv und die näheren Umstände blieben seinerzeit ungeklärt, was jedoch auch Raum für Spekulationen in die Richtung eines angeordneten Mordes weit offen lässt.

Über den Lehrbetrieb der Universität ist nach 1413 praktisch nichts mehr bekannt, aber es gibt fragmentarisch Hinweise auf ein zunächst weiteres Fortbestehen auch nach der Ermordung des Rektors. Ab 1427 jedoch verliert sich jede Spur hinsichtlich des Bestehens einer Universität in Würzburg.

Etwas mehr als 150 Jahre sollte es noch dauern, bis in Würzburg – wiederum aufgrund politischer Erwägungen – ein Universitätsbetrieb erfolgreich Fuß fasste, welcher daraufhin über Jahrhunderte hinweg zu einer der bedeutendsten Bildungsanstalten des Kontinents und der in unseren Jahren gerade zu Ende gehenden Neuzeit aufstieg, indem beispielsweise bis dato 14 Nobelpreisträger und unzählige weitere wissenschaftliche Leistungen hervorgebracht wurden. Aber nicht nur das, auch der Renaissance-Komplex der Alten Universität mit der integrierten Neubaukirche ist ein in Europa neben der Universität von Coimbra (Portugal) ganz einmalig verbundenes Erbe der Bildungsgeschichte unserer Kultur.

DEPRESSION UND HUSSITENKRIEGE

Blutige Hussitenkriege

Zu Beginn des 15. Jahrhunderts war die materielle Verteilung zwischen den Ständen und sozialen Schichten für Würzburg sowie Hochstift insgesamt das vielleicht am meisten beherrschende und wichtigste Thema der Menschen. Schuldenlasten, wohin man sah: Bistum mit Domkapitel, Klöster, Hochstift, Bürgerschaft. Insbesondere veränderte der anhaltende Wegzug der bürgerlichen Eliten die ökonomische Situation von Stadt und Region, man kann hier nach einem Jahrhundert, das zunächst von Umweltkatastrophen und Seuchen geprägt wurde sowie anschließend von der Auseinandersetzung zwischen Bürgerstaft und Fürstbischof durchaus von einer sozialen wie ökonomischen Depression sprechen. Und vor dem Hintergrund dieser Situation wurde nun 1410 eine Verwaltungsmaßnahme – der Rat der Stadt war nach der Schlacht von Bergtheim zu dieser Zeit in seiner Selbständigkeit praktisch entmachtet – getroffen, welche ihre Nachwirkung bis in unsere Tage hinein noch entfaltet. Aus Gründen der besseren und genaueren Steuererhebung wurden innerstädtische Verwaltungseinheiten im Sinne von Stadtvierteln gebildet. Diese nunmehr offiziell definierten Stadtviertel benannte man innerhalb des ursprünglichen „Bischofshutes" der ersten Stadtmauer des 11. Jahrhunderts nach bedeutenden Höfen, welche in der Organisation auch als Ort für Abgaben zuständig waren, außerhalb nach ihrer territorialen Benennung. So entstanden also das Gressenviertel, das Bastheimer-Viertel, das Dietricher-Viertel und das Gänheimer-Viertel im Rahmen der inneren Stadt sowie das linksmainische Mainviertel, die Pleich, Haug und Sand an der Peripherie. Die Mehrzahl dieser Viertel hat in der Wahrnehmung zum Teil sogar in recht

> Der „Hof zum großen Bastheim" stand an der Ecke Arztlade/Sterngasse. Ursprünglich errichtet durch das Rittergeschlecht Bastheim, befand sich darin sehr viel später eine bekannte Apotheke, nach der die Gasse heute wohl benannt ist. Im 14. und 15. Jahrhundert sprach man von der „Ziechlingasse"; dieser Name ging wiederum auf eine ansässige Händlerfamilie zurück.
>
> Der „Hof Gänheim" befand sich ungefähr dort, wo wir heute den Eingang zur Dompassage mit dem daneben liegenden Lebensmittelmarkt vorfinden.

genauer Grenzziehung überdauert, nur die beiden ganz innerstädtischen Kernbezirke *Gänheim* und *Bastheim* erfuhren später neue Bezeichnungen. Auffällig ist natürlich, dass die Areale der Domherrenhöfe, der Kartause Engelgarten oder auch des Benediktinerklosters St. Stephan, bei dem man zum Beispiel heute von dem „*Peterviertel*" spricht, keine solchen Verwaltungsbezirke zugewiesen bekamen. Die Erklärung dazu ist ein schlichte: Klerus, Domherren beziehungsweise niedergelassener Adel waren nicht in der gleichen Weise zu besteuern wie das Bürgertum.

Die älteste erhaltene Steuerliste Würzburgs stammt aus dem Jahr 1412. Sie ist sehr exakt nach Vierteln und Straßenzügen gegliedert.

Den schwierigen und ernüchternden Jahren zum Trotz ist in den ersten Jahrzehnten des 15. Jahrhunderts für Würzburg aber auch ein Trend zu beobachten, der vielleicht auch gerade jener grassierenden Depression entsprang beziehungswiese diese zu konterkarieren suchte. Es entstanden eine kleine Reihe von neuen Gasthäusern und Wirtschaften, welche sehr deutliche Spuren in der Stadtgeschichte hinterlassen haben und dies mitunter gar noch heute tun. Innerhalb der Zivilisationsgeschichte ist immer wieder zu beobachten, dass scheinbar unvereinbare Gegensätze sich schließlich doch jeweils bedingt haben.

Stellvertretend für eine ganze Anzahl weiterer Gasthäuser seien hier nur diese drei genannt:

1408 richtete ein gewisser Kunz Seyde in der Neubaustraße bei der ehemaligen Stadtmauer eine Wirtschaft ein oder führte diese bereits eine Weile, als mit der Kartause Engelgarten ein Vertrag geschlossen wurde. An dieser Stelle finden wir heute das traditionsreiche Hotel Rebstock, dessen barocker Bau mit der wunderbaren Rokoko-Fassade zwar wenig zu tun hat mit den Vorgängergeschichten, aber auf einen Ort zurückblickt, der seit jenen Tagen vor mehr als 600 Jahren durchgehend als Gasthaus bewirtschaftet wird.

> Eine in der Stadtgeschichte gewissermaßen etwas ambivalente Berühmtheit erlangte das heutige Hotel Rebstock, weil sich in der damaligen Herberge im April 1558 die angeheuerten Kumpane des berüchtigten Fehderitters Wilhelm von Grumbach nach und nach über mehrere Tage versammelten, um dann den Bischof Melchior Zobel – Grumbach stritt mit diesem innerhalb einer langjährigen Fehde – am Fuß des Marienberges im Sinne eines Attentats zu ermorden.

Für das Jahr 1413 ist die Weinschenke im sogenannten „*Hinteren Gressenhof*" belegt, bei dem es sich um das heutige und in Teilen sogar romanisch erhaltene „*Weinhaus zum Stachel*" handelt. Dieser Ort, ja sogar das Gebäude selbst, wird nachweislich und im gleichen Sinne durchgehend bis heute als Weingasthaus betrieben und ist damit das älteste noch existierende Gasthaus der Welt. Der „Stachel" wurde vor allem aber auch deshalb

> Im Guinness-Buch der Rekorde ist dagegen eine Gastwirtschaft nahe Regensburg als älteste der Welt eingetragen, welche auf das Jahr 1658 zurückgeht. – Allein in Würzburg existieren über die genannten Beispiele hinaus etliche Betriebe, deren Tradition deutlich weiter zurückreicht. Nach dem Bau der steinernen Brücke über den Main ließe sich auch hier nach langer Zeit noch eine gewisse Eifersucht der Freien Stadt an der Donau auf die Lieblingsstadt bedeutender Kaiserdynastien am Main vermuten.

berühmt, weil sich hier 1525 zur Zeit des Bauernkrieges die Anführer der Bauernhaufen sowie Vertreter der Stadt getroffen haben sollen. Die Rede ist von so prominenten Namen wie Götz von Berlichingen, Florian Geyer und auch Tilman Riemenschneider als wohl angesehenstem Ratsherrn jener Tage. – Ob das nun aber wirklich so war oder nur eine mit der Zeit fortgetragene Legende im Gedächtnis der Stadt ist, steht auf einem ganz anderen Blatt der Geschichte. Es existieren objektiv keine Beweise, nachgewiesene Treffen und Versammlungen fanden im Karmelitenkloster der Unbeschuhten statt. Ein kleiner, intimer Kreis nur der Führungspersönlichkeiten und zum Beispiel im Anschluss an größere Zusammenkünfte ist natürlich dennoch denkbar, zumal die Orte in unmittelbarer Nähe zueinander liegen.

In dieser Aufzählung schließlich noch der „*Gasthof Rabe*", welcher ab dem Jahr 1430 belegt ist und sich damals in der „*Semelergasse*" befand, also

> Bei der „*Semelergasse*" handelt es sich historisch um die Zunftstraße der sogenannten Weißbrotbäcker, wie es bereits in einer Urkunde Mitte des 13. Jahrhunderts erwähnt wird. – Freilich vor den Mauern der Stadt lange vor der Einrichtung des Bürgerspitals gelegen, kann es sich ursprünglich nur um vielleicht eine Linie von steinernen Backöfen zwischen den Getreidemühlen an Pleichach und Kürnach gehandelt haben.

der heute mehr oder weniger noch immer unter diesem Namen firmierenden „Semmelstraße", bei der es sich für Würzburg um einen der traditions- und identitätsreichsten Straßenzüge der heutigen Stadt seit dem späten Mittelalter handelt. Der Hotelgasthof hier hieß später „Drei Raben" statt nur Rabe und bekam im frühen 19. Jahrhundert einen ganz anderen Namen, unter dem er noch heute bekannt ist: „*Zur Stadt Mainz*", aber das ist auch eine am ganz anderen Ort zu erzählende Geschichte.

Nach dem Tod des Bergtheim-Siegers und Universitätsgründers Egloffstein wurde ein Mann Fürstbischof, der wahrscheinlich nicht die natürliche Wahl des Domkapitels war, dafür aber in diesen schwierigen Jahren als ein runder Kompromiss erschienen sein muss, denn er entstammte nicht den in der fränkischen Region konkurrierenden Häusern, sondern einem Geschlecht aus dem fernen Elsass und gehörte zudem nur dem vergleichsweise niederen Adel an. Damit mochte es sich aus Sicht des Kapitels leben und gestalten lassen. Der aktuelle Bischof von Bamberg, bei dem es sich um den Onkel dieses Mannes handelte, hatte die Wahl politisch eingefädelt. Die Rede ist von Johann II. von Brunn, welcher in seinem Pontifikat und Verhalten die erste Hälfte des 15. Jahrhunderts für Würzburg entscheidend prägen sollte, da er über beinahe 30 Jahre regierte und zu der ein oder anderen Entwicklung beitrug beziehungsweise im Sinne von Schwierigkeiten und Nöten kein Vermittler, sondern eher Spalter war.

So muss der aufmerksame Chronist zum Beispiel davon berichten, dass Bischof Johann dem schönen Geschlecht sehr zugeneigt war. Nun gut, werden Sie sagen, das waren andere doch auch und das Konkubinat im Hintergrund hochgestellter Kleriker ein offenes Geheimnis. Das stimmt natürlich, Sie haben Recht. Aber Johann trieb es wohl weit über die stillschweigend bekannten und gebührlichen Grenzen hinaus, was es zum offenen Thema seiner Zeitgenossen werden ließ und natürlich zu einem Problem für all diejenigen unter dem Klerus, welche auch schon einmal so ein diskretes Schäferstündchen pflegten.

Bis hierhin alles halb so wild, wäre da nicht gleichzeitig auch eine zu den Schwierigkeiten der Zeit vollkommen anachronistische Hofhaltung der ausschweifenden Verschwendung gewesen. Während sein Vorgänger sich noch bemühte, mit teilweise harten und unbeliebten Maßnahmen beziehungsweise dann auch wieder neuen Ideen, wie der jedoch auch in Domherrrenkreisen unverstandenen Universitätsgründung oder der Neuansiedlung von Juden, dem ökonomischen wie elitären Ausbluten der Stadt entgegenzuwirken, bediente sich Johann nun unverblümt aller materiell zur Verfügung stehenden Ressourcen, um Lebensstil und Gelüste zu befriedigen. Dafür scheute er sich nicht, Besitzungen des Hochstifts zu verpfänden oder Gelder gegen Versprechungen einzustreichen, um die er sich in der Folge dann wohl nur sehr unzureichend oder gar nicht kümmerte.

Für eine Weile ging das sogar gut, denn – schon wieder ein damals wie heute – es gibt da immer auch die Schar der Mitläufer und Jubler, die zunächst ebenfalls profitieren und alles ganz toll finden. Irgendwann jedoch, ähnlich wie bei einem Schneeballsystem, kippen die Dinge und funktionieren nicht mehr ohne vermehrt aufkommende Misstöne. Die Party ist spätestens dann vorbei, wenn Gläubiger im Kontext einer Vielzahl an Forderungen erkennen, dass ihr Einsatz verloren zu gehen droht. Genau dies ist nach und nach passiert. Johann von Brunn kam Zahlungsverpflichtungen nicht nach, erfüllte Versprechen nicht, verschacherte gar die ihm anvertrauten Besitzungen und Herrschaften zusehends, welche die Grundlage nicht nur der wirtschaftlichen, sondern auch der politischen Existenz aller im System daran Beteiligten bildete, allen voran in Würzburg die Adelsfamilien mit Sitz im Domkapitel des Bistums.

Nach Jahren des Schwelgens und Prassens wurde der Bischof auf diese Weise zunehmend in zahlreiche Fehden verwickelt mit diversen Gläubigern unerfüllter Zahlungsansprüche, unerfüllter Versprechen und Zusagen. 1427 kam es nach langjähriger Entwicklung schließlich zu dem offenen Bruch des Domkapitels mit diesem Bischof, wobei nun auch eine sehr bemerkenswerte Zusammenarbeit zwischen den Herren des Kapitels und bürgerlichen Vertretern des Rates zum Tragen kam. Eigentlich, und insbesondere nach der Niederlage von Bergtheim ein Ding der Unmöglichkeit, aber der gemeinsame Leidensdruck hatte hier unerwartete Gemeinsamkeiten zutage befördert.

In den frühen 1430er Jahren wurde der Bischof sogar von einer gemeinsamen Koalition aus Bürgern und Domherren aus Würzburg vertrieben, konnte sich aber 1434 erneut durchsetzen, wobei bis zu seinem Tod Anfang 1440 kein wirkliches Zusammenkommen oder ein Ausgleich mehr stattfand.

Kurz ein paar Worte zu Johann von Brunn als Person. Was für ein Typ das tatsächlich war, lässt sich natürlich nicht wirklich aus den Quellen herauslesen, die von den Umständen berichten. Vermuten darf man aber, dass zunächst uneinige Nachfolgeumstände nach dem als Bischof auch ungeliebten Egloffstein dazu führten, dass diese von außen politisch platzierte Lösung angenommen wurde. Johann selbst jedoch, nachfolgender Spross aus einem gerade seit einer Generation aufstrebenden Adelsgeschlecht aus zudem einem beinahe fernen Kulturraum, sah wahrscheinlich erst einmal nicht Amt und Aufgabe in dem Pontifikat, das er einging, sondern die blendende Macht eines Reichfürsten, der einfach alles tun darf, weil er ist, der er ist. Anzunehmen, dass er ein sehr einnehmendes und vielleicht auch charismatisches Wesen gehabt haben dürfte, das er in dieser Funktion als Fürstbischof zu transportieren wusste, denn sein System und Gebaren funktionierte für mehr oder weniger zwei Jahrzehnte. Der Mann war also persönlich durchaus mit Begabungen gesegnet. – Warum er handelte, wie er es tat? Schwer zu sagen, vielleicht ist dies in der Gier und den Versuchungen der Macht begründet, für die der Mensch im Dienst der gestellten Aufgabe nur selten bereit ist.

Neben den Entwicklungen und dramatischen Auseinandersetzungen rund um Würzburg sah es auch im übrigen Deutschen Reich zu Beginn des Jahrhunderts nicht unbedingt rosig aus. Nach der Entmachtung König Wenzels aus dem Haus Luxemburg war mit Ruprecht aus dem Haus Wittelsbach ein letztlich ebenfalls schwacher Monarch für rund 10 Jahre auf den deutschen Thron gelangt. Insbesondere in der Frage des Kirchenschismas ging sein Wirken nicht glücklich auf. Erst mit Kaiser Sigismund erneut aus dem Haus der damals in ihrer Hausmacht sehr mächtigen

Luxemburger, ein jüngerer Bruder des Wenzel, gelangte ab 1411 wieder eine handlungs- und durchsetzungsfähige Persönlichkeit auf den Thron und blieb immerhin bis 1437.

Sigismund gelang es bereits während seiner frühen Königsjahre das abendländische Kirchenschisma aus mittlerweile drei zueinander konkurrierenden Päpsten auf dem Konzil zu Konstanz zu beenden, indem schließ-

> Das *„Konzil von Konstanz"* fand zwischen dem 5.11.1414 und dem 22.4.1418 statt und beendete nicht nur das *„Große Abendländische Schisma"*, sondern hatte auch bedeutende Auswirkungen auf Position, Lehre und Haltung der Kirche bis hin zur Reformation ein Jahrhundert später.

lich mit der Wahl von Martin V. keiner der bisherigen Amtsinhaber obsiegte und im Rahmen einer Sedisvakanz die Anerkennung dieses einen Papstes glückte.

Geistliche wie weltliche Instanzen beschäftigten aber in dieser Zeit noch ganz andere Fragen, mit denen sich das Konzil befasste. 30 Jahre zuvor war der englische Theologe und Philosoph John Wyclif gestorben, der einen göttlichen Realismus gelehrt hatte: *„Alles ist Gott, jedes Wesen ist überall, da alles Gott ist"*. Damit hatte er Autorität, Funktion und Machtansprüche der Institution Kirche und des Klerus im Gefüge der Stände in Frage gestellt. Es gibt viele weitere Aussagen, die hier zu weit führen würden, es geht nur darum den Grundtenor zu verdeutlichen. Wyclif selbst blieb bis zu seinem Tod 1384 unbehelligt, seine Anhänger jedoch wurden in den Jahren darauf verfolgt, dennoch lebten seine Aussagen und Ideen fort.

Ein Kernproblem, mit dem sich das Konzil von Konstanz befasste und das es posthum als Irrlehre und Häresie verurteilte. Man ließ zum sichtbaren Zeichen die Schriften des John Wyclif verbrennen, eine Bücherverbrennung also. Solche Akte des Verbots und der Zensur haben jedoch davor und auch danach noch nie Wissen, Überzeugungen, Kunst oder eben – wie hier – theologische Philosophie aus den Köpfen oder Herzen der Menschen gebracht. Im Gegenteil.

Aktuell prominent wirkte damals sehr erfolgreich der böhmische Gelehrte und Theologe Jan Hus im Sinne der Schriften Wyclifs, aber auch deutlich in eigenen Erweiterungen bezüglich Auffassung und Interpretation. Für Kirche, Einheit, Inquisition und nicht zuletzt das Bestehen der bekannten Ordnungen auch des Weltlichen in diesen Zeiten offenbar möglicher Auf- und Umbrüche eine sehr ernste Gefahr. Hus war bereits exkommuniziert und mit dem Kirchenbann belegt worden, sah in dem Ereignis des Konzils jedoch die geeignete Bühne dafür, seine Lehre als wahr und unanfechtbar vor den versammelten Großen der Kirche zu verteidigen. So machte er sich im Herbst 1414 trotz aller Gefahren und Warnungen, und noch bevor König Sigismund – das Konzil plante sowieso, den Unruhestifter vorzuladen – ihm schließlich freies Geleit zusicherte, bereits auf den Weg nach Konstanz. Bemerkenswert.

Dort wurden die Kirchenstrafen gegen Hus zunächst außer Kraft gesetzt, und dieser predigte für mehrere Wochen in einer Herberge, bevor man ihn schließlich doch unvermittelt festsetzte, ohne dass auch nur ein Disput mit gelehrten Vertretern des Konzils stattgefunden hätte. Die nachfolgende Leidensgeschichte und verschiedenen, für Hus zum Teil tragischen Wendungen würden hier zu weit von der Würzburger Stadtgeschichte fortführen. Hus wurde schlussendlich am 6. Juli 1415 durch das Konzil zum Tod

> Das Konzil von Konstanz verbrannte übrigens nicht nur Jan Hus, sondern auch dessen langjährigen Weggefährten an der Prager Universität Hieronymus von Prag, der nach Hus' Festsetzung ebenfalls nach Konstanz geeilt war, um seinen Freund zu verteidigen.

auf dem Scheiterhaufen verurteilt und noch am selben Tag durch die weltliche Gewalt König Sigismunds hingerichtet. Auch hierbei wurden zusammen mit diesem Vorläufer der späteren Reformation wieder Schriften verbrannt, diesmal diejenigen des Jan Hus.

Im Königreich Böhmen jenes Wenzels, den auch Würzburg inzwischen bestens kannte, war es bereits in den Jahren zuvor zu Unruhen gekommen, welche ihre Ursachen zum Teil in der Auflehnung gegen kirchliche Anmaßung hatten, zum Teil in Maßnahmen gegen Hus und seine Anhänger, zum Teil aber auch als soziale Rebellion, gepaart mit einem Bedürfnis nach eigenständiger Nation zu sehen sind. Nach dem Feuertod von Jan Hus brachen nun bis dahin mühsam mehr schlecht als recht gekittete Dämme alter Ordnung nach und nach auf, bis sich die Flut des Angestauten und Zurückgehaltenen schließlich über die Welt des Althergebrachten ergoss, nicht zuletzt weil besonnene und charismatische Leitfiguren wie Jan Hus oder Hieronymus von Prag nicht mehr da waren. Der endgültige Dammbruch aber nahm seinen Anfang im Prager Fenstersturz von 1419, bei dem es sich um einen Sturm auf das Rathaus der Prager Neustadt handelte, der zum Ziel hatte dort festgesetzte Anhänger der Hussiten zu befreien.

Was nachfolgte, waren knapp zwei Jahrzehnte des Krieges und Blutvergießens, das sich nicht nur über weite Teile Böhmens und Mährens erstreckte, sondern mitunter auch in das heutige Österreich, Bayern mit der Oberpfalz, Sachsen und eben auch tief ins Fränkische hineinreichte. Bis nach Würzburg kamen diese Hussitenzüge beziehungsweise die sich ihnen entgegenwendenden Feld- und Kreuzzüge zwar nicht, aber sie berührten doch das Territorium des Hochstifts sowie vor allem dasjenige vieler Nachbarn. Die Hussiten oder auch Taboriten, wie die radikalste Gruppe unter ihnen genannt wurde, waren allgegenwärtiges Thema von Angst und schlimmsten Befürchtungen. Im Süden der Stadt wurde trotz Exodus der Eliten und wirtschaftlichem Abschwung der vergangenen Jahrzehnte vor den Mauern des erweiterten Bischofshutes eine niedrigere „Zwingermauer" mit eingelassenen Schanzplattformen direkt am Stadtgraben errichtet, denn die alte Mauer war einem Sturm mit den aufgekommenen Büchsen und beweglichen Kanonen wahrscheinlich nicht mehr gewachsen. Auf diese Weise würde man einem Angriff nun mit zweifacher Verteidigungslinie und doppelt so stark begegnen wie bisher, man würde den Feind „zwingen". Weiter im Osten und im Norden von Würzburg war die Situation eine andere, es gab nach der Einbeziehung der Vorstadt Pleich sowieso zwei intakte Linien älterer und jüngerer Stadtmauer nebst Gräben, die sich im Osten ungefähr dort trafen, wo die neu errichtete Zwingermauer endete. Da jede einzelne dieser Mauern jedoch leichter zu berennen war als der „Zwinger" im Süden, errichtete man in den außerhalb der dortigen Viertel, Höfe, Mühlen sowie der Kartause Engelgarten teilweise noch unbebauten Gebieten sogenannte „Mittelmauern" als weitere Verteidigungslinien, um zumindest den Sturm auf die innere Stadtmauer unmöglich zu machen, sollte die äußere genommen worden sein.

Als die Schweden im 30-jährigen Krieg 1631 nach Würzburg kamen, drangen sie von Norden her in die Stadt ein und hatten keine nennenswerten Schwierigkeiten damit, die damals bereits sehr alten Bewehrungen zu überwinden. Die Stadt kapitulierte umgehend, um einem Blutbad und Verwüstung zu entgehen.

Fürstbischof Johann von Brunn kam seiner Vasallenpflicht gegenüber König Sigismund nach und beteiligte sich persönlich an mehreren Feldzügen und Koalitionen gegen die Hussiten. Dabei gelang es ihm zumeist jedoch nicht, die für das Hochstift geforderten Truppenkontingente auch tatsächlich zu stellen. Ebenso fiel der militärische Erfolg beziehungsweise Misserfolg jeweils bescheiden aus, was aber natürlich nicht allein dem Würzburger Bischof und Fürsten zuzurechnen ist. Ab ungefähr 1430 fielen die Hussiten auch vermehrt im Vogtland und in fränkischen Gebieten ein, sodass ab diesem Zeitpunkt weniger die Kriegsfolge gegenüber dem König oder Hilfersuchen wie das des Markgrafen von Meißen im Zentrum der Handlungen standen, sondern die Verteidigung eigener Gebiete im Bereich des Bistums und direkter Nachbarn.

Ab 1433 veränderten sich wiederum die Bedingungen für die Auseinandersetzungen, indem das Konzil von Basel und der Papst auf Druck von König Sigismund den Weg freimachten für gewisse Kirchenreformen, welche vor allem auch die Rückkehr der Hussiten in den Schoß der Kirche ermöglichten. Zudem gewann Sigismund als erster König des deutschen Reiches seit längerer Zeit im Rahmen dieses politischen Schachzuges auch wieder einmal die Kaiserwürde und damit an Autorität hinzu. Das Manöver gelang, die Hussiten und ihre verschiedenen Bewegungsströme spalteten sich auf. Gemäßigte kehrten noch während des Konzils von Basel in den Schoß der römischen Kirche zurück, was in die sogenannten *„Prager Kompaktate"* mündete. An-

> Bei den *„Prager Kompaktaten"* handelte es sich um einen Vergleich beziehungsweise Vertrag, der in Sachen Kirchenliturgie und Kirchenrecht besondere Ausnahmen und Regelungen für die Gebiete von Böhmen und Mähren traf, welche der hussitischen Lehre folgten.

dere, hauptsächlich die Taboriten, wurden 1434 in einer großen Entscheidungsschlacht östlich von Prag geschlagen, geradezu massakriert und in alle Winde verstreut, sofern die Flucht gelang. Mit der Eroberung der Burg Sion – ebenfalls östlich von Prag – endeten die Hussitenkriege im Jahr 1437.

Der Krieg selbst kam nicht nach Würzburg, aber er hat das Leben seiner Menschen maßgeblich bestimmt, verändert und seine Opfer gefordert.

VOM ALEXANDRINISCHEN PATRIARCHEN BIS ZUM BÖSEN HASEN

Des Hasen Tod

Nach dem Tod des Fürstbischofs Johann von Brunn Anfang 1440 traf man es mit dem zuvor bereits ausgeguckten Nachfolger Sigismund von Sachsen kaum besser. Statt sich in der Führung von Hochstift und Bistum wieder mit dem Domkapitel ins Benehmen zu setzen, ging dieser Sohn des sächsischen Kurfürsten Friedrich Bündnisse ein mit dem machtbewussten Gegenspieler des Kapitels Albrecht I. Achilles, Markgraf von Ansbach, sowie mit dem damaligen Gegenpapst Felix V. Statt des erhofften Neubeginns kam es im Gegenteil zu hart geführten Auseinandersetzungen und Kämpfen mit zunächst wechselnden Erfolgen. Schließlich aber konnte erst das im Besitz des Domkapitels befindliche Ochsenfurt gegen die Begehrlichkeiten von Albrecht Achilles gehalten werden, dann auch Würzburg selbst und die Festung Marienberg gegen Sigismund. Dieser verlor damit nach und nach auch im Landvolk massiv an Rückhalt und wurde gar zum Gespött der Leute als umherziehender Bischof ohne Sitz und Bleibe. Unter Mithilfe und Vermittlung König Friedrichs III. – jetzt aus dem Hause Habsburg – kam es dahin, dass zunächst ein Stiftspfleger eingesetzt wurde und 1443 Sigismund gänzlich auf das Amt des Bischofs verzichtete, indem er stattdessen mit dem symbolischen Amt eines „Patriarchen von Alexandria" beziehungsweise einer ansehnlichen Pension ausgestattet wurde, die es ihm erlaubte standesgemäß nach Sachsen zurück-

Nach Sachsen zurückgekehrt, hatte Sigismund übrigens nichts Besseres zu tun, als einen Aufstand gegen seine dort regierenden Brüder anzuzetteln. Er starb 1471 unter Hausarrest stehend auf Schloss Rochlitz. Die mittleren Kinder von dreien sind eben oft die Schwierigsten.

zukehren. Mancherorts, so heißt es, lachen sie in Franken noch immer, wenn die Erinnerung an diesen rastlosen Patriarchen von Alexandria zur Sprache kommt.

Nicht so witzig war hingegen wieder einmal die wirtschaftliche Situation Würzburgs und seiner Bürger. Im Sommer 1442 hatte ein Jahrhunderthochwasser große Verwüstungen in ufernahen Bereichen der Stadt, den Mauern sowie der altehrwürdigen Steinbrücke angerichtet, welche seit dem Magdalenen-Hochwasser genau 100 Jahre zuvor sowieso schon mit viel Provisorium hatte auskommen müssen. Jetzt also wieder. Hinzu kam bei diesem Ereignis noch, dass auch die kommende Ernte betroffen war und schlecht sein würde. Die aktuellen Scharmützel und politischen Grabenkämpfe derer da oben brauchte in solchen Zeiten wirklich niemand im Volk.

Eine andere Sache aber konnte in diesen Jahren mit einem Erfolg zu Ende gebracht werden. Nach langer Bauzeit von fast 65 Jahren war 1440 das Langhaus der Marienkapelle durch die Bürgerschaft fertig gestellt worden. Trotz der schwierigen Zeiten großer Niederlagen, dem Verlust der Zünfte und reicher Bürgerfamilien hatte man nie aufgegeben und den Bau schließlich zu einem guten Ende gebracht. Unmittelbar darauf nutzte ihn Sigismund kurzzeitig sogar als Bischofskirche, da ihn das Domkapitel aus der Domkirche St. Kilian ausgesperrt hatte. Was nun noch fehlte, das war der Kapellenturm. Erneut wurde eine Bauhütte eingerichtet, aber es sollte aufgrund der schwierigen Verhältnisse noch einmal fast 40 Jahre dauern, bis auch dieser aufgerichtet war.

Bei dem eingesetzten Stiftspfleger handelte es sich um Gottfried IV. Schenk zu Limpurg, der für die nachfolgenden 12 Jahre nun auch Fürstbischof wurde. Anders als seine Vorgänger bemühte sich Gottfried wieder um Ausgleich und Landfrieden. Er beendete zahlreiche Fehden, schloss neue Bündnisse, ging gegen räuberische Umtriebe wie auch Gesetzlosigkeiten aller Art vor und unternahm vor allem aber große Anstrengungen zur Entschuldung von Hochstift und Bistum beziehungsweise Auslösung diverser Verpfändungen. Dies gelang nach und nach mehr oder weniger erfolgreich, allerdings auch unter Zuhilfenahme durchaus zweifelhafter Maßnahmen, wie etwa der erneuten Vertreibung von Juden, bei denen das Hochstift verschuldet war.

Alles in allem eine beruhigende und konsolidierende Zeit, welche Stadt und Region auch bitter nötig hatten. Als ein sichtbares Zeichen dieser Konsolidierung kann man zur Mitte des Jahrhunderts den Bau des Kapitelhauses im Anschluss an das südliche Querhaus des Kiliandomes ansehen. Allein der Markgraf Albrecht Achilles blieb ein anhaltendes Problem und setzte auch während dieser Jahre dem Hochstift zu.

Nachfolger des für seine Zeit recht besonnenen Gottfried wurde dessen Gegner als Domherr Johann III. von Grumbach, ein Mitglied der in der Region Würzburg sehr einflussreichen und begüterten Familie Wolfskeel von Grumbach, welche in der Vergangenheit bereits mehrere Bischöfe gestellt hatte. Mit diesem Amtsträger kamen nun die Fehde und der Zwist zurück. Und wie! Grumbach ließ praktisch nichts aus. Nicht nur die eigenen Fehden wurden – wohl aufgrund des Amtes nun erfolgreich – ausgefochten, auch die großen Territorialkonflikte aufstrebender Häuser wie der Wittelsbacher oder Hohenzollern, denen der ebenfalls aggressiv umtriebige Markgraf und spätere Kurfürst Albrecht Achilles angehörte, machte er sich zu eigen. 1460 ließ er demonstrativ das fränkische Herzogsschwert schmieden und fügte es den fürstbischöflichen Insignien der geistlichen wie weltlichen Machtausübung hinzu: Herzogsschwert in der Rechten, Krummstab in der Linken, Mitra auf dem Kopf.

In den letzten Jahren des Pontifikats von Grumbach führte eine gewissermaßen mutwillig angeheizte Auseinandersetzung mit dem Bistum Bamberg, das einst im Kern ja aus Besitzungen Würzburgs ausgegründet worden war, zu einer überaus gefährlichen und angespannten Situation, weil die darin verstrickten Bündnisse ebenfalls konkurrierender Parteien zu einem Flächenbrand auszuarten drohten. Ein deutscher Bürgerkrieg schien denkbar und im Bereich des Möglichen sich abzuzeichnen. Der Tod Grumbachs Anfang April 1466 beendete jedoch die sich aufschaukelnde Eskalation.

Ob natürlich eingetreten oder unnatürlich herbeigeführt, Grumbachs Ende verhinderte nicht nur eine kriegerisch wahrscheinlich unabsehbare Auseinandersetzung weit über die Grenzen von Hochstift und Bistum hinaus, sondern löste in Würzburg geradezu einen Jubel der Bürger aus, wie er in der Stadt schon sehr lange nicht mehr gesehen worden war. Dieser Bischof hatte in den vergangenen Jahren seines Pontifikats nämlich nicht nur seine Fehden mit um die Gier konkurrierendem Adel geführt, sondern auch innerhalb der Mauern der Stadt jedweder Willkür des Handelns einer korrupten Obrigkeit Tür und Tor geöffnet. Innerhalb eines solchen Klimas spült die Geschichte seit jeher stets an Geist und Selbstbewusstsein nur schwach ausgestattete Menschen nach oben, welche dies ihre Umwelt dann überdeutlich und mitunter grausam, gewalttätig oder gar völlig entmenschlicht spüren lassen. – Als tragisches Massenphänomen war dies unter anderem während der 12 Jahre des Nationalsozialismus der Fall. – Im Würzburg des Jahres 1466 traf dies auf das Regiment des städtischen Büttels namens „Hase" nebst seinen Knechten zu. Dieser Mann ohne jede Herkunft und Bildung hatte sich im Zuge der Herrschaft Grumbachs zunächst innerhalb des Systems der Stadtknechte hochgebuckelt und dann gewissermaßen nach Vorbild seines Landesherrn ein aggressives Schreckenssystem der bischöflichen Obrigkeit – offiziell wohl im Dienste des Oberrates – errichtet, das auch für die rauen Gepflogenheiten dieser Zeit mehrere Nummern zu heftig war, denn vielstimmig erschallte in der Stadt offenbar der Ruf: *„Tod auch dem Hasen!"*

Wie genau dieses Ereignis schließlich vor sich ging, lässt sich im Detail natürlich nicht mehr rekonstruieren. Die Bischofschronik des Lorenz Fries berichtet knappe 100 Jahre später davon, aber es kommt auch nicht so sehr darauf an, welcher Umstand nun wirklich stimmt oder vielleicht nur aus Gründen der Zeit ergänzt, geschönt oder im Gegenteil brutalisiert wurde. Das Ereignis als solches steht in Rechnung und Chronik der Geschichte.

Als der Bischof gestorben war, rechneten die Bürger in einem konzertiert zustande gekommenen Akt mit dem Repräsentanten und Schergen von dessen Herrschaftssystem in der Stadt ab. Es spielt keine Rolle, ob Hase zum Beispiel tatsächlich zunächst in die Festung Marienberg fliehen konnte und erst anschließend von dem geschäftsführenden Domkapitel an die Bürgerschaft ausgeliefert wurde, oder ob es in Wirklichkeit anders vor sich gegangen ist. Für das Gedächtnis und die Geschichte der Stadt zählt vor allem, dass man entschlossen und gewillt war, Gerechtigkeit zu finden, was in diesem Fall die Aburteilung und den Tod des Hasen bedeutete. Und das gelang, wenngleich wir solche Dinge heute natürlich ganz anders empfinden. Es handelte sich um eine von unserer Wertewelt in Wahrnehmung und Empfindung noch völlig zu unterscheidende Periode der Gesellschaft.

Der ehemalige Büttel Hase wurde an Armen und Beinen gefesselt und unter Teilnahme praktisch der gesamten Stadtbevölkerung, wie es auch die Miniatur der Fries-Chronik auf dem Titelmotiv dieses Buches zeigt, von der Brücke in den Main geworfen, sodass er in den Fluten ertrank und tot den Fluss hinabgespült wurde.

Wie sollte es nun in Stadt, Hochstift und Bistum weitergehen? – Das Domkapitel fand in seinen Reihen keine eindeutige oder – wie man heute sagen würde – nachhaltige Lösung und entschied sich deswegen übergangshalber für einen schon sehr alten Mann, bis sich in den kommenden zwei, drei oder maximal fünf Jahren geklärt haben würde, wie es nun mit Hochstift und Bistum weitergehen sollte.

DER ALTE MANN UND EIN HEILIGER JÜNGLING

Das von Riemenschneider geschaffene Grabdenkmal Scherenbergs im Dom

Rudolf II. von Scherenberg entstammte einem regionalen Adelsgeschlecht aus dem Steigerwald, dessen letzter Spross er war und das daher mit ihm ausstarb. Vor seiner Wahl zum Fürstbischof war er bereits lange Jahre schon für das Domkapitel in verschiedenen Funktionen tätig gewesen, unter anderem als Leiter der Domschule. Er galt als ein besonnener Mann, klug, umsichtig, redegewandt, aber auch als führungsstark und effizient in Angelegenheiten der Verwaltung. Alles Dinge, die er nun auch in Führung und Politik des Hochstifts einzubringen vermochte. Die Deeskalation des schwelenden Konfliktes mit Bamberg gelang und wandelte sich gar in ein Bündnis gegen den umtriebigen Ansbacher Markgrafen Albrecht Achilles, welcher auch während Rudolfs Pontifikat zum wichtigsten Gegenspieler wurde. Nicht zuletzt aufgrund der Einführung einer sogenannten „Pfaffensteuer" von 1480 setzten Rudolf und sein Bamberger Bischofskollege Philipp von Henneberg die zeitweilige Verhängung des Interdikts und Kirchenbanns gegen den damals schon zum Kurfürsten aufgestiegenen Ansbacher durch. Dieser Konflikt war jedoch die einzig nennenswerte Auseinandersetzung. Ansonsten hielt Rudolf das Hochstift in doch unruhigen Zeiten bis auf sehr wenige Ausnahmen von der Beteiligung an kriegerischen Handlungen fern. Stattdessen konzentrierte er sich erfolgreich auf die Konsolidierung von Gütern und Besitzungen. Einige Verpfändungen konnten ausgelöst und dem Hochstift wieder eingegliedert werden, wie zum Beispiel Münnerstadt noch gegen Ende seiner Regierungszeit, als die Verhältnisse von Hochstift und Bistum sich komplett wieder zu einer stabilen Ordnung hin gewandelt hatten.

Und dies ist dann auch der Punkt, an dem das Phänomen Rudolf von Scherenberg als solches zur Sprache kommen muss. Bei seiner Wahl war der Mann bereits 65 oder 66 Jahre alt gewesen, ein Lebensalter, das die meisten Menschen zu dieser Zeit gar nicht erst erreichten. Für das Kapitel war er aufgrund seines besonnenen Rufes, seiner Erfahrung in Dingen der Verwaltung und Führung, aber auch wegen seines Geschicks, diplomatisch und ausgleichend zu wirken, für den Übergang die ideale Lösung. Man befand sich schließlich zu diesem Zeitpunkt am Rande eines sehr gefährlichen Krieges. Und man gewann Zeit für die Suche nach dem Mann, welcher das Hochstift langfristig führen sollte. Wie also konnten sich dann gleich alle Verhältnisse und Umstände während einer solchen Übergangszeit so grundlegend wandeln? Die Antwort ist ebenso einfach wie verblüffend: Der alte Mann starb einfach nicht, sondern regierte fast 30 Jahre bis 1495 und überlebte damit wohl die meisten jener Herren, welche einst ihren famosen Übergangsplan geschmiedet hatten.

Und selbstverständlich darf hier auch nicht die nette Geschichte fehlen, die man sich zu Rudolfs hohem Alter und langer, schier nicht enden wollender Regierungszeit erzählt: Zum Ende seiner Jahre drängte man den Bischof zusehends, doch einen Nachfolger zu bestimmen, welcher ihm dann als Stiftspfleger zur Seite stehen könnte. Nachdem er sich zunächst lange geweigert hatte, gab Scherenberg schließlich nach und bat das Domkapitel darum, sich nach dem Hochamt des kommenden Sonntags im Kapitelsaal versammelt aufzustellen. Dort wollte er dann einem unter ihnen sein Barrett aufsetzen und diesen so zu seinem Nachfolger bestimmen. Am

> Das Barrett ist eine flache, häufig runde oder mit wenigen Kanten versehene Kopfbedeckung, welche aus verschiedenen Stoffen bestehen kann. Sie kam als Mode während des 15. Jahrhunderts auf und galt damals als ein Zeichen von Bildung und Würde. Berühmt ist beispielsweise das Cranach-Porträt von Martin Luther, auf dem dieser das typische Barrett seiner Zeit trägt.

darauffolgenden Sonntag stellten sich also die Mitglieder des Kapitels in gespannter Erwartung auf wie geheißen und harrten der Entscheidung des greisen Fürstbischofs. Dieser ging schleppenden Schritts von einem zum nächsten an den aufgereihten Domherren vorbei, drehte sich nach dem letzten um und verkündete mit fester Stimme: *„Ich sehe hier unter uns nie-*

manden, der würdiger wäre als dieser!" Sprach es, setzte sich das Barrett auf den eigenen Kopf und stapfte nunmehr sicheren Schrittes davon. – Ob sich diese Anekdote tatsächlich so ereignete oder nur allegorisch eine sich im Gedächtnis festgesetzte kleine Legende ist, spielt eigentlich keine Rolle. Sie drückt nachvollziehbar das für die Zeit eben sehr ungewöhnliche Phänomen Rudolf von Scherenberg aus, welcher zu Recht prominent in Erinnerung geblieben ist.

Wie für Hochstift und Bistum, so tat sich auch in der Stadt während dieser vergleichsweise glücklichen und nur punktuell eingetrübten Jahre – dazu später mehr – so einiges, das zuvor liegen geblieben war. 1480 konnte nach langer Bauzeit auch der Turm der Marienkapelle fertig gestellt werden, dessen entscheidende Fortschritte gelangen, als sich mit einer verbesserten Situation im Land auch die Verhältnisse der Bürgerschaft und ihres Rates nach langer Zeit in eine Periode des gemäßigten Aufschwunges wandelten. Was an der Bürgerkirche nun noch zu tun war, betraf Schmuck und Ausstattung. Da würde man die Feste aber einfach feiern, wie sie fielen.

Wie zum Zeichen der inneren Erneuerung und neuen Zuversicht ging man ab 1476 auch daran das Stückwerk aus Provisorien und Holzkonstruktionen der großen Brücke über den Fluss zu beenden. Die durch die verschiedenen Hochwasserkatastrophen stark angegriffenen Pfeiler wurden insbesondere nach Süden hin massiv ausgebaut, indem man sie mit massiven, vorgeschobenen Steinkeilen nun das Wasser teilen ließ. Keine leichte Arbeit, denn erneut musste tief in den Flussgrund hinein abgeschachtet werden. Die teilweise zusammengebrochenen Joche wurden wieder steinern überwölbt. Das Ganze dauerte Jahrzehnte an, erfuhr wiederum viele Unterbrechungen beziehungsweise später immer wieder auch Ausbauten wie etwa das Streichwehr und die kleine Staustufe zum Betrieb der Unteren Mainmühle. Der Lohn bestand im Erhalt und der Wiedererstarkung eines

---

Die sogenannte *„Untere Mainmühle"* sollte nach dem Elend des Dreißigjährigen Krieges in Krisenzeiten die autonome Versorgung der Stadt sichern helfen. Später gewann man dort Elektrizität aus Wasserkraft. Im mehr oder weniger vor einiger Zeit restaurierten Mühlengebäude befindet sich heute eine Gastwirtschaft, welche mit der Einführung des *„Brückenschoppens"* nicht nur ein einträgliches Geschäft erzielt, sondern der Stadt Würzburg mit dieser wunderbar jungen Tradition auch ein großartiges Geschenk gemacht hat.

schon damals mehr als nur legendären Bauwerks, dem seit dieser Zeit und bis heute keine Naturgewalten mehr ernsthaften Schaden zuzufügen vermochten. – Auszunehmen ist natürlich immer der Faktor Mensch, der für seltsame bis sehr fragwürdige Gründe zum Beispiel in einem längst verlorenen Krieg auch schon einmal Brückenbögen sprengt. So geschehen zum Ende des 2. Weltkrieges, aber auch dies hat die „Alte Mainbrücke" letztlich ebenso überwunden wie auch die Bürger der Stadt.

Auf der Festung Marienberg entstand in diesen Jahren ein Ausbau der Bewehrung der Wolfskeel'schen Mauer um die Hauptburg herum, der hauptsächlich auch der technischen Entwicklung nunmehr schon weit tragenden und mithin mauerbrechenden Geschützen Rechnung trug. Der massive Ausbau des Hauptores der inneren Festung zur stark befestigten Torburg trägt nach seinem Bauherrn den Namen „Scherenbergtor".

Weitere Entwicklungen dieser Periode zurückkehrender Stabilität und gewissen urbanen Wohlstands sind die Pflasterung des ehemaligen, nunmehr völlig trockengelegten Rigols, also des Geländes am heutigen „Unteren Markt", und die Verlegung des Marktes von der Enge der damaligen Markt- und heutigen Domstraße auf dieses Gelände. In den südlichen Pfeilerjochen der Marienkapelle lehnten sich die Marktgeschäfte an, wie wir sie noch heute dort vorfinden. Zünfte hatten sich in der Stadt seit längerem nach und nach wieder organisiert, übten aber politisch bei Weitem nicht mehr den Einfluss aus, wie es noch im 14. Jahrhundert vor der Schlacht von Bergtheim der Fall gewesen war.

Schon kurz vor der Wahl Rudolfs war das sehr traditionsreiche Benediktinerkloster „St. Burkard" am Fuße des Festungsberges in ein Ritterstift umgewandelt worden, der vormalige Abt und nunmehrige Propst des Stiftes, Johann von Allendorf, ein bevorzugter und lebenslanger Wegbegleiter des Fürstbischofs. Um 1490 herum entstand der wuchtige, spätgotische Choranbau im Osten der dagegen beinahe zart wirkenden Basilika aus dem frühen 11. Jahrhundert, welche in der Architekturgeschichte heute so etwas darstellt wie die Blaupause zur beginnenden Romanik.

Während der Regierungszeit Scherenbergs geschah 1476 aber auch etwas ganz und gar Unerwartetes und irgendwo auch Unvorhersehbares in den Grenzen und der Zuständigkeit des Bistums, das der Bischof und Landesherr in seiner rasanten Entwicklung weder zu steuern noch politisch in irgendeiner Weise zu lösen vermochte. In diesem Jahr um Ostern herum stieg der aus Hettstadt bei Würzburg stammende Hans Behem, ein Hirtenjunge und kaum 18-jährig, nach der Messe in dem Weiler Niklashausen nahe der Tauber auf ein Fass und verkündete den frommen Kirchgängern, dass ihm die Mutter Gottes erschienen sei und durch ihn eine Botschaft an die Menschen richte.

Er predigte die Abkehr von sündigem Lebenswandel und Besitz, er rief zur Wallfahrt nach Niklashausen auf, wo alle Menschen gleich sein würden. Ein göttliches Strafgericht käme jedoch über die Gier der Fürsten und Mächtigen. So oder so ähnlich hat er das der anwesenden Gemeinde zunächst verkündet. Dieser Ort Niklashausen beherbergte schon seit der Mitte des 14. Jahrhunderts eine kleine Wallfahrtskirche, welche aufgrund einer wundertätigen Muttergottes sogar einen päpstlichen Ablass besaß. Für die kirchliche wie weltliche Obrigkeit war solches Predigen natürlich ein ziemlicher Dorn im Auge, zumal die Erfahrungen mit den Hussitenkriegen in der Region damals noch kein halbes Jahrhundert zurücklagen. Die Botschaft des „Heiligen Jünglings", wie seine Anhänger ihn nach kurzen Tagen schon nannten, fiel indes auf sehr fruchtbaren Boden und traf den Nerv der Menschen, wie es sich am ‚Vorabend der Reformation' unschwer vermuten lässt. Auch die spätere ‚Bundschuh-Bewegung' und die „12 Artikel" der Bauernhaufen während des Deutschen Bauernkrieges von

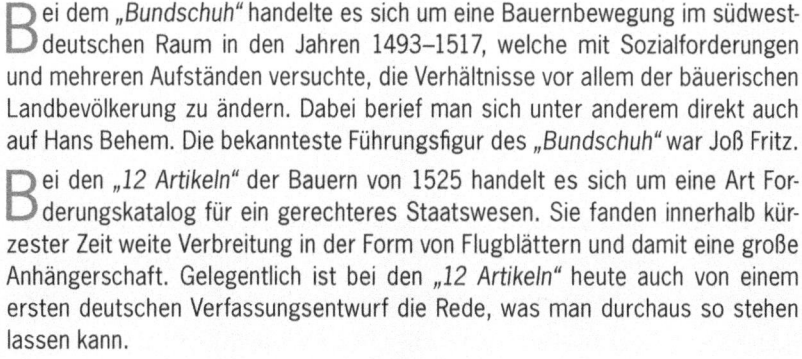

Bei dem *„Bundschuh"* handelte es sich um eine Bauernbewegung im südwestdeutschen Raum in den Jahren 1493–1517, welche mit Sozialforderungen und mehreren Aufständen versuchte, die Verhältnisse vor allem der bäuerischen Landbevölkerung zu ändern. Dabei berief man sich unter anderem direkt auch auf Hans Behem. Die bekannteste Führungsfigur des *„Bundschuh"* war Joß Fritz.

Bei den *„12 Artikeln"* der Bauern von 1525 handelt es sich um eine Art Forderungskatalog für ein gerechteres Staatswesen. Sie fanden innerhalb kürzester Zeit weite Verbreitung in der Form von Flugblättern und damit eine große Anhängerschaft. Gelegentlich ist bei den *„12 Artikeln"* heute auch von einem ersten deutschen Verfassungsentwurf die Rede, was man durchaus so stehen lassen kann.

1525 weisen in ihren sozialen Forderungen eine deutliche Verwandtschaft zu den Botschaften des Hans Behem auf, welcher damit in gewisser Weise als ein Vorläufer dieser Ereignisse gelten kann. Aber das wusste zu diesem Zeitpunkt natürlich noch niemand.

Innerhalb von nur kurzen 3 Monaten sollen bis zu 70000 Menschen dem Aufruf gefolgt und zur Wallfahrt aufgebrochen sein. Eine damals schier unglaubliche Zahl von Menschen. In dem kleinen Weiler Niklashausen sollen es mithin 30-40000 Menschen gleichzeitig gewesen sein. Und es war nicht nur einfache Land- oder Stadtbevölkerung, die da kam, auch viele Adelige waren darunter. Zum Teil von weither und mit der ganzen Familie. Die Vorstellung, dass ein göttliches Strafgericht über die Gier im Bereich des Möglichen stand, muss den Menschen sehr nahe gewesen sein und sagt damit so einiges aus über die Lebensumstände der Bevölkerung beziehungsweise die Verteilung des Wohlstandes.

Zum Zeichen der Trennung von Sünde und Tand warf man teure Kleidungsstücke, spitze Schuhe, Seidenschnüre, Brusttücher und allerlei mehr ins Feuer. Die Frauen schnitten sich gar die Zöpfe ab. Hans Behem hatte es vorgemacht, indem der zuvor sehr lebenslustige junge Mann, der auf Festen und Hochzeiten gerne die Pauke spielte und so mancher lässlichen Sünde überhaupt nicht abgeneigt gewesen war, seine Pauke als erster ins Feuer geworfen hatte. Daneben türmten sich auch andere Opfergaben auf wie Schmuck, Gold, Silber. Alles Dinge, die während des Übergangs hin zu einem neuen und für alle Menschen gleichermaßen gerechten Gottesreich nicht mehr benötigt wurden.

Letztlich reagierte die Obrigkeit schnell mittels unwahrer und durch den Würzburger Domherren Georg von Giech verbreiteter Gerüchte darüber, dass ein kriegerisches Bauernheer von Eidgenossen heranzöge und sich mit den Wallfahrern zusammentun wolle, sodass der zunächst zögernde Stadtrat sowie weitere regionale Landesherren sich gegen eine Festsetzung des „Heiligen Jünglings" nicht mehr querlegten.

Die erfolgte dann zügig, ebenso wie die Aburteilung als Ketzer. Alles innerhalb von sieben bis zehn Tagen im Juli 1476. Nach Beobachtung der Lage vor Ort entführte ein Trupp Bewaffneter Hans des Nachts direkt aus Niklashausen heraus zusammen mit einem namentlich nicht weiter bekannten Bettelmönch, bei dem es sich möglicherweise um einen Begarden

---

Als „Begarden" bzw. „Beginen" bezeichnete man ab dem 13. Jahrhundert Menschen, die in religiösen Gemeinschaften ehelos nach eigenen Vorstellungen lebten, aber keinem Orden angehörten oder ein Gelübde abgelegt hatten.

gehandelt haben könnte und eventuell auch um den Kopf hinter den Botschaften und Handlungen des „Heiligen Jünglings". Hans wurde auf die Festung Marienberg gebracht und in den Folgetagen der peinlichen Befragung, also der Folter, unterzogen, während der Mönch wohl dem Erzbistum Mainz überstellt wurde, wo sich seine Spur verlor. Von Niklashausen aus brach ein Zug mehrerer Tausend Menschen – betend und singend Fackeln oder Kerzen in der Hand – nach Würzburg auf, um dort vor der Burg die Herausgabe ihres „Heiligen Jünglings" zu fordern. Sie bekamen ihn nicht, und es kam beinahe wundersamerweise auch nicht zu einem Blutbad. Die Menge zog ratlos wieder ab.

Unter der Folter machte Behem zum Teil sich widersprechende Aussagen, sodass die tatsächlichen Hintergründe und Motive der als „Wallfahrt nach Niklashausen" in die Geschichte eingegangenen Ereignisse in ihrer Vorgeschichte zumindest teilweise im Dunkeln blieben. – War es der sozial-revolutionäre Ansatz dieses Mönches an Behems Seite, von dem verschiedene Quellen berichten, … und die Marienerscheinung nebst angedrohtem Strafgericht und Wallfahrt eben das kongeniale Transportmittel zu den Herzen, Emotionen, Ängsten und Hoffnungen der Menschen? Oder war es eine eigentlich harmlos begonnene Aktion, um den schwächelnden Wallfahrtsort zu beleben, die dann völlig aus dem Ruder lief? Auch möglich, denn der Pfarrer von Niklashausen war definitiv mit an Bord. Aber vielleicht war es ganz profan auch nur eine Aktion zur persönlichen Bereicherung am Hab und Gut der angelockten Pilger, und man verpasste ob des gewaltigen Erfolges schlicht den Zeitpunkt, um sich mit der Beute aus dem Staub zu machen. Dieses letztere Szenario mag man natürlich nicht so gerne annehmen, und es spricht im Angesicht so vieler Details am sozialen Nerv der Menschen auch einiges dagegen. Außerdem hätte Behem unter der Folter gewiss davon gesprochen und seine Peiniger hätten es nur zu gerne in die Protokolle aufgenommen.

Über die Gründe dafür, warum er dann ausgerechnet am Schottenanger auf dem Scheiterhaufen starb, lässt sich ebenfalls nur spekulieren. Möglicherweise sollte möglichst wenig öffentliches Aufsehen erregt werden, um die Gefahr eines Aufstandes gering zu halten und um keinen Märtyrer aus diesem „Jüngling" zu machen. – So ganz ist zumindest Letzteres zunächst nicht gelungen, denn es gab da ja noch die Wallfahrer nach Niklashausen, deren Strom auch nach einem Jahr einfach nicht versiegen wollte. Erst das Belegen der dortigen Wallfahrtskapelle mit dem ‚Interdikt', also dem unter schwere Strafe gestellten Verbot für sakrale Handlungen wie etwa das Beten führte schließlich zum Abebben der Bewegung.

Der Begriff „Pfeiferhannes", unter dem Hans Behem uns heute zumeist bekannt ist, entstand erst im Nachgang der Ereignisse von 1476. Er war ursprünglich nicht positiv gemeint, sondern sollte den von vielen Menschen noch immer verehrten „Jüngling" im Rahmen einer Kampagne aus unter anderem gedruckten Flugblättern zusammen mit absurd verzerrten Bilddarstellungen verspotten und der Lächerlichkeit preisgeben. Zum Teil gelang dies, indem sich neben anderen Spottbezeichnungen der Begriff „Pfeiferhannes" durchsetzte, zum Teil aber auch nicht, denn selbst Jahrzehnte nach seinem Erscheinen stellte Hans Behem im Rahmen der Aktionen des „Bundschuh" die Obrigkeit noch immer vor große Probleme, denen auch erneute Spottverse und Flugblätter nicht so recht Herr zu werden vermochten.

ZEITENWENDE

Adam und Eva an der Schwelle zur Frühen Neuzeit

Ende der 1470er Jahre für eine Arbeit wahrscheinlich an Stift Haug und 1483 dann endgültig kam ein junger Bildhauer nach Würzburg, der an den Südhängen des Harzes aufgewachsen war und sein Handwerk wohl in der Straßburger Werkstatt des Niclas van Leyden erlernt hatte. Riemenschneider sein Name, Tilman Riemenschneider.

Niclas Gerhaert van Leyden, um 1430–1473, war ein niederländischer Bildhauer, der sich in seinem Werk bereits jenseits des mittelalterlichen Idealismus um Individualität, Ausdruck des Moments und Handschrift bemühte.

Zunächst noch als „Malerknecht" in die Sankt-Lucas-Gilde der Maler, Bildhauer und Glaser aufgenommen, machte er aufgrund seines außergewöhnlichen Talents sowohl in Stein als auch Holz rasch auf sich aufmerksam. Schon Anfang 1485 kam er durch die Hochzeit mit Anna Schmidt, der Witwe eines Goldschmiedemeisters, nicht nur in den Besitz des ansehnlichen Hofes in der Franziskanergasse, sondern auch zu der Möglichkeit und Chance als Meister seines Faches eine eigene Werkstatt einzurichten. Schon bald erhielt er ebenso angesehene wie auch lukrative Aufträge, darunter zum Beispiel den Hochaltar der Magdalenen-Kirche zu Münnerstadt mit einer gar aufregenden Maria Magdalena als Hauptfigur, dass die Gläubigen wohl seufzend einige Rosenkränze zusätzlich gebetet haben mochten.

Soweit, so gut. 1490 aber ging Riemenschneider dann einen außergewöhnlichen Vertrag mit dem Rat der Stadt ein, indem er für die Pfeilerstelen des Südportals der Bürgerkirche zwei lebensgroße Figuren besonderer „Qualität" schaffen sollte: Adam und Eva. Die bereits vorhandene Reliefplastik des Tympanonfeldes dieses Portals behandelte in würdevoller Manier die Krönung der Gottesmutter. Was aber tat nun Riemenschneider? Er packte die sich ihm einzigartig bietende Gelegenheit beim Schopf und legte ein geradezu revolutionäres Konzept vor, weil – wenn überhaupt – dies nur im Rahmen eines nicht geistlichen Auftrages möglich war. Anzunehmen, dass er auch um die alten Befindlichkeiten des Rates zur gescheiterten Reichsfreiheit der Stadt gut Bescheid wusste und dies nun für seine künstlerischen Ambitionen, aber freilich in Befriedigung beidseitiger Symbolinteressen, geschickt einsetzte.

Vollkommen nackt, der Kontrapost aus Stand- und Spielbein in der Haltung geradezu lässig frech, der Blick ernst, jedoch voll des Selbstbewusstseins und zugleich – bedeckte Scham hin oder her – frei von Schamgefühlen, die Körper fleischig aber ebenso anmutig. So legte er seine Figuren neu über alle alten Traditionen hinweg an. In gewisser Weise erinnern „Adam und Eva" in frappierend verwandtem Ausdruck an Boticellis „La Primavera" und natürlich auch an die „Geburt der Venus", zwei großformatige Gemälde, welche nur wenige Jahre zuvor entstanden waren.

An diesen Figuren fand sich nichts statisch Idealisierendes mehr, wie es je nach Dargestelltem und Zweck der Aufstellung seit den alten Tagen schon ungeschriebenes Gesetz war. Wenn es noch eines sichtbaren Zeichens bedurfte, dass die Welt sich im Begriff eines rapiden Wandels befand, hier war es. Bei Adam und Eva am Südportal der Marienkapelle handelte es sich um die ersten nackt dargestellten Figuren nördlich der Alpen, und dies auch noch an einer Kirche! Ihre Aufstellung 1492 war in der Stadt eine kleine Sensation und ein ziemlich Hallo. Die italienische Renaissance kam nun auch nach Deutschland, Riemenschneider wurde als Meister der neuen Zeit gefeiert, bekam vom Rat der Stadt für die Ausführung einen Bonus ausbezahlt und war fortan künstlerisch sowieso ein gemachter Mann. Vier Jahre später setzte er mit dem Epitaph, dem Grabdenkmal für Rudolf von Scherenberg, im Kiliansdom erneut ein künstlerisches Ausrufezeichen, indem er die individuellen Züge und Furchen des Alters so schonungslos und wahrhaftig zeigte, wie sie nun einmal waren, aber die große Würde des 1495 verstorbenen Fürstbischofs dabei vollumfänglich zu wahren wusste.

Nur wenige Wochen nach der Aufstellung von Adam und Eva setzte im Oktober 1492 ein Mann namens Cristobal Colon – in Erinnerung blieb er der Welt als ein gewisser Christoph Kolumbus – seinen Fuß auf eine karibische Bahamainsel, die er „San Salvador" nannte. Die Europäer hatten damit seit dem Isländer Leif Erikson um die Jahrtausendwende herum erstmals wieder Amerika erreicht. Nunmehr zogen sie sich aber nicht mehr zurück, sondern kamen in immer kürzeren Abständen und jeweils zahlreicher wieder, setzen sich fest auf dem riesigen Kontinent jenseits des Atlantiks, den Kolumbus selbst bekanntermaßen zeitlebens für das östliche Ende Indiens beziehungsweise Asiens hielt. Er tat dies, weil er von der ungeheuerlichen Vermutung antiker Schriften überzeugt war, dass man Asien in kürzester Zeit auch erreichen könne, wenn man von den „Säulen des Herakles" über das offene Meer nach Westen segelte. Kolumbus sammelte

Die „Säulen des Herakles" bezeichnen jeweils die markanten Berge auf afrikanischer und europäischer Seite an der Straße von Gibraltar. So ist z. B. der berühmte Affenfelsen von Gibraltar eine dieser Säulen.

geradezu forensisch über viele Jahre hinweg Hinweise, Berichte, Karten, welche diese Idee zu erhärten vermochten. Eines seiner wichtigsten Argumente für das Vorhandensein von einem Land jenseits des großen Westmeeres waren die Berichte immer wieder angespülten Treibholzes und anderer Dinge an Europas Küsten. – Die alten Gewissheiten galten nicht mehr uneingeschränkt, die alte Welt und ihre fast tausendjährig erschaffene Ordnung begann sich aufzulösen.

Dieser Prozess der Veränderung, der vom Spätmittelalter zur Frühen Neuzeit – Begriffe, welche selbstverständlich unserer heutigen Wahrnehmung und Bezeichnung entspringen – führen sollte, vollzog sich natürlich nicht plötzlich und unmittelbar, sondern folgte einer stetigen Logik, zu der verschiedene Ereignisse, aber auch langsame und kaum merkbare Einwicklungen das Ihre beitrugen. So erfand beispielsweise der Mainzer Johannes Gensfleisch, genannt Gutenberg, schon um 1450 herum ein neues Druckverfahren mittels beweglicher Lettern aus Metall, das es erstmals ermöglichte, aufwändige Bücher ökonomisch vertretbar und in relativ großer Zahl herzustellen und zu verbreiten. Druckverfahren gab es zuvor bereits einige, aber ihnen allen war gemein, dass beispielsweise eine aufwändig herzustellende Platte immer ein Einzelstück blieb und mit dem Verschleiß wieder verloren war. Die beweglichen Lettern änderten dies nun zusammen mit dem Druckapparat von Gutenberg, der in rascher Abfolge obendrein seine Verbesserungen erfuhr. In der Historie sind die berühmten Bibeln das eine, die Verbreitung von Information und Nachricht als auf den Märkten Europas käufliche Flugblätter jedoch das andere und viel wesentlichere Merkmal der Veränderung durch das neue und vor allem auch anderenorts wiederholbare Druckverfahren.

Auf diese Weise kam beispielsweise auch die zumindest teilweise erfolgreiche Kampagne gegen die Wallfahrt nach Niklashausen beziehungsweise die Anhänger des Hans Behem zustande. In den geographischen Räumen seines Zuspruchs ließen massenweise verbreitete Flugblätter – oder sollte man besser sagen: Druckblätter – ihn via Spottversen und schrägen Karikaturen zum „Pfeiferhannes" werden. Ebenso ist aber auch das Wirken des etwas späteren Reformators Martin Luther geradezu undenkbar ohne die rasante Verbreitung seiner zahlreichen Schriften durch die neuen Möglichkeiten des von Gutenberg konzipierten Druckverfahrens. Auch die „12 Artikel" der Bauern haben sich auf dem Wege nachgedruckter Flugblätter innerhalb kürzester Zeit massenhaft verbreitet und auf diese Weise überhaupt erst den vielerorts großen Zuspruch und die zwischenzeitlich gewaltigen Hoffnungen ermöglicht, die mit den Erhebungen und aufständigen Bauernhaufen für einen kleinen Moment einhergingen, aber doch auf so blutige Weise vor der Festung Marienberg und im Würzburger Land zugrunde gingen. – Dies aber ist bereits eine Geschichte, die in jene neue Zeit schon gehört und dort erzählt werden muss. Hier reicht es aus aufzuzeigen, in welcher tiefgreifenden Art und Weise der Buchdruck in der Lage war, an Tradition, Gesellschaft, Ständeordnung, Glauben, Hierarchien und allem zu kratzen, was die Vorstellungen und Lebenswelt der Menschen bis dahin ausgemacht hatte. Vergleichbar vielleicht mit den Wandlungen unserer Tage, in denen das Internet mit all seinen Applikationen gerade Leben, Gewohnheiten, Kultur, Werte, vor allem auch Ökonomie, Politik und wiederum Traditionen radikal auf dem ganzen Planeten verändert. Auch dies, was wir gerade jetzt erleben, ist ein solcher Epochenwandel, den naturgemäß allerdings erst spätere Wissenschaftsgenerationen als solchen bezeichnen und definieren werden.

Was trug noch bei zum Wandel der Zeit, sodass man gar von einem Epochenwechsel sprechen möchte? Im Grunde leicht zu beantworten: das Schießpulver natürlich! Seit dem späten 14. Jahrhundert war es endgültig auf dem Vormarsch und veränderte in seiner technologisch raschen Entwicklung die Gesetze von Herrschaft und Rittertum in einer so radikalen Weise, dass damit auch ganze kulturell in langen Jahrhunderten herausgebildete Traditionen der Ständegesellschaft mehr oder weniger hinfällig wurden, zu denen neben vielen anderen Elementen prominent die Minne in Literatur und Gepflogenheiten zu nennen wären, aber stellvertretend auch das Tjosten mitsamt allem ritterlichen Wettstreit. Zwar überdauerte die klassische Fehde hierbei auch den Epochenwechsel, nahm aber durchaus rohe Verhaltensweisen an, die man getrost einem jetzt neuzeitlichen Alles-ist-möglich-und-damit-auch-erlaubt-Denkmuster zuordnen kann.

Handwerk wandelte sich mehr und mehr zu Manufaktur und rationaler Produktion. Konstruktion und Technologie begannen auf vielen Gebieten zu ganzen Quantensprüngen anzusetzen. Denkweisen und Denker veränderten sich, Theologen und Scholastiker wurden zu Philosophen und Theoretikern. Wissenschaften spalteten sich auf und erfanden sich neu, man begann die Natur und ihre Eigenschaften zu erforschen, welche sich schließlich zu ganz neuen Gesetzmäßigkeiten entwickelten. – All das und noch viel mehr steht für den Übergang zur Neuzeit hin, vor allem aber eine schon lange schwelende Krise der römischen Amtskirche, welche nicht nur in sich selbst, sondern auch mit den in kurzer Abfolge eintretenden Veränderungen und Entwicklungen der neuen Zeit nicht mehr zurechtkam oder adäquat reagieren konnte.

Würzburg fand sich zum Ende der Scherenberg-Zeit deutlich erholt in der europäischen Mitte all dieser Veränderungen wieder und war damit erneut ein sehr aufregender Ort, um ein Teil der sich rasch verändernden Welt zu sein, so wie Tilman Riemenschneider es seit 1504 erfolgreich im Rat der Stadt und später auch als Bürgermeister tat.

Ein „Würzburger Jahrtausend" mag hier zwar zum Epochenwechsel um das Jahr 1500 herum enden, aber dies sagt auch aus, dass ein neues Kapitel sich gleichzeitig öffnete. Das Leben, die Menschen, ihre Geschichte und die urbane Kultur einer Stadt schreiten weiter voran und erzählen Geschichte, die Geschichte bewegt.

NACHREDE

Würzburg bildete über weite Teile des Mittelalters und seiner ostfränkischen beziehungsweise deutschen Reichsgeschichte den kulturellen und urban-zivilisatorischen Aussagekern sowohl der Symbiose als auch Gegensätzlichkeit des feudalen Systems zwischen Königtum/Adel und Klerus einerseits und Bürgertum sowie Bauern/Arbeiter andererseits ab. Es geriet dabei immer wieder in das Zentrum von Ereignissen der Geschichte, die noch heute jedes Kind kennt, oder die noch heute die Geschichte gar beschäftigen.

Mit dem Ausgang des Mittelalters war dieser Umstand und diese Funktion der Stadt keineswegs beendet, sondern ging zusammen mit der neuen Epoche in eine ebenfalls neue Rolle historischer Konstellation über.

Im 16. Jahrhundert war Würzburg als Hauptstadt eines Fürstbistums natürlich kein Schauplatz der Reformation. Immerhin, Martin Luther war im April 1518 in der Stadt und diskutierte mit dem für die Verhältnisse der Zeit durchaus liberal und grundsätzlich reformwillig eingestellten Lorenz von Bibra über seine Thesen und Forderungen. Der ebenfalls im Kontext der Reformation zu sehende Bauernkrieg kam 1525 hingegen ebenfalls nach Würzburg und erlebte hier – durchaus tragisch – einen seiner blutigen Höhepunkte.

Auch in der „Neuen Zeit" durchlebten und begleiteten Würzburg und seine Einwohner sowie die fürstbischöflichen Herrscher mal wechselhaft, mal einzigartig den Fortgang der europäischen Geschichte, … und darüber hinaus bis in eine zwar etwas provinzielle, aber auch sehr kulturbewahrende und identitätsbewusste Gegenwart hinein.

Die Zukunft aber – und was wir mit ihr anfangen werden – ist das Wichtigste überhaupt.

Ob vor 1300 Jahren, gestern oder heute Morgen, die Zeit ist jeweils Freund, Feind, Aufgabe und Herausforderung zugleich.

DANKSAGUNG

Mein tief empfundener Dank geht zunächst an meine Kinder Pauline und Frederik, welche alle mit diesem Buchprojekt verbundenen Schrulligkeiten und Rhythmusprobleme in stoischem Gleichmut begleitet haben.

Meinem Studienfreund und Würzburger Professor der mittleren Geschichte, Rainer Leng, schulde ich großen Dank für die immer zeitnahe Beantwortung von Fragen zu Würzburger Geschichtsmomenten sowie das aufopferungsvolle Durchsehen des Skripts hinsichtlich fachlicher Aspekte. Ein riesiges Dankeschön!

Dem Schriftsteller Roman Rausch, Autor zahlreicher Romane rund um Würzburg sowohl im kriminalistischen als auch historischen Genre, verdanke ich viel Inspiration in Gesprächen sowie Mut und vor allem unschätzbaren Rat.

Der Verleger Thomas Häußner ist der Urheber zur Idee dieser neuen Nacherzählung der Würzburger Stadtgeschichte durch das Mittelalter hinweg. Mein herzlicher Dank gilt dem Vertrauen, das er für die Verwirklichung dieses Projektes dabei in mich gesetzt hat. Aber ebenso auch der Unterstützung, die ich während der Entstehung des Buches erfahren durfte.

Juliane Lyding-Vollpracht schulde ich Dank für ihre wunderbaren Bildwerke, die sie nicht nur diesem Buch, sondern auch anderen Projekten zur Verfügung stellt.

Euch allen mein Dank von Herzen oder wie ich in einem anderen Buch fränkisch einmal las: „Vergelt's Gott".

Auch an alle Leserinnen und Leser ein großes Dankeschön (!). Ich hoffe, diese gemeinsam unternommene Reise durch die Zeit und Würzburger Vergangenheit hat sich für euch gelohnt.

WEITERFÜHRENDE LITERATUR

Eine Reihe von Büchern beschäftigt sich mit Würzburg, seiner Geschichte, einzelnen Bauwerken, herausragenden Persönlichkeiten oder bestimmten Ereignisphänomenen. Hier eine kleine Auswahl empfehlenswerter Werke für den Zeitraum bis 1500:

Eusemann, Bernd: *Würzburger Straßen und Plätze erzählen Geschichte(n)*, Würzburg 2014

Flade, Roland: *Die Würzburger Juden. Ihre Geschichte vom Mittelalter bis zur Gegenwart*, Würzburg 1991

Kummer, Stefan: *Kunstgeschichte der Stadt Würzburg, 800–1945*, Regensburg 2011

Leng, Rainer: *Würzburg im 12. Jahrhundert*, München 2012

Mälzer, Gottfried: *Magister Lorenz Fries (1489–1550). Geschichtsschreiber, fürstbischöflicher Rat, Geheimsekretär und Kanzlei-Vorstand zu Würzburg*, Würzburg 1995

Rottenbach, Bruno: *Geliebte Stadt am Main. Acht Jahrhunderte preisen Würzburg*, Würzburg 1977

Rottenbach, Bruno: *Würzburger Straßennamen*, 2 Bände, Würzburg 1967 u. 1969

Schäfer, Dieter: *Geschichte Würzburgs. Von den Anfängen bis zur Gegenwart*, München 2003

Schicklberger, Franz (Hrsg.): *Alte Geschichten aus Würzburg. Spaziergänge zu sagenumwobenen Stätten*, Würzburg 1981

Seberich, Franz: *Die alte Mainbrücke zu Würzburg*, Mainfränkische Hefte Bd. 31, Würzburg 1958

Stützel, Ada: *Auf den Spuren des Deutschen Ordens in Franken*, Erfurt 2006

Wagner, Ulrich (Hrsg.): *Geschichte der Stadt Würzburg*, Band 1, Stuttgart 2001

Wagner, Ulrich, Walter Ziegler (Hrsg.): *Lorenz Fries. Chronik der Bischöfe von Würzburg 742–1495*, 6 Bände, Würzburg 2005

Darüber hinaus werden in verschiedenen Reihen und Periodika regelmäßig Beiträge und Aufsätze zu den verschiedensten aktuellen Forschungsständen, historischen Erkenntnissen sowie Themen publiziert, welche sich selbstverständlich immer wieder auch mit dem Zeitraum des ersten Würzburger Jahrtausends befassen. Genannt seien hier vor allem das *Mainfränkische Jahrbuch für Geschichte und Kunst* des Vereins der Freunde mainfränkischer Kunst und Geschichte sowie die *Würzburger Diözesangeschichtsblätter* des ebenfalls beinahe gleichnamigen Vereins, deren Beiträge nicht selten auf Forschungen am Würzburger Diözesanarchiv zurückgehen.

DAS WÜRZBURGISCHE MITTELALTER IN DER ROMANLITERATUR

Würzburg ist Schauplatz zahlreicher Romane sowohl der Gegenwart als auch weit in die Geschichte zurückreichender Vergangenheit. Historie – hier: Stadtgeschichte – erzählt sich in vielen Aspekten manchmal am besten auch durch die miterlebte Fiktion der Romanliteratur. Man denke nur einmal an das Beispiel „*Die Räuberbande*" von Leonhard Frank aus dem Jahr 1914, kein Sachbuch könnte die Lebenswirklichkeit der Jugend um die Jahrhundertwende 1900 herum besser abbilden. Von daher zum Zeitraum bis 1500 hier auch einige wenige Anregungen aus dem Bereich der belletristischen Literatur der jüngeren Jahre nach 2000:

Kinkel, Tanja: *Das Spiel der Nachtigall*, München 2011
 Dieser Roman schildert Walter von der Vogelweide im Sinne eines unfreiwilligen Spions innerhalb des wechselhaft spannenden Reichsgeschehens während des deutschen Thronstreits um 1200 herum. Trotz aller Fiktion des Plots ist darin mehr oder weniger alles Wissen um Walther historisch korrekt verarbeitet, ebenso die weiteren Umstände der Zeit.

Rausch, Roman: *Die Brücke über den Main*, Reinbeck bei Hamburg 2017
 In 10 Ausschnitten beziehungsweise Episoden der Stadtgeschichte Würzburgs schildert der Roman den Fortgang der Zeit und darin eine sehr besonders getroffene Auswahl an Momenten dieser Stadt. Viel Liebe zum Detail und auch viel Kreativität stecken darin. Was Sie hier in diesem Buch zur Geschichte Würzburgs erfahren haben, lesen Sie dort im literarisch eingebetteten Roman. Im Zeitraum bis 1500 sind von Rausch außerdem noch die Romane

Die letzte Jüdin von Würzburg und *Der falsche Prophet* sehr lesenswert, welche das furchtbare Judenpogrom von 1349 thematisieren sowie die Wallfahrt nach Niklashausen 1476, die dem „Bundschuh" und im Kontext auch den Bauernaufständen von 1525 vorausging.

Röhrig, Tilman: *Riemenschneider*, München 2007

Das Buch setzt an bei der Erschaffung von Adam und Eva für das Südportal der Marienkapelle und bewegt sich dabei literarisch genregerecht durch die Umstände von Zeit und sogar Epochenwechsel hinweg bis hin zu den heraufziehenden Gefahren von Reformation und Bauernkrieg. Dieser eigentlich großartige Stoff bleibt dabei allerdings an der Oberfläche des Genres etwas hängen und wäre von daher gerne noch einmal zu erzählen.

BILDRECHTE

Umschlag: Spitzel Has gelyncht. Fries-Chronik der Universitätsbibliothek Würzburg, M.ch.f.760, fol. 501v

S. 17: Büsten der Frankenapostel von Heinz Schiestl nach Riemenschneider Vorbild im Neumünster, Würzburg. Foto privat

S. 27: Wandgemälde von Matthäus Schiestl in St. Burkard, Würzburg. Foto privat

S. 39: Grundrissskizze von Helmut Schulze / Diözesanarchiv Würzburg

S. 45: Brand des Würzburger Doms. Fries-Chronik der Universitätsbibliothek Würzburg, M.ch.f.760, fol. 39V

S. 53: Statue des Hl. Aquilin in St. Peter und Paul, Würzburg. Foto privat

S. 63: Wandgemälde von Matthäus Schiestl in St. Burkard, Würzburg. Foto privat

S. 71: Unbekannter Meister, Fürstenbaumuseum, Würzburg. Foto privat

S. 77: Alte Mainbrücke, Würzburg. Foto privat

S. 85: Ostseite des Neumünsters, Würzburg. Foto Juliane Lyding-Vollpracht

S. 93: Buchmalerei aus dem Codex Manesse. Akg-images 116133

S. 103: Ausschnitt aus Stich von Sebastian Münster (ca. 1550). Wikimedia Commons

S. 129: Friedrich I. Barbarossa, Miniatur aus der Historia Hierosolymitana. Akg-images 3826232

S. 139: Friedrich II. und sein Falkenmeister, Miniatur aus De arte venandi cum avibus. Akg-images 3458

S. 149: Würzburg, Residenz, Kaisersaal (R. 5), Fresko „Hochzeit Friedrich I. Barbarossa mit Beatrix von Burgund", (Det.) von G. B. Tiepolo 1751/52. © Bayerische Schlösserverwaltung, Achim Bunz, München

S. 159: Güldene Freiheit, Fries-Chronik der Universitätsbibliothek Würzburg, M.ch.f.760, fol. 148R

S. 169: Gefangennahme Richard Löwenherz, Miniatur aus „Liber ad honorem Augusti sive de rebus Siculis" von Petrus de Ebulo. Akg-images 87011

S. 179: Widmungsbild aus „Liber ad honorem Augusti sive de rebus Siculis" von Petrus de Ebulo. Wikimedia Commons

S. 189: Frankoniabrunnen, Würzburg. Foto Juliane Lyding-Vollpracht

S. 203: Urkunde des Gegenkönigs Heinrich Raspe für den Würzburger Bischof. Wikimedia Commons

S. 215: Bürger Mellrichstadt, Neustadt. Fries-Chronik der Universitätsbibliothek Würzburg, M.ch.f.760, fol. 447r

S. 225: Rintfleisch-Verfolgung aus Schedelsche Weltchronik. Bayerische Staatsbibliothek München, Rar. 287 fol. 220v.

S. 235: Das Areal des Bürgerspitals, Stich um 1600. Sammlung Willi Dürrnagel

S. 247: Hendrik Avercamps, Winterlandschaft mit Schlittschuhläufern, ca. 1608. Rijksmuseum Amsterdam

S. 253: Judenpogrom 1349. Fries-Chronik der Universitätsbibliothek Würzburg, M.ch.f.760, fol. 274V

S. 269: Die Marienkapelle in Würzburg. Foto privat

S. 279: Die Schlacht bei Bergtheim. Fries-Chronik der Universitätsbibliothek Würzburg, M.ch.f.760, fol. 313v

S. 293: Mord an Rektor Zantfurt. Fries-Chronik der Universitätsbibliothek Würzburg, M.ch.f.760, fol. 327v

S. 313: Spitzel Has gelyncht. Fries-Chronik der Universitätsbibliothek Würzburg, M.ch.f.760, fol. 501V

S. 321: Epitaph im Langhaus des Kiliandomes. Foto privat

S. 331: Südportal der Marienkapelle. Foto Juliane Lyding-Vollpracht